产业共性技术
研发博弈
及政策研究

郑月龙 ◎ 著

中国财经出版传媒集团

经济科学出版社
Economic Science Press

图书在版编目（CIP）数据

产业共性技术研发博弈及政策研究/郑月龙著．—北京：
经济科学出版社，2020.11
ISBN 978 - 7 - 5218 - 2034 - 8

Ⅰ．①产…　Ⅱ．①郑…　Ⅲ．①企业管理 - 技术合作 -
技术开发 - 研究　Ⅳ．①F273.7

中国版本图书馆 CIP 数据核字（2020）第 215205 号

责任编辑：李　雪　袁　澂
责任校对：靳玉环
责任印制：王世伟

产业共性技术研发博弈及政策研究
郑月龙　著
经济科学出版社出版、发行　新华书店经销
社址：北京市海淀区阜成路甲 28 号　邮编：100142
总编部电话：010 - 88191217　发行部电话：010 - 88191522
网址：www. esp. com. cn
电子邮箱：esp@ esp. com. cn
天猫网店：经济科学出版社旗舰店
网址：http：//jjkxcbs. tmall. com
北京季蜂印刷有限公司印装
710×1000　16 开　22 印张　280000 字
2021 年 1 月第 1 版　2021 年 1 月第 1 次印刷
ISBN 978 - 7 - 5218 - 2034 - 8　定价：86.00 元
（图书出现印装问题，本社负责调换。电话：010 - 88191510）
（版权所有　侵权必究　打击盗版　举报热线：010 - 88191661
QQ：2242791300　营销中心电话：010 - 88191537
电子邮箱：dbts@ esp. com. cn）

前　　言

产业共性技术（industrial generic technology）也称为共性技术（generic technology），国外学者更习惯称之为通用技术（general purpose technologies，GPTs），属于技术基础设施（technological infrastructure）的重要组成部分，是指在诸多领域内已经或未来可能被普遍使用，其研发成果可共享并对现有产业及商业生态产生深度影响的一类技术。由共性技术定义不难看出，共性技术具有"普遍使用""共享"的"公共"特征，是一类商业应用前阶段的技术，于是，"准公共品""竞争前阶段技术""基础性"构成共性技术主要特性。从知识技术链条的视角来说，共性技术处于技术链条的上游，商业应用性技术处于共性技术链条的下游，也即一个产业若要进行转型升级归源于该产业所依赖的共性技术供给状况，因此共性技术也可称为产业转型升级的技术源头。如果这个技术源头不复存在，尤其是关键性的，那么依赖这个源头的下游产业及商业都会受到严重影响。例如，芯片（chip）作为计算机或其他电子设备的关键共性技术，2018 年 9 月美国商务部禁止任何美国企业对我国中兴出售包括芯片在内的任何产品，对于长期在关键技术上依赖美国的中兴而言面临"割喉"式的打击，关键共性技术引起的"卡脖子"问题，凸显了共性技术尤其是关键共性技术的重要性。于是，如何有效研发共性技术尤其是关键共性技术，成为我国各界应共同思考和研究的课题。

由于共性技术的准公共品性，共性技术研发在供给（基础研究阶段）和扩散（商业开发阶段）端存在多重失灵问题，为此，遵照习近平总书记2019年8月在中央财经委员会第五次会议"要建立共性技术平台，解决跨行业、跨领域的关键共性技术问题"的要求，贯彻党的十九大报告"以企业为主体、市场为导向、产学研深度融合"的精神，本书以问题为导向，综合运用各类博弈理论与方法，具体围绕产业共性技术为什么存在研发失灵现象、有何表现及演化机理如何、企业技术研发策略如何选择、企业的行为表现模式如何、政府应怎样发挥支持性作用、采取何种思路给予化解、学研方该如何参与、政府应该制定怎样的政策化解研发失灵等核心问题进行分析研究。

首先，产业共性技术研发多重失灵研究。通过构建"供给—扩散—后续商业开发—市场收益实现"的共性技术研发过程分析框架，挖掘性技术多重失灵产生根源。运用演化博弈论建立共性技术研发行为博弈模型，从产生原因视角揭示共性技术研发过程中的供给和扩散的多重失灵类型及演化机理，并提出缓解共性技术研发多重失灵的框架和思路，主要由第2章的内容构成，为本书后续章节研究提供框架性指导和基础。

其次，共性技术供给、扩散及企业合作研发研究。作为本书最核心的研究内容，由第3～10章内容构成，展开逻辑为：（1）重新界定企业的行为模式并揭示政府支持对企业共性技术研发行为的影响机制；（2）对政府筛选适合的共性技术研发企业给予支持进行研究；（3）从技术链的视角系统研究考虑扩散过程的共性技术供给模式及其选择问题；（4）揭示企业面对独立研究、研究/模仿及结成研发联合体（RJV）情形的供给决策问题，从研发过程的视角揭示了共性技术扩散行为及影响机理；（5）站在政府视角设计了以企业研发投入最大化为目标并对不考虑和考虑共性技术市场化过程的最优

研发支持合同及影响机理；（6）研究以共性技术产出最大化为目标的
政府研发外包决策，旨在倡导一种共性技术研发新模式；（7）揭示
合作研发最优利益分配机制的影响因素及机理，改变了现有研究对
此关注严重不足的现状；（8）以新能源汽车产业为背景，研究共性
技术对补贴退坡下新能源汽车产业发展的影响及机理，作为共性技
术研发在具体产业的应用研究。根据以上研究，可为缓解共性技术
研发多重失灵提供理论指导。

　　最后，主要结论、政策建议及研究展望。具体而言，一是分类
分层次地对本书共性技术研发问题研究所得出研究结论的"个性"
和"共性"进行归纳和梳理，进而提炼出本书的主要研究结论；二
是根据研究结论并结合各章节的政策启示，提出缓解共性技术研发
多重失灵的政策建议；三是指出进一步研究和扩展方向。

　　本书作者于2012～2015年在重庆大学经济与工商管理学院攻
读博士学位期间，对博弈论及其运用领域研究产生浓厚兴趣，并
持续至今，预期将会一直持续下去。截至目前，关于将博弈论应
用于共性技术领域的研究，以第一作者身份在国内外重要期刊已
发表学术论文近20篇，本书部分内容也体现了作者对共性技术领
域的积极探索和研究成果。博弈论作为本书研究展开的基本理论
与方法，在绪论部分对其发展历程、理论体系及在本书研究中的
运用问题进行了系统性梳理和说明。与为数不多的研究共性技术
书籍相比，遵循共性技术研发多重失灵揭示与缓解为出发点和落
脚点的闭环思路，综合运用博弈理论对产业共性技术研发问题进
行了系统的研究。为读者学习之便，本书内容的每一个章节均具
有相对独立性，并对每一章节运用的博弈理论进行了概述，使得
本书整体内容构成独立而逻辑统一并利于读者自学的完整体系。
具体内容设计特色如下：

　　一是内容设计思路的闭环性。本书内容的整体设计思路总体上

遵循"揭示多重失灵—共性技术研发—缓解多重失灵",在绪论之后,对建模涉及的基本问题"政府支持机制及企业选择策略选择"问题进行研究,接着揭示产业共性技术研发多重失灵类型、产生根源以及演化机理之后分别在第4～10章对共性技术研发问题进行了系统的研究,据此提出缓解多重失灵的政策建议,以缓解共性技术研发多重失灵,进而形成研究闭环。

二是研究章节的相对独立性。本书内容设计呈现出逻辑整体性和每个章节内容相对独立性的统一特征,即每个章节单独可构成一个完整的"故事",以部分章节研究背景略有重复为代价,每个相对独立的章节分别就研究现状背景意义、博弈模型及求解分析和政策启示进行了详细的分析和阐述,便于读者根据自己的兴趣和所需有选择的阅读,从而不会出现由于各章节在建模和符号的连续性而影响阅读的情形,这形成了本书内容设计的一大特色。

三是读者自主学习的适用性。本书内容的每一个章节内容相对独立,且在各个章节都根据需要安排了一个小节对本章模型建立所基于的基础理论进行了凝练和概述,有助于读者乃至初学者对本章内容的阅读和理解,并体会在实际中运用博弈理论进行分析问题的技巧和方法,从而提高本书的可读性,有助于读者独立学习。同时,不仅为博弈论爱好者学习如何运用博弈理论解决问题提供素材,也为博弈相关领域的学者展开研究提供参考。

此外,本书出版得到了教育部人文社会科学研究青年基金项目(18YJC630266)、重庆市自然科学基金(基础研究与前沿探索专项)面上项目(cstc2019jcyj－msxmX0112)及教育部人文社会科学重点研究基地重庆工商大学长江上游经济研究中心科研(智库)团队项目(CJSYTD201706)的资助。

同时,也感谢秦国静、刘思漫、周冰洁、蔡琴、谭森淼、王靖等研究生在本书写作和校稿过程中的付出,几位研究生参与了本书的写作过程，每一章节都有他们付出的痕迹，祝愿她们在未来的求学道路上一帆风顺，日益精进。

　　本书为作者近 5 年学术研究成果之结晶，尽管已经付出了很大努力，然而作者仍然清楚地认识到，本书在研究内容等方面尚存在许多可以不断完善和改进之处。在此，恳请广大读者不吝赐教，提出宝贵的意见和建议。

郑月龙
重庆工商大学工商管理学院

目　　录

第1章 绪 论

1.1 研究背景、问题及意义

以"建立以企业为主体、市场为导向、产学研深度融合的技术创新体系"[①] 和"加强应用基础研究"[②] 等党的十九大报告精神为出发点，以作为产业转型升级基础和技术源头的产业共性技术为研究对象，综合运用博弈理论，对产业共性技术研发问题及保障政策进行系统研究。产业共性技术是指在诸多领域内已经或未来可能被普遍使用，其研发成果可共享并对现有市场及商业生态产生深度影响的一类技术（Keenan，2003；Carlaw et al.，2011；Gambardella et al.，2013），例如，数控技术、芯片技术以及纳米技术等，作为产业转型升级基础和技术源头，共性技术尤其是关键共性技术是传统产业转型升级及战略性新兴产业培育的重要引擎（Carlaw et al.，

---

① 党的十九大报告提出，深化科技体制改革，建立以企业为主体、市场为导向、产学研深度融合的技术创新体系，加强对中小企业创新的支持，促进科技成果转化。

② 党的十九大报告提出，创新是引领发展的第一动力，是建设现代化经济体系的战略支撑。加强应用基础研究，拓展实施国家重大科技项目，突出关键共性技术、前沿引领技术、现代工程技术、颠覆性技术创新，为建设科技强国、质量强国、航天强国、网络强国、交通强国、数字中国、智慧社会提供有力支撑。

2011；D'Ippolito et al.，2014；Vona et al.，2015；Strohmaier et al.，2016），共性技术的有效研发有利于推进供给侧结构性改革，发挥产业技术研发及其应用对创新驱动的引领和支撑作用。目前，我国正处于转变经济发展方式的关键时期，传统产业转型升级及战略性新兴产业培育都对共性技术的创新突破提出了迫切要求（李纪珍等，2011；郑月龙，2017），"建设现代化经济体系"① 也需要发挥产业共性技术尤其关键共性技术的战略支撑作用。

然而，共性技术研发必须面对技术和市场的双重不确定性（Kokshagina et al.，2017），且研发周期长、投入多及显著知识外溢性等特征（刘洪民等，2016），使得共性技术研发面临"市场失灵""组织失灵""扩散失灵"以及"政府缺位"的困境，构成我国产业转型升级发展所面临的重大瓶颈和障碍（刘满凤等，2007；李纪珍等，2011；于斌斌等，2012；贺正楚等，2014；郑月龙，2017）。为此，政府理应在推动产业共性技术发展中发挥积极作用（张治栋等，2013），然而，诸如供给的低效率、强制性搭便车以及寻租行为等公共物品政府供给困境的存在（闫龙飞，2012），单纯依赖政府供给也是不科学的。为此，如何有效破解产业发展对共性技术的需求与研发失灵的矛盾，成为当前经济发展亟待解决的课题。于是一系列研究问题摆在我们面前：产业共性技术为什么存在研发失灵现象？有何表现及演化机理如何？企业技术研发策略如何选择？企业的行为表现模式如何？政府应怎样发挥支持性作用？采取何种思路给予化解？学研方该如何参与？政府应该制定怎样的政策化解研发失灵？本书对上述问题进行了系统研究。

---

① 党的十九大报告提出，创新是引领发展的第一动力，是建设现代化经济体系的战略支撑。加强应用基础研究，拓展实施国家重大科技项目，突出关键共性技术、前沿引领技术、现代工程技术、颠覆性技术创新，为建设科技强国、质量强国、航天强国、网络强国、交通强国、数字中国、智慧社会提供有力支撑。

产业共性技术研发为什么存在失灵？这一问题产生的根源在于共性技术的准公共品特性（Tassey，1992，1997；李纪珍等，2011；郑月龙，2017），为此，考虑到目前鲜有学者针对共性技术研发过程的研究以及研究停留在理论分析层面的现状，本书系统分析了"供给—扩散—后续商业开发—市场收益实现"的共性技术研发过程、影响因素及产生根源。据此，运用演化博弈论对以企业为主体的共性技术研发行为动态演化机理进行系统分析，进而从产生原因的视角揭示了产业共性技术研发中可能的多重失灵及其演化，回答了多重失灵有何表现及演化机理如何的问题。本书第2章对上述问题进行了系统研究。

企业技术研发策略如何选择？为研究此问题，本书基于委托—代理理论对企业的行为模式进行了重新界定，解答了企业的行为表现模式如何的问题，进一步运用演化博弈论研究了企业选择共性技术还是专用技术的技术研发策略问题；为揭示政府支持对企业共性技术研发行为的影响机制，对共性技术研发中的政府支持机制进行了分析研究，解答了政府应怎样发挥支持性作用的问题，本书第3章对上述问题进行了系统研究。

采取何种思路给予化解？即根据研发失灵产生根源、表现形式及演化机理，解决应如何设计及设计怎样的研发模式或机制能够有效缓解共性技术研发多重失灵问题。为此，本书遵循"以企业为主体、市场为导向、学研方参与"的基本思想，综合运用博弈理论对企业技术研发策略选择问题及共性技术供给、扩散及供给与扩散作为整体的研发问题进行设计研究；进一步研究了共性技术合作研发利益分配问题。在研究和分析过程中，着重分析和解答了政府应发挥怎样的支持性作用及学研方该如何参与的问题，政府支持性是指政府在坚持企业研发主体地位前提下应给予何种支持方式以更好地激励企业进行共性技术研发，以及学研方应采用何种方式、以何种角色参与共性技术研发过程，政府在其中应发挥何种作用等。本书第4~9章分别对上述问题进行了研究。

政府应该制定怎样的政策化解研发失灵？在第4~9章研究中，每一研究部分都对相应的政策启示进行了分析和讨论，进一步以新能源汽车产业为背景，研究了共性技术研发的重要作用，最后从共性技术研发过程各个环节出发通过对前文所得结论及政策启示的凝练和归纳提出政策建议，以缓解共性技术研发过程中可能存在的多重失灵问题。本书第10章、第11章分别对上述问题进行了系统研究，这也构成本书研究的实践意义。

1.2　产业共性技术国内外研究现状及动态

对产业共性技术的研究始于20世纪80~90年代美国经济学家对技术黑箱理论的剖析，而产业共性技术概念最早由美国国家标准与技术研究院（NIST）于1988年阐述，随后NIST经济学家塔西（Tassey，1992，1996，1997，2005，2008）的系列研究成果成为学者们研究共性技术的基本参考，国外学者的研究大多聚焦于运用专利数据测量共性技术的属性（Feldman et al.，2012），仅有少数其他研究（Maine et al.，2014），其中具有代表性的研究领域是有关通过创新竞赛（innovation contests）方式开发共性技术（Terwiesch et al.，2008；Kay，2011；West et al.，2013；Kokshagina et al.，2017）。相比而言，国内学者对共性技术研究较广泛且具有较丰富的成果。与本书相关的研究可归纳为以下三方面。

1.2.1　有关产业共性技术研发失灵的研究

如何破解研发失灵困境是学者们研究共性技术的基本出发点

（卓丽洪等，2017；盛永祥等，2017；周潇等，2017；Kokshagina et al.，2017），国外学者塔西（Tassey，1992，1997）率先研究了该问题，并指出共性技术的公共物品特性必然导致供给的市场失灵，进一步塔西（2008）又通过构建一个新模型分析了共性技术研发创新投入市场失灵的评估问题；查尔尼茨基等（Czarnitzki et al.，2011）、斯密特等（Smit et al.，2014）及皮林基尼（Pilinkiene，2015）研究指出政府支持能够有效缓解共性技术研发"囚徒困境"；国内学者李纪珍（2002）从共性技术的"共享"特性出发探讨了共性技术研发的组织失灵；刘满凤等（2007）认为共性技术生产和需求双重外部效应是共性技术供给"市场失灵"的主因；陈静等（2007）认为我国产业共性技术供给存在"市场失灵""组织失灵""政府干预失灵"等现象；李纪珍等（2011）认为市场机制下存在共性技术供给的"组织失灵"和"市场失灵"及扩散的"制度失灵"和"市场失灵"；最近，高宏伟等（2018）指出产业（共性）技术创新联合体对克服技术创新过程中"市场失灵""组织失灵"乃至"系统失灵"具有重要意义。

1.2.2　有关共性技术研发及其组织模式的研究

国外学者豪格等（Hooge et al.，2014）探讨了能源研究中共性技术的设计问题，指出多主体参与模式的重要性；劳尼克等（Ławniczuk et al.，2015）对光子集成电路产业共性技术平台的开发、组织及复杂性进行了研究；此外，通过创新竞赛（innovation contests）的组织模式开发共性技术（Terwiesch et al.，2008；Kay，2011；West et al.，2013；Kokshagina et al.，2017）也是学者们关注的热点；安珀等（Appio et al.，2017）以一类共性技术（生物信息学）的发明产生为例，论证了多样化知识来源并不总是导致有影响的共性技术产生。国内学者李纪珍（2004）将共性技术创新组织模式分为技术合同合作、技术项目合作、技术基地合作、技术基金合作及技术联合体等六种，并就技术联合体模式进行了深入探讨；薛捷等（2006）认为"官产学研"的组织模式是在我国进行共性技术研发的有效组织形式；陈宝明（2007）认为产业技术联盟是促进产业技术开发的重要组织形式；李纪珍（2011）认为技术联盟是最适合共性技术研发的组织模式；余等（Yu et al.，2012）对制造业共性技术创新组织模式的选择问题进行了研究；王敏等（2013）分析了处于不同产业生命周期阶段的共性技术研发联合体模式；赵骅等（2015）通过建立集群企业的双寡头模型，从企业贡献的视角对产业共性技术供给模式进行了探讨；最近，樊霞等（2018）实证研究发现产学研合作模式对生物技术领域的共性技术创新具有显著的正向影响。

1.2.3 有关共性技术研发过程中扩散及其市场收益实现环节的研究

有关共性技术扩散的研究，托马斯（Thoma，2008）研究指出共性技术扩散受到新技术优势、采用成本、网络效应、信息和不确定性等因素的影响，并以埃施朗（Echelon）公司为例进行了分析；邓衢文（2010）提出技术服务平台要推动共性技术从被动溢出转变为主动溢出、共性技术应实行有偿扩散等观点；余等（Yu et al.，2012）系统探讨了装备制造业共性技术扩散问题；赖纳等（Rainer et al.，2014）和施特罗迈尔等（Strohmaier et al.，2016）引入了一个多部门扩散模型，研究了共性技术扩散之于经济增长的效应，并通过1966~2007年丹麦信息和通信技术部门对经济增长影响的数据进行了实证研究；韩元建等（2017）从共性技术扩散供给方、需求方、扩散环境及技术性能等方面对共性技术扩散影响因素进行了实证研究；周源（2018）实证研究发现，共性技术就绪度、预期经济收益度、政策干预扶持度、开发服务协同度等均对共性使能技术扩散有显著正向影响；科尔济诺夫等（Korzinov et al.，2018）指出共性技术转化为技术采纳问题需要具备知识扩散、研究与开发（R&D）聚集及基于共性技术产品预期收益实现等条件；有关基于共性技术产品（工艺、技术等）市场收益实现的研究，学者迈纳等（Maine et al.，2011）以材料企业为例对共性技术商业化问题进行了系统的探讨，王先亮（2014）研究了体育用品共性技术及市场化应用问题；鲁斯蒂切利等（Rustichell et al.，2015）系统研究了基于共性技术的发射器技术开发与实施问题；库伊（Kooij，2017）认为诸如电报、电话和无线引擎等共性技术的创新和市场化应用构成推动技术进步与经济发展"看不见的手"；李等（Li et al.，2018）从基础性、外部性及市场化收益视角研究了盐碱土地管理和改良共性技术识别问题，指出肥料、微生物发酵技术、土壤耕作技术及盐碱物质清洗技术等是盐碱土地管理和改良的共性技术；邱等（Qiu et al.，2018）研究指出，产业共性技术的专业化和商业化应用可促进跨部门和跨区域之间的创新活动，进而增加创新收益。

1.2.4　政府支持下共性技术研发的相关研究及合作研发实践

在学术研究方面，学者们普遍认为政府支持能有效缓解共性技术研发失灵困境（Czarnitzki et al.，2011；李纪珍等，2011；张治栋等，2013；Smit et al.，2014；马晓楠等，2014；Gimzanskicne et al.，2015；郑月龙，2016，2017），国内学者从不同视角对共性技术政府支持问题进行了探讨，学者们从破解共性技术研发失灵困境视角阐述政府给予共性技术研发支持的必要性（李纪珍，2002；刘

满凤等，2007；李纪珍等，2011；刘新同等，2012）、从共性技术
供给与扩散环节研究政府支持的重要性（薛捷等，2006；李纪珍
等，2011；于斌斌等，2012）及从共性技术研发政策制定方面探讨
政府支持的有效性（操龙灿等，2005；周国林，2010；程永波等，
2015；郑月龙等，2017）。

在政府支持合作研发实践方面，美、日、欧盟等世界主要发达
国家和组织，以及中国政府均制定并实施了共性技术发展专项支持
计划，下面对典型支持计划的研发主体、支持类型及经费来源进行
梳理和归纳，具体如表 1 - 1 所示。

表 1 - 1　　主要发达国家及中国政府支持共性技术研发专项计划实例

国家/地区	专项计划	研发主体	支持类型	经费来源
美国	先进技术计划（ATP）	政府引导，企业、大学与非营利组织参与	以高风险的产业关键共性技术为主	政府为主、企业为辅
	半导体制造技术联合体（SEMAT-ECH）	14 家半导体企业为承担主体，政府和学研方参与	以半导体关键共性技术为主	政府为主、企业为辅
	微电子与计算机技术公司（MCC）	柯达和摩托罗拉主导，斯坦福大学参与，政府给予支持	以国际前沿的产业共性技术为主	企业与政府共同出资
	新一代汽车合作计划（PNGV）	政府引导，并与通用、克莱斯勒及福特合作	以新一代汽车的基础技术为主	政府与企业共同出资
日本	超大规模集成电路技术研究联合体（VLSI）	政府主导，并与富士通、东芝等5 家企业共同组成研发联盟	超大规模集成电路基础性技术	企业与政府出资比例6∶4
	日本下一代制造技术（NCM）	政府主导，并与产业界和科技界的研究力量合作研发	以产业关键共性技术为主	政府承担所有资金

续表

国家/地区	专项计划	研发主体	支持类型	经费来源
欧盟	欧洲尤里卡计划（EUREKA）	政府引导，加强泛欧工业界和学研方的联合研发	以增强欧洲竞争力的共性技术为主	各参与主体共同出资
	欧洲信息技术研究和开发战略计划（ESPRIT）	政府引导，强调合作研发，大型企业、中小企业与学研方各占1/3左右	以长期研究基础技术、共性技术为主	政府设立专项基金，其他参与主体共同出资
中国	高技术研究发展计划（863计划）	政府主导，2001年后向企业倾斜，并与学研方合作研发	生物、信息、能源等领域核心技术和关键共性技术	由中央财政单列的专项拨款
	国家重点基础研究发展计划（973计划）	政府主导，联合多部门行业共同研发	以重大工艺技术及共性技术研发与产业化应用为重点	主要来源于财政拨款
	国家科技支撑计划（支撑计划）	政府引导，突出企业技术创新的主体地位，与学研方合作	以重大工艺技术及共性技术研发与产业化应用为重点	主要来源于财政拨款

资料来源：根据薛捷等（2006）、朱建民（2016）、郑月龙（2017）等的相关研究及网站 http://www.gao.gov/products/GAO-05-759T 相关信息资料整理所得。

由表 1-1 可知，政府支持共性技术发展已成为学术界和实业界的共识，且专项计划大都在"政府支持引导、企业为主体、学研方及其他组织参与"的模式下实施的，表 1-1 中的这些真实案例也为本书研究产业共性技术研发问题提供了重要案例素材和研究启迪。

1.2.5 现有研究评述及对本书研究的启示

第一，面对我国传统产业转型升级及战略性新兴产业培育对共性技术的迫切要求与共性技术研发失灵的矛盾，政府支持是缓解这一矛盾重要力量的观点在社会各界达成基本共识。为此，如何在考虑政府多元支持对共性技术研发问题进行系统研究以缓解共性技术研发过程中存在的失灵，对该问题的分析与解答成为本书研究的基点。

第二，现有文献较多地关注了共性技术研发失灵问题，然而，现有文献大多从共性技术特性出发，通过对共性技术研发过程中某一环节的失灵问题进行探讨，鲜有学者考虑共性技术研发过程各个环节，并从形成原因的视角对共性技术研发多重失灵产生根源及演化机理进行系统研究，这构成本书研究的基本切入点。

第三，学者们大都支持通过合作研发共性技术的观点，但主要关注共性技术合作研发的组织与管理，对合作研发内在机制的关注明显不足，对企业共性技术合作研发利益分配的研究更显不足，本书运用纳什讨价还价（均衡）解，建立考虑多主体参与的两企业共性技术合作研发利益分配博弈模型对该问题展开了系统的研究。

第四，尽管学者们就政府支持在共性技术研发中的积极作用取得共识，但仅仅停留在理论探讨及实践经验介绍层面，鲜有综合应用博弈理论，对"企业为主体、市场为导向、学研方参与"的产业共性技术研发问题进行专门研究，这构成本书研究的核心和主要内容。

综上分析，在"建立以企业为主体、市场为导向、产学研深度融合的技术创新体系"以及"加强应用基础研究"等党的十九大报告精神的指导下，本书以作为产业转型升级基础和技术源头的产业共性技术及其研发活动为研究对象，综合运用博弈理论，系统研究产业共性技术研发问题并据此提出缓解共性技术研发多重失灵的政策建议。

1.3　博弈论及其在本书研究中的运用

博弈论，英文"game theory"，是研究决策主体的行为发生直接相互作用时的决策以及这种决策的均衡问题，所以博弈论又称为对策论。2005 年诺贝尔经济学奖获得者罗伯特·奥曼（Robert Aumann）认为博弈论是交互式条件下"最优理性决策"，即博弈的每个参与者都希望能够以其偏好获得最大满足。博弈论既是现代数学的一个新分支，也是运筹学的一个重要学科，为交互的决策提供了一个分析框架，其应用远远超出经济学的范畴，正成为政治学、哲学、军事科学、生物学、法学、社会学等领域极有用的分析工具。由于博弈论丰富的思想内涵，并随着现代社会发展在不断地注入新的思想和方法，显示出强大的生命力，具有非常广阔的发展空间。

1.3.1　博弈论发展历程

博弈论经过 20 世纪 40 年代前的萌芽酝酿，1944 年《博弈论与经济行为》（*The theory of Games and Economic Behaviour*）的出版标志博弈理论初步形成，在 50 年代以"囚徒困境"和"纳什均衡"为基石的非合作博弈及以"核"和"讨价还价博弈"为基石的合作博弈的创立，经过 60～70 年代泽尔腾、海萨尼对纳什均衡的动态拓展，以"演化稳定策略"和"复制者动态方程"为核心的演化博弈论的创立，以及 70 年代中后期在经济、管理等领域的应用，大约从80 年代开始，博弈论逐渐成为主流经济学的一部分，甚至可以说成为微观经济学的基础。博弈论的发展历程，如图 1-1 所示。

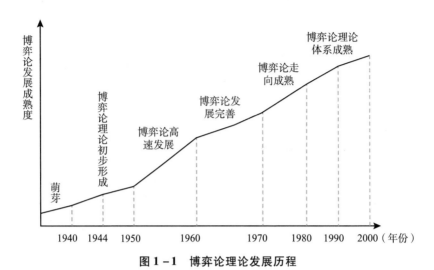

图 1-1　博弈论理论发展历程

下面对图 1-1 所描述的博弈论发展历程进行详细阐述。

（1）20 世纪 40 年代前：博弈论思想萌芽。2000 年前我国古代"齐威王田忌赛马"；1500 年前巴比伦犹太教法典"婚姻合同问题"；1838 年古诺（Cournot）选择产量的古诺寡头模型；1881 年埃奇沃斯（Edgeworth）将数学分析应用于瓦尔拉斯提出的一般均衡理论等；1883 年贝特兰德（Bertrand）选择价格的寡头竞争模型；1913 年策默罗（E. Zermelo）提出象棋博弈定理及"逆推归纳法"求解博弈解；1921~1927 年波雷尔（Borel）混合策略的第一个现代表述，有数种策略两人博弈的极小化极大解；1928 年冯·诺伊曼（Von Neumann）和摩根斯特恩（Morgenstern）扩展形博弈定义，证明有限策略两人零和博弈有确定结果；1934 年斯坦科尔伯格（Stacklberg）双头垄断动态模型。

20 世纪 40 年代前，博弈论对博弈论专家（其中大多是数学家）来说乐趣无穷，他们更关注定理与证明，而非如何将博弈论应用于经济问题，以致被整个经济学界所遗忘。

（2）1944 年：博弈论理论初步形成。数学家冯·诺依曼（Von Neumann）和经济学家奥斯卡·摩根斯特恩（Oskar Morgenstern）于 1944 年合作完成《博弈论与经济行为》（*The Theory of Games and Economic Behaviour*），在该书中提出：①引进扩展形（extensive form）表示和正规形（normal form）或称策略形（strategy form）、矩阵形（matrix form）表示；②提出稳定集（stable sets）解概念；③正式提出创造博弈论一般理论的思想；④给出博弈论研究的一般框架、概念术语和表述方法；⑤最重要的是引入可以对冲突进行数学分析的思想。

尽管现代博弈理论与他们在《博弈论与经济行为》中讲的东西关系不太大，然而，该书的出版被公认为是博弈论的开山之作，标志着博弈论理论的初步形成。

（3）20 世纪 50 年代：博弈论高速发展。20 世纪 50 年代是博弈论巨人呈现年代，博弈论的重要理论几乎都是在这个阶段完成的。一方面非合作博弈论开始创立，1950 年梅尔文·德雷希尔（Melvin Dresher）和梅里尔·弗拉德（Merrill Flood）在兰德公司（美国空军）拟定出有关困境的理论并进行了博弈实验，后由顾问艾伯特·塔克（Albert Tucker）以囚徒方式阐述，并将其命名为"囚徒困境"（prisoners dilemma），纳什（Nash, 1950, 1951）两篇关于非合作博弈的重要文章，在非常一般的意义下定义了非合作博弈及其均衡解，并证明了均衡解的存在。上述两项研究工作基本上奠定了现代非合作博弈论的基石；另一方面合作博弈论发展达到鼎盛，与此同时，纳什（Nash, 1950）和沙普利（Shapley, 1953）关于"讨价还价博弈"（bargaining game）的文章及 1953 年沙普利（L. S. Shapley）和吉利斯（D. B. Gillies）提出"核"（core）作为合作博弈的一般解概念，上述研究工作基本上奠定了现代合作博弈论的基石。

　　此外，该时期还呈现出一些其他博弈论成果，例如 1954～1955 年艾萨克斯（Isaacs）引入了"微分博弈"（differential games）的概念，奥曼在 1959 年提出了"强均衡"（strong equilibrium）的概念，"重复博弈"（repeated games）也是在 50 年代末开始研究的，这自然引出了关于重复博弈的"无名氏定理"（folk theorem）等。

　　（4）20 世纪 60 年代：博弈论发展完善。1960 年谢林（Thomas C. Schelling）引进了"焦点"（focal point）的概念，博弈论在进化生物学（evolutionary biology）中的公开应用也是在 60 年代初出现的；1965 年泽尔腾（Selten）将纳什均衡概念引入动态分析，提出"子博弈完美纳什均衡"（subgame perfect Nash equilibrium）概念；1967～1968 年海萨尼（Harsanyi）的三篇后来成为在现代经济学和博弈论中占极其重要地位的信息经济学奠基石的，构造非完全信息（incomplete information）博弈理论的系列论文，提出对非完全信息博弈问题进行分析的标准方法，以及"贝叶斯纳什均衡"（bayesian Nash equilibrium）的概念。此阶段，博弈理论尤其是非合作博弈理论得到进一步完善。

　　（5）20 世纪 70 年代：博弈论走向成熟。斯密（J. M. Smith）1972 年和普瑞斯（Price）1974 年提出了"演化稳定策略"（evolutionarily stable strategy，ESS）及泰勒和琼克（Taylor and Jonker，1978）提出复制者动态（replicator dynamic），奠定了演化博弈论理论及运用发展的基石；海萨尼（Harsanyi）在 1973 年提出关于"混合策略"的非完全信息解释以及"严格纳什均衡"（strict Nash equilibrium）概念；1975 年泽尔腾（Selten）提出的"颤抖手均衡"（trembling hand perfect equilibrium）概念；"共同知识"（common knowledge）在博弈论中的重要性，也因为奥曼 1976 年的文章而引起了广泛的重视。

　　70 年代中后期，经济学家开始注重个人理性，发现信息（information）和时序（sequence or time order）的重要性，博弈论前期（60 年代中期~70 年中期）正好为研究提供了有力工具（主要是泽尔腾和海萨尼的研究）及 80 年代"四人帮模型"（KMRW 模型）等。

（6）20 世纪 80~90 年代：博弈论理论体系成熟。1981 科尔伯格（E. Kohlberg）提出"顺推归纳法"（forward induction）；克雷普斯和威尔孙（Kreps and Wilson）1982 年提出"序列均衡"（sequential equilibria），对完美性进行拓展；1982 年克雷普斯、米尔格罗姆、罗伯茨和威尔逊（Kreps，Milgrom，Roberts and Wilson）关于非完全信息重复博弈信誉问题的"四人帮模型"（KMRW 模型）；1982 年斯密出版了《进化和博弈论》（*Evolution and the Theory of Games*）；1984 年由伯恩海姆（B. D. Bernheim）和皮尔斯（D. G. Pearce）提出"可理性化性"（rationalizability）；1988 年，海萨尼和塞尔腾提出了在非合作和合作博弈中均衡选择的一般理论和标准；1991 年弗登伯格（D. Fudenberg）和梯诺尔（J. Tirole）首先提出了"完美贝叶斯均衡"（perfect Bayesian equilibrium）的概念。

自此，博弈论走向成熟，完整的博弈论理论体系构建起来，1994 年纳什、泽尔腾和海萨尼获得诺贝尔经济学奖，迎来了博弈论发展的春天。截至目前，已经有 20 位学者因对博弈论及相关问题的研究获得诺贝尔经济学奖，如 1996 年获奖的莫里斯（Mirrlees）和维克瑞（Vickrey），2001 年获奖的阿克尔洛夫（Akerlof）、斯宾塞（Spence）和斯蒂格利茨（Stiglitz），2005 年获奖的谢林（Schelling）和奥曼（Aumann），2007 年获奖的赫维茨（Hurwicz）、马斯金（Maskin）和迈尔森（Myerson），2012 年获奖的罗斯（Roth）与沙普利（Shapley），2014 年获奖的梯诺尔（Tirole），2016 年获奖的哈特（Hart）和霍姆斯特罗姆（Holmstrom），2020 年获奖的米尔格罗姆（Paul R. Milgrom）和威尔逊（Robert B. Wilson），加上 1994 年获奖的 3 位共计 20 位。

1.3.2 博弈论理论体系

目前，博弈论理论体系（如图 1－2 所示）已发展较为成熟，包含两大部分组成，一是实验验证下的博弈论，主要是指实验博弈，是通过精心设计、用货币诱发真人被试的可控实验室方法，复制真实的现场环境，直接检验被试如何进行有效决策的策略博弈行为过程；实验博弈的产生源于对有关策略行为原理实证信息的需求，实验为这种需求提供支持；二是均衡分析下的博弈论，包含以完全理性为基本假设的传统博弈论、以有限理性（bounded rationality）为基本

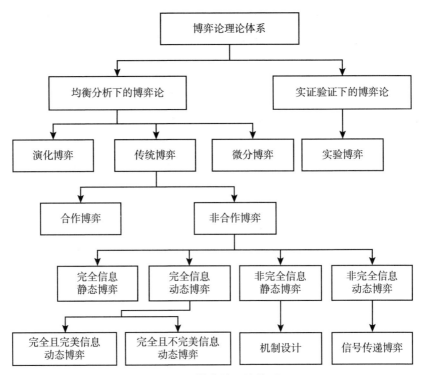

图 1－2 博弈论理论体系

假设的演化博弈论（evolutionary game theory）和以时间连续演变的微分博弈论（differential game theory），斯密（1973）及斯密和普瑞斯（1974）将生物演化论与博弈论结合提出了演化博弈论的基本均衡概念——演化稳定策略（evolutionary stable strategy，ESS），标志着演化博弈论的诞生，泰勒和琼克（1978）提出了演化博弈论的基本动态概念——复制者动态（replicator dynamics），自此演化博弈论有了明确的研究目标，即通过复制者动态选择机制寻找博弈的演化稳定策略（ESS），可以说演化博弈论是在发展传统博弈论完全理性假设中逐渐产生和发展起来的（郑月龙，2017），是博弈论理论领域发展最新前沿，具有广阔的发展和应用前景。而微分博弈是最优控制理论与博弈论结合的理论，研究在时间连续的系统内，多个参与者进行持续的博弈，力图最优化各自独立、冲突的目标，最终获得各参与者随时间演变的策略并达到纳什均衡，即任何参与者都没有单独改变策略的意愿。

传统博弈论包含合作博弈（cooperative game）和非合作博弈（non-cooperative game），两者之间的区别主要在于博弈参与人之间是否有一个具有约束力的协议（binding agreement），如果有就是合作博弈，否则就是非合作博弈，合作博弈强调团体理性（collective rationality），强调的是效率（efficiency）、公正（fairness）和公平（equality），非合作博弈强调的是个人理想、个人最优决策，其结果可能有效也可能无效。现在，经济学家谈论到博弈论，一般是指非合作博弈论，从信息与行动顺序两个角度划分，可将非合作博弈论划分为四类，即完全信息静态博弈（static games of complete information）、完全信息动态博弈（dynamic games of complete information）、非完全信息静态博弈（static games of incomplete information）及非完全信息动态博弈（dynamic games of incomplete information），相应的均衡概念为纳什均衡（Nash equilibrium）、子博弈精练纳什均衡

（subgame-perfect Nash equilibrium）、贝叶斯纳什均衡（bayesian Nash equilibrium）及精炼贝叶斯纳什均衡（perfect bayesian Nash equilibrium），看上去好像对所研究的每一类型的博弈都发明出了一种新的均衡概念，事实上，上述"发明"的四个概念又是密切相关的，随着研究的博弈逐渐复杂，博弈论专家对均衡概念也逐步强化，从而可以排除复杂博弈中不合理或没有意义的均衡。具体而言，精炼贝叶斯纳什均衡在非完全信息静态博弈中即等同于贝叶斯纳什均衡，完全信息动态博弈中等同于子博弈精炼纳什均衡，在完全信息静态博弈中等同于纳什均衡。此外，完全信息动态博弈又分为完全且完美信息动态博弈（dynamic games of complete and perfect information）和完全且不完美信息动态博弈（dynamic games of complete and imperfect information），而完全信息静态博弈的重要应用方面为机制设计（mechanism design），非完全信息动态博弈的重要运用方面为信号传递博弈（signal transmission game）。

1.3.3　博弈论在本书研究中的运用

博弈论（game theory）是本书研究展开所依据的主要理论，根据所研究共性技术研发问题不同，灵活采取相应的博弈理论进行建模研究。具体而言：

本书第 2 章通过演化博弈论（evolutionary game theory）研究共性技术研发多重失灵；第 3 章通过委托代理理论（principal-agent theory）与演化博弈论分别研究企业行为模式及技术研发策略选择问题，委托代理理论属于信息经济学（information economics）内容，而信息经济学是不对称信息博弈论在经济学上的运用；第 4 章运用不完全动态博弈理论研究政府筛选共性研发企业给予支持问题；第 5 章通过完全信息动态博弈研究技术链视角下产业共性技术供给模式选择问题；第6章通过完全信息动态博弈和演化博弈论研究共性技术供给决策和共性技术成果扩散问题；第7章通过完全信息动态博弈研究考虑市场化的产业共性技术研发问题；第8章通过完全信息动态博弈研究共性技术研发外包问题；第9章通过合作博弈研究共性技术合作研发的利益分配问题；第10章通过完全信息动态博弈研究共性技术与补贴退坡下新能源汽车产业发展问题。结合整体结构安排，本书在第2～第10章中都对所基于的博弈理论按章节展开进行了较详细的概述，为研究展开提供理论支持。

1.4 主要研究内容及框架

本书主要遵循"揭示多重失灵—共性技术研发—缓解多重失灵"的思路展开研究，首先对产业共性技术研发过程中多重失灵问题进行分析，为缓解共性技术研发多重失灵，对企业研发策略选择问题进行了研究，并对企业（有限理论代理人）的行为模式做了重新界定；考虑到政府支持的重要作用，本书接着对共性技术研发政府支持的信号显示博弈进行了较详细的研究；接着对技术链视角下共性技术供给模式选择问题进行了研究，进而对共性技术供给决策及共性技术成果扩散机制进行研究；接下来，将共性技术研发过程看作一个整体，分别对考虑市场化的产业共性技术研发博弈和共性技术政府支持性研发外包博弈进行研究；进一步地，对共性技术合作研发利益分配问题进行研究；进而以新能源汽车产业为研究背景对新能源汽车产业共性技术作用及供给问题进行研究。最后，对本书研究的主要结论进行归纳，据此提出缓解多重失灵的共性技术研发政策建议，并探讨了基于本书研究未来进一步的研究方向。具体研究内容及框架如图1-3所示。

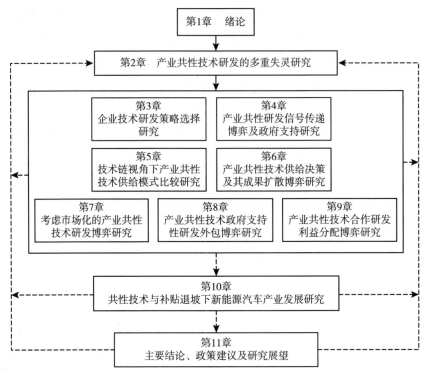

图 1 - 3　主要研究内容及框架

根据图 1 - 3，将主要研究内容阐述如下：

第 1 章，绪论。作为本书开篇之章，首先对研究背景、问题及意义进行了阐述；其次从共性技术研发失灵、共性技术扩散及其市场收益实现环节及共性技术政府支持和合作研发实践等方面对国内外研究现状及动态进行了研究，并指出现有研究对本书撰写的启示；再次阐述了本书主要研究内容及框架；最后对本书写作特色进行了阐述。

第 2 章，产业共性技术研发的多重失灵研究。考虑共性技术的准公共品属性，构建了"供给—扩散—后续商业开发—市场收益实现"的共性技术研发过程分析框架，并对共性技术失灵的产生根源进行了分析。据此，运用演化博弈论建立共性技术研发行为博弈模型，对企业共性技术研发行为演化动态进行分析，并从产生原因视角对共性技术研发过程中的供给和扩散的多重失灵类型及演化机理进行分析，提出缓解共性技术研发多重失灵的思路，为后续研究提供框架性指导和基础。

第3章，企业技术研发策略选择及研究。为研究企业选择共性技术还是专用技术的技术研发策略选择问题，本章首先基于委托—代理理论对企业的行为模式进行了重新界定，其次为揭示政府支持对企业共性技术研发行为的影响机制，对共性技术研发中的政府支持机制进行了分析研究，为后续章节建模研究提供支撑和基础。

第4章，产业共性研发信号传递博弈及政府支持研究。考虑到政府支持在共性技术研发中的重要作用，本章以企业共性技术研发项目申请高或低政府支持作为信号，政府根据企业申请和贝叶斯法则对企业共性技术的社会收益状况做出"推断"，建立一类特殊的非完全信息动态博弈——信号博弈模型，通过研究以期为政府筛选出适合的共性技术研发企业并给予适合的支持提供参考。

第5章，技术链视角下产业共性技术供给模式比较研究。将共性技术研发过程提炼为供给企业与扩散企业组成的技术链，借鉴斯坦科尔伯格（Stackelberg）主从博弈建模思想，从技术链的视角考虑扩散过程对共性技术供给模式及其选择问题进行了系统研究。本章的研究为理解共性技术供给模式及选择的影响因素及机理提供了理论指导，也为促进从技术链出发考虑扩散过程的共性技术供给政策制定提供实践参考，同时也丰富了共性技术相关领域的学术研究。

第6章，产业共性技术供给决策及其成果扩散博弈研究。首先，在双寡头竞争环境下建立了考虑市场化阶段进行古诺竞争的共性技术供给决策两阶段博弈模型，揭示双寡头企业面对独立研究、研究/

模仿及结成研发联合体（RJV）情形的供给决策问题；其次，从研发过程的视角揭示了共性技术扩散行为及影响机理，指出共性技术扩散行为是跨产业或整个产业中有潜在需求企业采纳共性技术的决策行为，受到研发过程其他环节的交织影响，运用演化博弈论对共性技术扩散行为演化动态进行了分析，并提出共性技术扩散的动力机制。

第7章，考虑市场化的产业共性技术研发博弈研究。针对产业共性技术研发投入不足及政府支持的重要作用，本章站在政府视角设计了以企业研发投入最大化为目标并对不考虑和考虑共性技术市场化过程的最优研发支持合同，并对影响合同的因素进行了分析。通过研究旨在厘清企业开展共性技术研发的影响因素及机理，对于完善政府支持下以企业为主体的共性技术研发体制机制具有一定的现实意义。

第8章，产业共性技术政府支持性研发外包博弈研究。借鉴研发外包的思想，站在政府的视角，突出企业共性技术研发主体地位，研究以共性技术产出最大化为目标的政府研发外包决策，即共性技术政府支持性研发外包合同最优设计。本章的研究旨在倡导一种共性技术研发新模式，即通过政府支持性研发外包合同实现共性技术研发，进而为缓解共性技术研发多重失灵的政策制定提供参考。

第9章，产业共性技术合作研发利益分配博弈研究。考虑共性技术研发过程各环节影响因素及政府支持等，运用纳什讨价还价（均衡）解，建立考虑多主体参与的两企业共性技术合作研发利益分配博弈模型，通过模型求解和分析揭示合作研发最优利益分配机制的影响因素及机理。本章研究改变了现有研究对此关注严重不足的现状。

第10章，共性技术与补贴退坡下新能源汽车产业发展研究。与前几章节不同，本章在新能源汽车产业背景下研究共性技术研发的作用。具体而言，考虑节能指数、消费者节能偏好支付意愿、共性技术供给、政府补贴退坡和市场竞争，建立了政府与新能源汽车企业、燃油汽车企业之间的三阶段博弈模型，并对新能源汽车产业发展影响因素进行了分析，研究结论可为政府制定促进新能源汽车产业发展政策提供理论参考和决策指导。

第 11 章，主要结论、政策建议及研究展望。作为本书的结尾之章，通过对前几个章节研究结论的"共性"和"个性"问题进行归纳并凝练出本书的主要结论，据此提出缓解共性技术研发多重失灵的政策建议。最后探讨了本书的进一步研究方向。

第2章 产业共性技术研发的
多重失灵研究

2.1 研究基础理论概述

本章研究基础理论是演化博弈理论（evolutionary game theory）。人们一般所说的博弈论是指基于理论人假设的博弈理论，也即非合作博弈论，如完全信息静态/动态博弈、非完全信息静态/动态博弈，当然合作博弈也是以完全理性人为前提假设的，与演化博弈理论相比，上述博弈理论可称之为传统博弈理论，以有限理性为假设前提的演化博弈论就是在发展传统博弈论完全理性假设的过程中逐渐产生和发展起来的。生物进化论是演化博弈理论的来源，演化博弈理论（也称进化博弈理论）的研究在生物学领域可以追溯到费希尔（Fisher，1930）关于性别比例的研究，在经济学领域的研究则可以追溯到古诺（Cournot，1838）对寡头市场产量竞争中对产量调整过程的研究，也就是所谓的"古诺调整"。

1948 年马歇尔（Marshall）从理论均衡和演化两种观点对现实世界进行了解释，其中演化观点就是以"物竞天择，适者生存"的思想为基础的，阿尔钦（Alchian，1950）认为"优胜劣汰"的选择压力使得每一个行为主体选择最适合自身的生存之法，由此得到的演化均衡就是纳什均衡，即马歇尔的两种观点在解释经济现象方面是等价的，而纳什（Nash，1950）对纳什均衡的"群体行为解释"可以说是包含较完整的演化博弈思想的最早理论成果。20 世纪 70 年代是演化博弈理论形成和发展的关键时期，斯密（1973）及斯密和普瑞斯（1974）将生物演化论与博弈论相结合提出了演化博弈理论的基本均衡概念——演化稳定策略（evolutionary stable strategy，ESS），目前学术界普遍认为此概念的提出标志着演化博弈理论的诞生。5 年后，泰勒和琼克（1978）在考察生态演化现象时，划时代性地提出演化博弈理论的基本动态概念——复制者动态（replicator dynamics），自此演化博弈论有了明确的研究目标，即通过复制者动态选择机制寻找博弈的演化稳定策略（ESS）。自从这两个概念提出后，演化博弈的理论研究和应用研究迅速发展起来。20 世纪 80 ~ 90 年代，随着斯密著作《演化与博弈论》的出版，演化博弈理论逐渐被运用于更广泛的领域，并被引入经济学领域，与此同时，演化博弈论的研究也由对称博弈逐渐向非对称博弈演进，这个时期的主要代表人物有泽尔腾（1983，1991）、克雷斯曼（Cressman，1992）、斯温克尔斯（Swinkels，1992，1993）、威布尔（Weibull，1995）、坎多里（Kandori，1997）以及萨缪尔森（Samuelson，1997）等，为演化博弈论的进一步发展产生巨大的促进作用。

根据斯密和普瑞斯（1973）、斯密（1982）的阐述，可将演化稳定策略（evolutionary stable strategy，ESS）定义为：

若策略 s^* 是一个演化稳定策略（ESS），当且仅当 s^* 构成一个纳什（Nash）均衡，对任意的 s 有 $u(s^*, s^*) \geqslant u(s^*, s)$；如果 $s^* = s$，满足 $u(s^*, s^*) = u(s^*, s)$，则有 $u(s^*, s^*) > u(s^*, s)$。其中 $u(s, s)$ 是两博弈方在双方策略为 (s, s) 时的得益。在该定义中，一个 ESS 代表一个种群抵抗变异侵袭的一种稳定状态，当主

导策略 s^* 受到少量变异策略 s 入侵时，定义中的不等式要求采用的主导策略严格优于变异策略。

演化博弈核心是分析博弈策略的调整过程、演进趋势以及稳定性（谢识予，2010），这又是通过演化过程的动态选择机制呈现出的规律性来表达的，演化博弈均衡精炼是通过前向归纳法来实现的，是一个动态选择及策略调整的过程（易余胤，2009），一般动态方程中演化稳定策略既不是演化均衡的充分条件也不是必要条件（Friedman，1991）。然而，复制者动态方程可保证所得的 ESS 就是演化均衡（Cressman，1992，1995），也是演化博弈中运用最广泛的动态选择机制，而演化博弈复制动态的稳定均衡就是纳什均衡（Fudenberg et al.，1998），演化均衡必定是纳什均衡（Friedman，1991，1998）。因此，演化博弈的演化稳定性分析过程最终就是通过复制者动态方程寻找博弈演化稳定策略（ESS）的过程。

泰勒和琼克（1978）认为复制动态是描述某一特定策略在一个种群中被采用的频数或频度的动态微分方程。按照生物演化复制动态的思想，采用的策略收益较低的博弈方会改变自己的策略，转而去模仿有较高收益的策略。因此，群体中采用不同策略成员的比例就会发生变化，特定策略比例的变化速度与其比重和得益超过平均得益的幅度成正比。因此，复制动态方程可以用以下微分方程给出：

$$F(x_k) = \frac{\mathrm{d}x_k}{\mathrm{d}t} = x_k[u(k, s) - u(s, s)], \quad k = 1, 2, 3, \cdots, K$$

式中，x_k 为一种群中采用策略 k 的比例；$u(k, s)$ 为采用 k 时的适应度，$u(s, s)$ 为平均适应度，k 为不同的策略，K 为策略总数。

当 $F(x_k) = 0$ 时，就可解出复制动态方程的稳定点，即在复制动态过程中采用策略 k 的博弈方比例 x_k 稳定不变的水平。值得注意的是，这些稳定点只意味着博弈方采用特定策略的比例达到该水平不会再发生变化。但并没有说明复制动态过程究竟会趋向于哪个稳定点。这些取决于博弈方采用策略比例的初始状态和动态微分方程在相应区间的正负情况，需要根据具体问题进行分析。此外，由于博弈方的错误或采取其他不同的策略等某种原因使得原有的稳定受到微小的扰动而偏离，复制动态仍然会使其恢复到原先稳定水平。这要求 x 向低于 x_k 水平偏离时 $F(x_k) > 0$，当 x 向高于 x_k 的水平偏离时 $F(x_k) < 0$，也就是在稳定点处 $F'(x_k) < 0$。即作为演化稳定策略的 x_k，需满足：

$$F(x_k) = \frac{\mathrm{d}x_k}{\mathrm{d}t} = 0 \text{ 且 } F'(x) < 0$$

基于上述演化博弈论基本思想，通过构建产业共性技术研发行为演化博弈模型，借以分析和揭示共性技术研发多重失灵及演化机理。

2.2 背景及研究述评

在党的十九大报告中，习近平总书记指出创新是引领发展的第一动力，是建设现代化经济体系的战略支撑，并着重强调关键共性技术创新的支撑作用。而核心共性技术是中国制造业在全球产业链和世界竞争中能否占据优势地位的关键（马晓楠等，2014）。然而，共性技术研发必须面对技术开发和市场化的双重不确定性（刘满凤等，2007；Kokshagina et al.，2017），且研发周期长、投入多及知识外溢性等特征（刘洪民等，2016），容易导致产业共性技术研发面临着"市场失灵""组织失灵""扩散失灵"以及"政府缺位"的困境，使得共性技术面临难以为继的问题，成为我国产业转型升级所面临的重大瓶颈和障碍（刘满凤等，2007；李纪珍等，2011；

于斌斌等，2012；贺正楚等，2014）。为此，研究以企业为研发主体的产业共性技术研发及可能存在的多重失灵问题，是我国创新驱动发展战略和建设现代化经济体系的内在要求，具有重要理论和实践意义。

共性技术研发失灵一直是学者们研究的热门话题，可追溯到美国学者塔西（1992，1997）有关市场失灵的探讨，认为共性技术所固有的公共物品特性必然会导致共性技术研发的市场失灵，后来塔西（2008）还对共性技术研发投入市场失灵的评估问题进行了专门的研究；此外，学者伍尔特伊斯（Woolthuis，2005）对产业集群中共性技术供给不足的系统失灵因素进行了精炼。相对而言，国内学者对共性技术研发失灵给予了更多关注，学者李纪珍（2002）指出共性技术的外部性导致在市场机制下共性技术研发效率低下和供给不足，并从共性技术本身的"共享"特性出发，探讨了共性技术的"组织失灵"问题；刘满凤等（2007）分析认为产业共性技术生产和需求的双重外部效应是导致产业共性技术供给"市场失灵"的主因；方福前等（2008）通过共性技术所具有公共物品的非竞争性、非排他性和非分割性特征导致了共性技术在研发与使用的"搭便车"行为导致市场失灵；陈静等（2007）认为我国产业共性技术供给存在"市场失灵"、"组织失灵"和"政府干预失灵"等失灵现象；李纪珍等（2011）在对李纪珍（2002）所提出的模型进行修正和分析，得出市场机制下共性技术创新中供给的"组织失灵"和"市场失灵"及扩散的"制度失灵"和"市场失灵"的结论；刘新同等（2012）研究指出共性技术的基础性、关联性、共享性、外部性等特征导致市场机制下共性技术研发活动的市场失灵。近年来，贺正楚等（2013，2014）分析了光伏产业发展中的政府引导政策失灵与共性技术失灵的双重失灵问题；张健等（2017）指出战略性新兴产业共性技术创新的公共品性、外部性、不确定性以及主体的

"经济人"特性，引发了共性技术供给不足、供给低效的失灵问题。有关如何缓解共性技术研发失灵的研究，学者们普遍认为政府支持是有效缓解共性技术的研发失灵的关键（Czarnitzki et al.，2011；Smit et al.，2014；Gimzanskicne et al.，2015；李纪珍等，2011；郑月龙，2017），同时，共性技术研发失灵也成为研究共性技术的基本出发点（卓丽洪等，2017；盛永祥等，2017；周潇等，2017）。

由上可知，现有研究从不同的视角对共性技术研发失灵进行了研究，并指出政府支持在缓解共性技术研发失灵中发挥着重要角色。然而，现有文献大多从共性技术特性出发通过理论探讨对共性技术研发过程中某一环节的失灵问题进行探讨，鲜有学者对共性技术研发过程中各个环节存在的失灵问题进行全面而系统的研究。本章创新之处在于基于现有文献，通过对共性技术研发过程及研发失灵产生的根源的分析，将共性技术研发过程看作研发主体企业间相互学习、模仿及互动的动态演化过程，据此建立演化博弈模型，对企业共性技术研发行为演化动态进行分析，并从产生原因视角对共性技术研发过程中的供给和扩散的多重失灵问题进行归纳和分析，最后从政府支持视角给出缓解多重失灵的政策建议。本章研究对于进一步厘清共性技术研发的多重失灵及产生机理具有重要参考，同时对于政府制定缓解共性技术研发多重失灵的体制机制具有指导意义。

2.3　产业共性技术研发过程框架及失灵根源

产业共性技术作为可在诸多领域内已经或未来可能被普遍使用，其研发成果可共享并对整个产业或多个产业及其企业产生深度影响的一类技术，由于既不是纯粹经济学意义上的公共物品，也不具备商业应用上的独占性，共性技术具有较强的外部性，在共性技术被供给出来以后，通过在关联网络中扩散（邹樵等，2011），使得具有内在需求程度企业获得该技术（供给企业直接进入下一环节），作为竞争前技术（郑月龙，2017），共性技术还需通过后续开发才可能商业化和市场化（刘新同等，2012），比如纳米技术通过后续开发应用于医学、化学、制造业及国防等领域才实现其潜在市场收益，市场收益的实现进一步地激发企业供给共性技术的积极性。据此，可将共性技术研发过程描述为共性技术从供给、扩散、后续商业开发直至市场收益实现的循环过程，如图 2 - 1 所示。

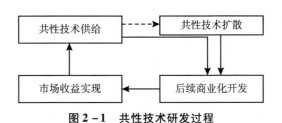

图 2 - 1   共性技术研发过程

在图 2 - 1 中，共性技术供给是指通过研究及创新行为将产业转型升级所需的共性技术供给出来，即从无到有的过程，而共性技术扩散实质上是将共性技术知识在关联网络中扩散和共享过程（邹樵，2010），是企业对新技术的模仿或学习行为（李纪珍等，2011），由于共性技术具有基础性、潜在价值性、准公共品性和高风险性等固有属性（刘洪民等，2016；郑月龙，2017），当一项共性技术被成功研究出来后，容易引发不愿投入资源研究但对共性技术有需求企业的学习或模仿行为，以期获得未来发展所需要的技术，尽管这并不是共性技术供给主体自愿共享的，但是客观上促进共性技术共享和扩散。进一步地，由于共性技术可在一个行业甚至多个行业得以应用，构成产业转型升级的基础和支撑，政府部门有足够动机建立体制机制促进共性技术扩散，是一种主动管理的扩散与共享过程，在图2-1中通过虚线箭头表示上述两类扩散。事实上，企业获得（或通过研究或通过学习模仿行为）共性技术本身并不是目的，实现市场收益才是企业的根本目的，而从研发阶段看共性技术研究跨越应用研究和竞争前实验发展两个阶段，是一项竞争前技术（郑月龙，2017），为此，企业（包含共性技术供给企业和通过学习和模仿获得该项技术的企业）还需对共性技术进行后续商业化开发，形成企业特有的专用技术、工艺或产品，进而实现基于共性技术的预期市场收益，共性技术预期收益实现进一步激发企业供给共性技术的积极性，从而形成良性循环。

由上述分析知，企业进行共性技术研究并取得成功后，其他企业可以通过学习和模仿获得该项技术，导致承担共性技术研发企业的技术收益难以独占，而共性技术作为一种竞争前技术，决定了其市场收益实现的周期较长，加之研发的高投入性和高风险性，企业的理性选择更倾向于通过寻求其他市场机会而代替对共性技术研究，为此，政府部门需要在共性技术供给过程的各环节给予恰当的支持，例如在共性技术供给环节，政府是否给予足够和适当的支持；在扩散环节，政府是否通过建立相应的机制保证供给共性技术企业收益的独占性或保障共性技术互惠共享；在后续商业化开发环节，政府是否给予扶持以保证共性技术顺利商业化；在市场收益实现环节，政府是否采取有力措施培育和完善基于共性技术的产品或工艺需求的市场等，否则，共性技术研发将出现严重的失灵问题。根据以上分析，可将共性技术研发失灵产生根源归纳为：

（1）属性根源，是指共性技术研发失灵是由其固有属性所导致的，共性技术具有天然的研发失灵属性。对共性技术的内在需求是企业供给共性技术基本动力，这种内在需求使得企业具有供给共性技术以实现潜在收益满足内在需求的动机，但由于共性技术的具有较强的外部性，使得共性技术的收益独占性变弱（被动扩散），加之共性技术需要进一步商业化开发才能实现潜在商业价值，由此产生的研发及收益实现高风险性，使得企业供给共性技术的动机难以强烈到转化成行为，企业理性的选择必然是对共性技术"投资不足"（Tassey，2005，2008），从而导致共性技术研发过程中的失灵问题。

（2）规制根源，是指共性技术研发失灵是由政府支持机制不健全导致的，是属性根源在规制层面的反映，这要求政府针对共性技术供给过程各个环节给予适当的干预或扶持，例如在共性技术供给环节、扩散环节、后续商业化开发环节及市场收益实现环节等均应设计合适的机制，出台有针对性的政策，否则，共性技术供给将难以为继，失灵难以避免。具体地，政府应针对企业内在需求进行"刺激"，促使企业供给共性技术的动机转化为供给行动，并在实际供给过程中给予适当支持保证共性技术成功而有效的实现供给，并在共性技术市场化阶段给予支持，确保企业供给行为持续。

总之，共性技术研发多重失灵困境是一种基于共性技术属性从研发过程各环节考察可能出现共性技术难以为继的现象，即共性技术研发可能呈现出供给的"市场失灵"和"组织失灵"、扩散的"市场失灵"，也可能出现使得困境加剧的"政府干预失灵"，进而出现多重失灵困境叠加交织的复杂状况。追根溯源，内在属性根源和政府规制根源共同构成共性技术研发多重失灵困境的两大根源，据此，考虑共性技术研发过程各环节的影响因素对企业研发行为演化进行建模和分析。理解和把握共性技术研发规律，对缓解共性技术研发多重失灵困境的政策制定具有重要参考价值。

2.4　产业共性技术研发多重
失灵博弈分析

2.4.1　基本假设与情形设定

考虑一个由多家有限理性企业组成的亟待转型升级的产业，而共性技术的供给不足成为主要障碍，为了应对来自全球的竞争，实现共性技术的有效供给迫在眉睫。考虑到本节主要研究产业共性技术研发行为演化及其结果，假设产业中多家企业组成的群体具有单群体特征，假设产业中的两个代表性企业进行对称博弈，由于共性技术的准公共品性、基础性及潜在价值性等固有特征，由于创新资源的限制，每家企业都具有研发和不研发共性技术两种行为策略。企业研发共性技术是基于其内在需求的，假设企业需求迫切程度的货币表示为 $w(\pi_t)$，$w(\pi_t)$ 越大企业研发动机就越强烈，π_t 为企业共性技术研发预期市场收益，表示企业对共性技术价值预期或评价，$w'(\pi_t) > 0$，在此令 $w(\pi_t) = \theta\pi_t$，其中 θ 为企业对共性技术的需求因子，越大表示企业需求越迫切，$\theta > 1$。

进一步假设基于共性技术的市场容量足够大，π_t 可得到充分实现，同时需付出 c 的研发成本，若两企业共同研发共性技术则它们均担供给成本 c，研发共性技术的时间延误成本 $\ell w(\pi_t)$，ℓ 为时间延误成本系数，也反映企业对共性技术的需求程度，相应共性技术研发的成功率为 x，$0 < \ell$，$x < 1$。共性技术作为一种准公共品，兼具公共物品和私人物品的特性，其公共性程度是有差异的，可用

"共性度"来刻画这种差异，根据李纪珍等（2002，2011）的相关研究，假设共性技术的共性度 e，$e \in [0, 1]$，$e = 0$ 时共性技术为专用技术，随着 e 的增加所研发共性技术的收益独占性减弱，当 $e = 1$ 时，共性技术变为纯公共品，e 越大表明共性技术越基础、应用面越广，相应对产业转型升级越重要。

尽管共性技术具有较强的外部性，但企业也不能不付出任何代价就可获得，为此假设共性技术被模仿或学习的难度系数 λ，$0 < \lambda < 1$，表征研发收益的独占性，越小表征企业对共性技术研发收益的独占性越弱，e 越大系数 λ 越小，用 $\lambda(e) = (1 - e)\lambda$ 共性度的影响。共性技术作为一种竞争前技术，需进行后续开发才能实现市场化的收益，假设后续开发难度为 h，越大意味着市场化耗时越长，e 越大 h 越大，用 $h(e) = eh$ 表示。此外，企业有选择研发共性技术与否的自由，若不研发共性技术而将创新资源都投资于其他市场机会可获得 π_o 的收益，假设企业通过模仿行为需付出创新资源比例为 δ，其越大表明企业模仿行为所付出的代价越大，表征了共性技术收益综合实现难度，$0 < \delta < 1$。

假设产业共性技术的 e 越大，其公共品程度越大，相应政府给予的支持力度越大。进一步假设，政府采用两种方式支持共性技术供给：一是对共性技术研发企业给予补贴支持，用 s 表示补贴支持的单位货币量；二是通过提供先进技术设备、技术专家及供给团队等的知识支持方式，用 k 度量知识支持的单位货币量，知识支持对共性技术研发成功率的提升为 $\Delta x = \tau_{k,y} x$，$\tau_{k,y} = \dfrac{a}{k}(1 - y)$ 为知识支持对共性技术研发成功率的贡献，即 k 的投入对研发成功单位贡献为 $\dfrac{a}{k}$，其中 a 为正常数，$0 < \tau_{k,y} < 1$，在这里，y 为政府将预算分配于补贴支持方式的比例，则 $1 - y$ 表示政府的知识支持比例，$0 < y < 1$，

表征对共性技术支持方式的偏好或侧重点，用 G 表示政府预算约束，则有 $e[ys + (1 - y)k] \leqslant G$。

2.4.2　产业共性技术研发行为演化及博弈均衡

根据以上假设和分析，令 n 为供给共性技术企业的数量，易得企业共性技术研发与不研发的收益分别为：

$$P_C(n) = (1 - eh)(x + \Delta x)\pi_t - \frac{c}{n} - \frac{\ell w(\pi_t)}{n} + e[ys + (1 - y)k]$$

$$n = 1, \ 2 \qquad\qquad (2.1)$$

$$P_D(n) = \begin{cases} \pi_o - w(\pi_t) & n = 0 \\ [1 - (1 - e)\lambda](1 - eh)(x + \Delta x)\pi_t - \frac{\ell w(\pi_t)}{n} + (1 - \delta)\pi_o & n = 1 \end{cases}$$

$$(2.2)$$

根据式（2.1）和式（2.2）易得，若两个企业都研发共性技术时，双方预期获得的收益均为 $\theta_1 = (1 - eh)(x + \Delta x)\pi_t - \frac{c}{2} - \frac{\ell w(\pi_t)}{2} + e[ys + (1 - y)k]$；如果只有一家企业研发共性技术，则研发企业的收益为 $\theta_2 = (1 - eh)(x + \Delta x)\pi_t - c - \ell w(\pi_t) + e[ys + (1 - y)k]$，相应地，不研发共性技术企业收益为 $\theta_3 = [1 - (1 - e)\lambda](1 - eh)(x + \Delta x)\pi_t - \ell w(\pi_t) + (1 - \delta)\pi_o$；若两家企业都不研发共性技术则双方获得的收益为 $\theta_4 = \pi_o - w(\pi_t)$。假设共性技术研发博弈收益为 $\theta_4 > \theta_2$ 及 $\theta_1 > \theta_3$，于是，博弈演化均衡为要么企业都研发共性技术要么企业都不研发共性技术。进一步假设，企业研发共性技术概率为 r，企业不研发概率为 $1 - r$，$0 \leqslant r \leqslant 1$。据此易得，企业研发和不研发共性技术期望收益分别为：

$$f_C = (1-r)\{(1-eh)(x+\Delta x)\pi_t - c - \ell w(\pi_t) + e[ys + (1-y)k]\}$$

$$+ r\{(1-eh)(x+\Delta x)\pi_t - \frac{c}{2} - \frac{\ell w(\pi_t)}{2} + e[ys + (1-y)k]\}$$

$$(2.3)$$

$$f_D = (1-r)(\pi_o - w(\pi_t)) + r\{[1-(1-e)\lambda](1-eh)$$

$$(x+\Delta x)\pi_t - \ell w(\pi_t) + (1-\delta)\pi_o\} \qquad (2.4)$$

于是，企业研发共性技术的平均收益：

$$\bar{f} = rf_C + (1-r)f_D \qquad (2.5)$$

根据泰勒和琼克（1978）及黎曼（Riechmann, 2001）关于复制者动态（replicator dynamics）的研究，企业不研发共性技术概率的变化率可用复制者动态方程表示为：

$$\dot{r} = r(f_C - \bar{f}) \qquad (2.6)$$

式（2.4）表明，若企业不研发共性技术所得收益比平均收益高，则企业不研发共性技术的概率增加，反之则减少。将式（2.3）、式（2.4）和式（2.5）代入式（2.6），可得企业选择不研发共性技术的复制者动态方程：

$$\dot{r} = r(1-r)(\Delta_1 r - \Delta_2) \qquad (2.7)$$

其中，

$$\Delta_1 = \delta\pi_o + \frac{c}{2} + \left(\frac{3}{2}\ell - 1\right)w(\pi_t) - [1-(1-e)\lambda](1-eh)(x+\Delta x)\pi_t > 0$$

$$\Delta_2 = \pi_o + c - (1-\ell)w(\pi_t) - (1-eh)(x+\Delta x)\pi_t - e[ys + (1-y)k] > 0$$

由于 $\Delta_1 > \Delta_2$，式（2.5）有 0、1 和 $\frac{\Delta_2}{\Delta_1}$ 三个平衡点。根据一阶微分方程平衡点的稳定性定理[26]，可得定理2.1。

定理2.1　对于式（2.5），平衡点 0 和 1 为系统的演化稳定平衡点，$r = \frac{\Delta_2}{\Delta_1}$ 为系统的演化不稳定的鞍点。

证明：令 $f(r) = r(1-r)(\Delta_1 r - \Delta_2)$，$r^0$ 为 $f(r)$ 的平衡点，即

$f(r^0) = 0$，将 $f(r)$ 在平衡点 r^0 处做泰勒展开，并只取一次项，式（2.7）可近似为 $\dot{r} = f'(r^0)(r - r^0)$，其中，$f'(r^0) = (1 - 2r^0)(\Delta_1 r^0 - \Delta_2) + r^0(1 - r^0)\Delta_1$。易得式（2.7）三个平衡点的演化稳定性：

当 $r^0 = 0$ 时，$f'(0) = -\Delta_2 < 0$，可知 $r^0 = 0$ 为式（2.7）的稳定平衡点；

当 $r^0 = 1$ 时，$f'(1) = -(\Delta_1 - \Delta_2)$，由于 $\Delta_1 > \Delta_2$，有 $f'(1) < 0$，因此 $r^0 = 1$ 为式（2.7）的稳定平衡点；

当 $r^0 = \dfrac{\Delta_2}{\Delta_1}$ 时，$f'\left(\dfrac{\Delta_2}{\Delta_1}\right) = \Delta_2\left(1 - \dfrac{\Delta_2}{\Delta_1}\right)$，由于 $\Delta_1 > \Delta_2 > 0$，有 $f'\left(\dfrac{\Delta_2}{\Delta_1}\right) > 0$，又由于平衡点 $\dfrac{\Delta_2}{\Delta_1}$ 位于 0 和 1 之间，因此 $\dfrac{\Delta_2}{\Delta_1}$ 为式（2.7）的不稳定平衡点，式（2.7）所描述的企业共性技术研发行为演化动态如图 2-2 所示。证毕。

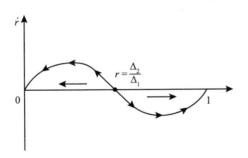

图 2-2　企业共性技术研发行为演化

上述定理说明，企业共性技术研发系统最终演化稳定于平衡点 0 或 1，系统演化稳定取决于系统的初始状态，具体地，取决于企业共性技术研发行为演化初始状态所依赖的参数 x、θ、ℓ、c、λ、e、h、y、s、δ、k、π_o 和 π_t 等。

2.5 产业共性技术研发博弈模型分析

下面运用矩阵实验室（MATLAB）对企业共性技术研发行为的影响因素进行分析，进而直观地考察企业共性技术研发行为的动态演化过程。下列模拟图中，纵坐标表示共性技术研发概率 r，横坐标表示为系统演化的时间 t。

2.5.1 $G=0$ 情形下企业共性技术研发行为演化及影响因素

参数 $G=0$ 表示不考虑政府的干预（相应参数 y、s、k 和 Δx 均不予考虑），此时，共性技术研发系统的动态演化仅依靠市场机制的力量，在此情形下考察各参数对共性技术研发系统演化的影响。

（1）共性技术共性度对共性技术研发系统演化的影响。为此令参数 $\ell=0.4$，$\lambda=0.5$，$x=0.8$，$h=0.3$，$c=0.3$，$\pi_o=6$，$\pi_t=3$，$\delta=0.8$，$\theta=5/3$，$w(\pi_t)=\theta\pi_t=5$ 以及 $G=0$，考察 e 对系统演化的影响，具体如图 2－3 所示。

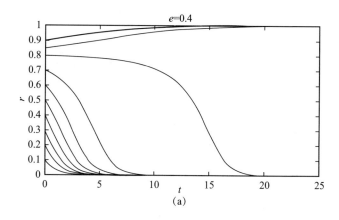

(a)

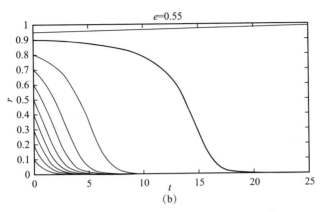

图 2 - 3　共性技术共性度对系统演化的影响

由图 2 - 3（a）可知，共性技术研发系统演化至不同稳定均衡的临界阈值为 $r = 80.73\%$（经计算四舍五入所得，下同），这表明企业共性技术研发的概率只有超过 80.73%，系统才能演化稳定于均衡 1，这是一个非常严格的条件，否则系统将毫无例外地演化稳定于 0，此时共性技术研发失灵。进一步地，共性技术共性度由 $e = 0.4$ 提高到 $e = 0.55$，共性技术研发出现更严峻的演化态势，如图 2 - 3（b）所示，系统演化临界阈值为 $r = 92.78\%$，这意味着企业研发共性技术的概率只有超过 92.78% 系统才能演化稳定于均衡 1，这种苛刻的条件难以实现，此种情形下共性技术研发失灵难以避免，由此可得如下结论。

结论 2.1　当共性技术共性度较大时，仅依靠市场机制的力量，将产生共性技术无人研发的失灵问题。

（2）其他相关参数变化对共性技术研发系统演化的影响。其他参数保持既定，以图 2 - 3（a）中 $r = 0.9$ 的演化线为基准，考察参数 x、c、λ、h、π_t、π_o、θ 及 ℓ 对共性技术研发系统演化的影响，具体如图 2 - 4 所示。

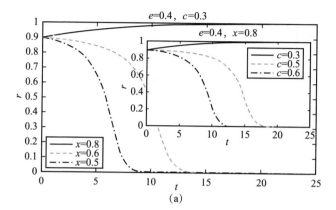

(a)

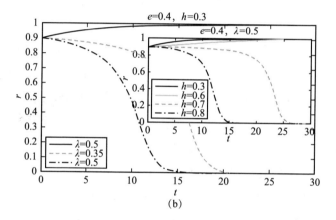

(b)

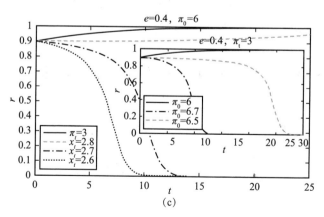

(c)

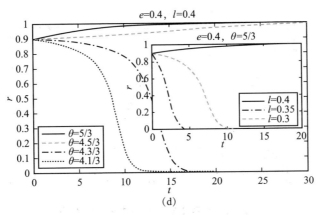

图 2 - 4　相关参数变化对系统演化的影响

由图 2 - 4（a）可知，以 $r=0.9$ 为分析基准，随着企业共性技术研发风险由 0.8 变为 0.5 时，共性技术研发系统的演化由均衡 1 变为 0，且研发风险越大（即参数 x 越小）系统收敛于不研发均衡态 0 的速度越快，此时系统逐渐演化为由不研发共性技术的企业占据整个系统，共性技术研发出现失灵现象。类似地，由图 2 - 4（a）（内嵌图）可知，随着共性技术研发成本由 $c=0.3$ 增加至 $c=0.6$，系统的演化稳定均衡由 1 变为 0，研发成本 c 越大系统收敛于均衡 0 的速度越快，亦出现共性技术研发失灵现象。同理，根据图 2 - 4（b）~图 2 - 4（d）可分析参数 λ、h、π_t、π_o、θ 及 ℓ 对共性技术研发系统演化的影响，由此可得如下结论。

结论 2.2　研发风险和成本越大、收益的独占性越弱、后续商业化开发难度越大、共性技术研发的预期市场化收益越小、企业其他市场机会的预期收益越大以及企业对共性技术需求越低越容易导致共性技术的研发失灵。

进一步地，其他参数既定，参数 δ 变化对系统演化的影响，具体如图 2 - 5 所示。

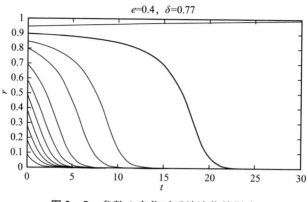

图 2 - 5   参数 δ 变化对系统演化的影响

由图 2 - 5 可知，参数 δ 从 $\delta = 0.8$ 减少至 $\delta = 0.77$，与图 2 - 3（a）相比，共性技术研发系统演化至不同稳定均衡的临界阈值由 $r = 80.73\%$ 变为 $r = 91.98\%$，这表明研发共性技术的概率原来需要超过 80.73% 系统就可演化至均衡 1，当 $\delta = 0.77$ 时研发共性技术的概率需要超过 91.98% 系统才能演化至均衡 1，演化至均衡 1 的条件变得更加严格，由此可知，δ 越小越不利于共性技术研发，原因在于 δ 越小企业通过模仿以获得收益所付出的代价越小，助长了企业通过模仿获得共性技术收益的动机。由此可知如下结论。

结论 2.3   通过模仿实现共性技术收益越容易，加剧了共性技术研发失灵问题。

由结论 2.2 和结论 2.3 易知，企业共性技术研发行为演化收到诸多参数的影响，若仅由市场机制发挥作用，容易产生研发失灵问题，此时就需要政府给予适当的干预。

2.5.2 $G \neq 0$ 情形下企业共性技术研发行为演化

参数 $G \neq 0$ 表示政府对共性技术研发进行干预，给予补贴和知识技术支持，为此，在其他参数保持不变情形下，取 $y = 0.5$，$s = k = 2$

及 $a=0.4$，相应的 $\Delta x=\tau_{k,y}x=0.08$，下面考察相关参数变化对共性技术研发系统演化的影响。

（1）$G\neq0$ 情形下共性技术研发系统的演化动态。如与图 2-3（a）相比，共性技术研发系统演化至不同稳定均衡的临界阈值由 $r=80.73\%$ 变为 $r=24.14\%$，这意味着系统达到演化稳定均衡 1 所需条件变得更宽松了，此时，研发共性技术企业概率只需超过 24.14%，系统就可演化稳定于均衡 1，反过来，若没有政府支持或政府干预不当，也可能导致共性技术研发失灵现象，具体如图 2-6（a）所示。

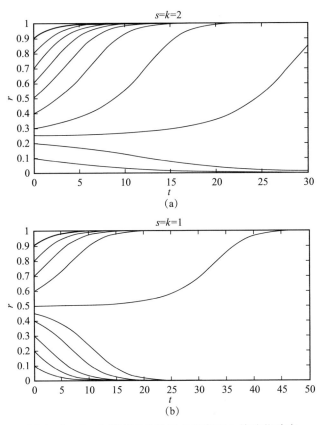

图 2-6　$G\neq0$ 情形下共性技术研发行为的演化动态

进一步地，与图2-6（a）相比，当政府支持从 $s=k=2$ 变为 $s=k=1$ 时，如图2-6（b）所示，系统演化至研发与不研发均衡态的临界阈值从 $r=24.14\%$ 又变为 $r=49.92\%$，系统达到演化稳定均衡1所需条件变得严格了，此时，研发共性技术企业概率只要不超过49.92%，系统就不可避免地演化稳定于均衡0，共性技术研发失灵可能性增加。由此可得如下结论。

结论2.4 政府支持有利于缓解共性技术研发失灵现象，若没有政府支持或政府干预不当也可导致共性技术研发失灵问题。

上述结论表明，政府在缓解共性技术研发失灵中扮演着重要角色，那么，政府如何使有限的预算有效运用以扶持共性技术研发呢？下面就此问题进行分析。

（2）政府支持侧重点对共性技术研发系统演化的影响。其他参数保持不变，具体如图2-7所示，当参数 y 由 $y=0.5$ 变为 $y=0.2$，即政府对共性技术扶持的侧重点更多倾斜于知识技术支持，与图2-6（b）相比较，随着政府对知识技术支持的增加，系统演化至不同稳定均衡的临界阈值由 $r=49.92\%$ 变为 $r=15.31\%$，共性技术研发系统演化至演化均衡1的概率增加，相应共性技术研发失灵问题得到缓解。

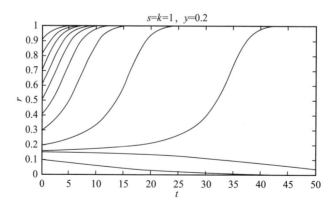

图2-7 政府支持侧重点变化对共性技术研发系统演化的影响

反过来，若 y 从 0.2 增加至 0.5，共性技术研发失灵的概率相应增加。由此可得如下结论。

结论 2.5　相对于补贴支持而言，知识技术支持对于缓解共性技术研发失灵更有效。

进一步地，考察政府知识技术支持对共性技术研发成功率的影响参数由 $a=0.4$ 增加至 $a=0.45$ 时系统的演化动态，如图 2-8 所示。

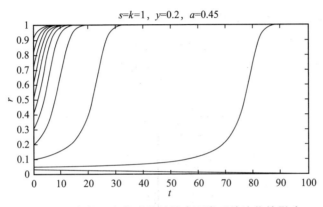

图 2-8　参数 a 变化对共性技术研发系统演化的影响

由图 2-8 可知，共性技术研发系统演化至不同稳定均衡的临界阈值变为 $r=4.33\%$，相比图 2-7 的 $r=15.31\%$ 而言，研发共性技术企业的概率只需超过 4.33%，系统就可演化稳定于均衡态 1，此条件可以说是非常宽松的，相应地，共性技术研发失灵发生的概率降得很低，由此可得如下结论。

结论 2.6　政府知识技术支持越是精准于共性技术研发成功率的提升，越有利于共性技术研发，相应地，共性技术研发失灵出现的可能性越低。

由结论 2.5 和结论 2.6 可知，知识技术支持更能够改善共性技术研发状况，应该成为政府共性技术支持方式选择侧重点。

2.6 产业共性技术研发多重
失灵的理论框架及分析

前面研究表明，产业共性技术研发是企业基于研发与不研发共性技术收益权衡的博弈和动态演化结果，根据结论 2.1～2.3，通过对影响共性技术研发过程各参数进行归纳整合从共性技术供给和扩散的视角建立了一个理论框架，如图 2－9 所示，借以揭示市场机制下共性技术研发可能产生的多重失灵现象。

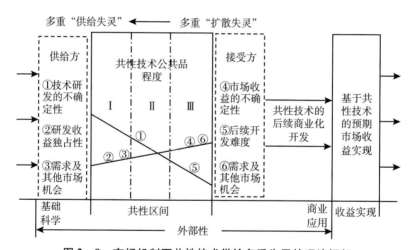

图 2－9　市场机制下共性技术供给多重失灵的理论框架

如图 2－9 所示，从基础科学到商业应用整个创新链条中，基础科学的外部性最大，专有技术由于专利保护具有较强的独占性，共性技术则处于中间地带，以共性度 e 衡量共性技术公共性程度差异必然存在一个"共性区间"，共性区间中由区域 Ⅰ 到 Ⅲ 的 e 依次减弱，区域 I 表示 e 偏高的共性技术类，区域 III 表示 e 偏低的共性技术类，而区域 II 表示的共性技术类的共性度 e 处于 I 类和 III 类之间，越靠近基础科学端（如区域 I 共性技术类），距离市场"越远"，企业研究动机越弱，共性技术供给失灵的可能性越大，由于多种因素的影响，共性技术研发可能出现"多重"的供给失灵和扩散失灵现象，下面就结合图 2 - 9 从共性技术供给和扩散两个视角对共性技术研发的多重失灵问题进行分析。

从共性技术供给方来看，供给方是指承担共性技术研发的企业，共性技术由区域 III 到区域 I，其共性度 e 增大，共性技术研发所要求的基础理论积累随着变高，共性技术距离市场"越远"，共性技术供给企业需承担越大的研究成本和失败风险，研发不确定性越大（即 c 越大以及 x 越小），越可能出现风险规避的"供给失灵"；此外，随着 e 的增大，共性技术由于被其他企业的模仿和学习产生共性技术知识外溢越严重，研发收益的独占性越弱（即 λ 越小），越可能出现知识外溢的"供给失灵"；进一步地，研发不确定性越大及研发收益的独占性越弱，又进一步弱化了企业对该共性技术的需求（即 θ 和 ℓ 变小），企业将选择投资于其他市场机会（即 π_o 变大）来代替投资共性技术研发，导致共性技术供给主体缺位和供给不足，此时可能出现投资替代的"供给失灵"。

从共性技术接受方来看，接受方是指承担研究的企业或其他企业，此时，企业若要"购买"（此处特指企业对共性技术知识的学习和模仿行为，即共性技术扩散和共享）已经被成功供给出来的共性技术，共性技术的区域 I 到区域 III，共性度 e 变小，距离市场变得"越近"，企业通过学习和模仿难度变大（λ 变大），此时若要求企业具备较强的吸收能力和商业开发能力才能成功地进行后续商业开发（即 h 较大），则可能出现后续商业开发难的"扩散失灵"；此外，即使后续开发难度不大，企业也需面临基于后续开发形成的专有技术、工艺或产品市场前景的挑战，如相关市场不成熟，需要较长的时间去培育市场需求等会导致企业对前景形成不良预期（即 π_t 变小），可能出现市场不良预期的"扩散失灵"；类似地，共性技术后续商业开发难度较大及市场前景的不良预期，导致企业将创新资源投入到其他更好的市场机会（即 π_o 越大）以代替投资于共性技术，导致技术许可、技术转让等市场机制下的扩散或共享活动受到限制，可能出现投资替代的"扩散失灵"。

需要指出的是，上述共性技术研发的多重失灵是基于失灵产生原因而言的，若共性技术出现"供给失灵"，则"扩散失灵"就不复存在，而导致"扩散失灵"的因素也会导致"供给失灵"，例如企业在投资共性技术前会对共性技术后续商业开发及市场前景进行分析和预测，若企业发现共性技术后续商业开发成本和风险较大（即 h 较大）以及形成对基于共性技术市场前景的不良预期（即 π_t 变小），均可导致共性技术后续商业开发难的"供给失灵"和市场不良预期的"供给失灵"。

进一步地，根据结论 2.4 ~ 结论 2.6 可知，政府支持力度越大（即 s 和 k 增大），尤其是知识技术支持（即 y 变小）及政府支持越有利于共性技术研究（即 a 增大）有利于缓解共性技术研发失灵，因此，缓解共性技术研发过程中的多重"供给失灵"和"扩散失灵"，需要政府给予强有力的适当的支持。然而，如果政府支持力度不够或方式不当则无益于共性技术失灵问题的缓解；如果实践中出现法律不健全或执行不到位现象，可能导致承担的技术成果以无补偿的形式过度且被动地扩散，使研发企业创新积极性受挫；此外，若政府支持仅仅是补贴且没有后续跟踪和监督或者政府支持无助于共性技术研发，可能会出现补贴资源滥用等加剧共性技术研发失灵，本书将此种情形称之为"政府支持失灵"。

综上所述，从产生原因的视角，共性技术研发过程中可能出现风险规避的、知识外溢的及投资替代的多重"供给失灵"，也可能出现后续商业开发难的、市场不良预期的以及投资替代的多重"扩散失灵"，上述多重失灵叠加交织在一起导致共性技术研发失灵现象变得复杂和严重，政府强有力的合适的支持可在一定程度上缓解共性技术的多重失灵现象，然而需要避免出现共性技术研发支持的"政府支持失灵"。

2.7　结论与讨论

在对共性技术研发过程进行刻画和研发失灵产生根源剖析的基础上，运用演化博弈论对企业共性技术研发行为演化动态进行分析。研究发现，产业共性技术研发失灵是企业基于研发与不研发共性技术收益权衡的博弈和研发行为动态演化结果，在纯市场机制下，共性技术共性度较大是产生共性技术无人研发失灵的重要因素；研发风险和成本越大，收益的独占性越弱，后续商业化开发难度越大，共性技术研发的预期市场化收益越小共性技术研发失灵的可能性越大；此外，其他市场机会的预期收益越大、企业对共性技术需求越低以及通过模仿实现共性技术收益越容易越可能出现共性技术研发失灵问题；在考虑政府支持时，政府支持有利于缓解共性技术研发失灵，相对补贴支持而言，知识技术支持可更有效地缓解共性技术研发失灵，知识技术支持越是精准于共性技术研发成功率的提升越有利于缓解共性技术研发失灵；据此，从产生原因视角提出共性技术研发过程中可能出现风险规避、知识外溢和投资替代的"供给失灵"以及后续商业开发难、市场不良预期和投资替代"扩散失灵"，若政府支持力度不够或方式不当还可能出现"政府支持失灵"。

根据研究结论，结合对共性技术研发多重失灵的分析，本书提出考虑共性技术共性度的需要协同运作的如下政策建议：

首先，建立共性技术研发政府支持的权变机制，根据企业研发实力等信息及所研发共性技术共性度强弱给予灵活的支持，例如对于区域Ⅰ的共性技术，若企业研发实力强，则政府应更多给予补贴支持，反之应更多地给予知识技术支持；同时，政府探索建立共性技术成果共性和扩散政策，借以激发企业对共性技术的内在需求，将更多创新资源投资于共性技术，从而有力地缓解风险规避的"供给失灵"以及知识外溢的"供给失灵"。

其次，设计共性度与后续开发难度协同的援助机制，考虑共性技术对产业转型升级的重要性，政府应根据共性技术共性度强、弱和后续商业开发难、易等四个组合，建立支持程度不等的援助机制，例如对于处于区域Ⅰ且后续商业开发难度大的共性技术，政府既要保持企业供给之热情又要避免其后续开发之忧，应协同地给予补贴和知识技术支持，借以缓解风险规避的"供给失灵"以及后续开发难的"扩散失灵"和"供给失灵"。

最后，培育基于共性技术的产品市场需求和环境，尽管培育市场是共性技术研发过程的最后环节，但它会反向促进企业在共性技术研发过程的供给、扩散及后续开发环节形成对市场收益实现预期，为此，关注和培育市场需求和环境应成为政策的关注点，具体而言，应委托权威机构定期发布共性技术市场需求及前景预测并应出台相关基于共性技术产品市场化的支持政策等，借以预防或规避市场不良预期的"供给失灵"和"扩散失灵"。

需要指出的是，上述相关对策建议可为政府支持政策实施提供思路，有利于政府的相关支持政策做到有的放矢，此外，上述策略的协同实施也有助于增强企业将创新资源投入共性技术研发的信心以及激发企业对共性技术前景的良好预期，从而有助于缓解"政府支持失灵"以及投资替代的"供给失灵"和"扩散失灵"。

2.8　本章小结

　　本章概述了研究的基础理论——演化博弈理论，在对产业共性技术研发过程分析及对共性技术研发失灵产生根源揭示的基础上，通过建立演化博弈模型系统探讨了产业共性技术研发行为演化及多重失灵问题，并对多重失灵演化的影响因素进行系统归纳和分析，提出共性技术供给多重失灵的理论框架，并对缓解多重失灵问题提出相关政策建议。据此，本书接下来的章节分别从企业技术研发策略选择、共性技术研发政府支持的信号博弈、共性技术供给模式比较、共性技术研发成果扩散博弈、考虑市场化的共性技术研发博弈、共性技术政府支持性研发外包博弈、共性技术合作研发利益分配博弈及新能源产业发展背景下的共性技术研发及应用等方面进行系统的研究。

第3章 企业技术研发策略选择及研究

3.1 研究基础理论概述

本章研究涉及的基础理论有委托代理理论、演化博弈理论及完全信息动态博弈理论，考虑到后续部分章节研究主要基于演化博弈理论展开的研究，演化博弈理论已在第2章进行了介绍，完全信息动态博弈理论放在第5章进行介绍，下面主要对委托代理理论进行概述，正如绪论中描述的那样，委托代理理论（principal-agent theory）属于信息经济学（information economics）内容，而信息经济学又是不对称信息博弈论在经济学上的运用。

委托代理理论是20世纪60年代末70年代初一些经济学家深入研究企业内部信息不对称和激励问题发展起来的。委托代理理论试图模型化如下一类问题（张维迎，2012）：一个参与人（称为委托人）想使另一个参与人（称为代理人）按照前者的利益选择行动，但委托人不能直接观测到代理人选择了什么行动，能观测到的只是另外一些变量，这些变量由代理人的行动和其他的外生随机因素共同决定，也即委托人对代理人的行为具有不完全信息。为此，委托代理理论的中心任务是研究在利益相冲突和信息不对称的环境下，委托人如何设计最优契约，以激励代理人选择对其最有利的行动。

委托代理模型主要有 3 种：①由威尔逊（Wilson，1969）、斯宾塞和泽克豪森（Spence and Zeckhauser，1971）及罗斯（Ross，1973）最初使用的"状态空间模型化方法"（states-pace formulation），它的好处就在于每一种技术关系都很直观地表述出来，而这种方法使我们难以得到经济上有信息量的解（informative solution）；②最抽象的"一般分布方法"（general distribution formulation），这种方法虽对代理人的行动及发生的成本没有很清晰的解释，但可得到一个非常简练的一般化模型；③由莫里斯（Mirrlees，1974，1976）最初使用并由霍姆斯特姆（Holmstrom，1979）进一步发展改进的"分布函数的参数化方法"（parameterized distribution formulation），这种方法的最大优点是产出可观测，于是委托人对代理人的奖惩可根据代理人的产出做出，这种方法已成为实际运用中的标准化方法。

在对称信息情况下，委托人可以观察到代理人的行为，委托人可使用"强制合同"（forcing contract）来迫使代理人选择委托人希望的行动，进而实施有效的奖惩，帕累托最优风险分担和帕累托最优努力水平都可以达到；而在非对称信息中，却办不到像对称信息那样，委托人不可能使用"强制合同"，只能选择满足代理人参与约束（participation constraint）和激励相容约束（incentive compatibility constraint）的激励合同以最大化自己的期望效用。更通俗地讲，参与约束使得代理人参与比不参与强，而激励相容约束使得代理人努力比不努力强，委托人应设计一个激励合同，使代理人参与并努力地实现委托人的最大化期望效用。本章 3.2 节就通过对霍姆斯特罗姆和米尔格罗姆（Holmstrom and Milgrom，1987）给出的一个适当简化的一维参数化 Holmstrom - Mirrlees 委托代理模型的改进来研究代理人行为模式的，为研究更具普适性，将企业或者企业中的人统称为代理人，由于企业的行为源于企业中人的行为，企业的决策受到企业中人的行为影响，企业不一定是完全理性的，现实中在行为模式上更多地表现为有限理性。为此，考虑有限理性建立博弈模型，借此探究代理人的行为模式。

3.2　代理人行为模式的重新界定

基于 Holmstrom – Milgrom（HM）模型，建立了一个委托人为理性而代理人在行为上表现为有限理性的 HM 模型，借以分析有限理性代理人的行为模式。研究发现，有限理性代理人表现为损己利他、损己损他、利己损他和利己利他四种行为模式，在一定条件下代理人的行为模式可相互转化，且代理人为某种行为所付出的成本越小，其利他或损他行为就越强烈。研究结果更切合实际地刻画了有限理性代理人的行为模式，不仅利于对代理人行为的理解，而且对社会管理实践具有较强的解释和预测力。

3.2.1　背景及研究述评

有限理性是更接近现实的对人的行为的假设，部分如行为决策理论、演化博弈理论等均是以有限理性为前提构筑的。有关有限理性问题的研究，诺贝尔经济学奖获得者西蒙（Simon，1957，1988）认为不完全信息或知识的不完备性、处理信息的成本、一些非传统的目标函数或经验决策是造成决策者有限理性的主要原因；对此，杨小凯（2002）提出了不同的看法，认为西蒙并未触及有限理性的核心，有限理性产生的主要原因在于"根本的不确定性"；卡恩克曼等（Kahncman et al.，1979）进一步指出，受自身能力和主观偏好等因素影响，现实决策更多是在有限理性条件下对备选方案做出合理排序选择的决策；泽尔腾（1998）通过实验研究发现，有限理性表现出粗浅分析情境、互惠和公平、适应性与分析、事后理性、规避循环的概念、非量化期望和非最优及浅度记忆等行为倾向；有限理性是存在"诸多限制"的理性（郑月龙，2017），并不是完全否定理性假设，而是指出人们有时是健忘的、冲动的、混乱的、有感情的和目光短浅的，不能真正地总是追求其最优目标（田国强，2005）。

有限理性一直是学者们关注的话题，针对传统模型不能解释现实中普遍存在的诸如故意捣乱或破坏行为、利他行为以及由费尔等（Fehr et al. , 1993，1998）通过实验研究所发现的互惠性行为等问题，许多学者对传统的完全理性假设提出了异议，其中一项原创性的研究是拉宾（Rabin，1993）在 GPS 提出的"心理博弈"框架下，同时考虑了物质效用和"动机公平"的效用函数，发现除传统纳什均衡外，还出现了一些新的"公平均衡"；对此，国内学者也进行了有益的探索，例如李训等（2008）、庄新田等（2010）和蒲勇健等（2013）等都探讨了公平或心理与互惠对激励机制的影响，其中较具代表性的是蒲勇健（2007）将拉宾的"动机公平"思想（表现为"互惠性"）植入 HM 模型，研究表明现有的 HM 模型中的最优合约并不是帕累托最优的；近年，学者们的研究主要集中于有限理性在数学及决策研究中的运用（Yu et al. , 2006；Yu et al. , 2009；Bohren et al. , 2017；邓喜才等，2016；何基好等，2017；邓达平等，2017）以及经济管理研究中运用（Elsadany，2010；Yali，2011；Jiang，2013；陈迅等，2016；高广鑫等，2017；赵骅等，2017）两方面。由上可知，学者们通过放松完全理性假设以实现对传统委托代理模型的改进，增强了模型对现实的解释力，具有一定的贡献与启示，不足之处是这些文献仅局限于有限理性行为的"互惠与公平"方面的探讨，并未全面地考察代理人行为并将其放在同一个框架下进行研究，更未对有限理性代理人具体行为模式进行研究。

为此，本节系统考察了有限理性代理人的行为模式，并试图回答以下问题：在现实中，有限理性代理人的具体行为模式是什么？各行为模式之间存在怎样的关联？受到哪些因素影响？有限理性行为能够解释哪些经济与管理现象？对管理问题有哪些启示？对上述问题的回答是本节研究的核心和意义所在。本节的主要创新之处在于：一个委托人为理性而代理人在行为上表现为有限理性的 HM 模型，"完全理性"和"互惠性"代理人假设下的 HM 模型是本节模型的特例；研究得出了有限理性代理人行为具有损己利他、利己利他、损己损他和利己损他四种在一定条件下可相互转化的行为模式，代理人为某种行为支付成本越小这种行为动机就越强烈；该研究结论能解释现实中诸多经济管理现象，对组织行为学和人力资源管理（如薪酬与福利设计、雇用决策等）研究具有一定的参考价值。

3.2.2　对现有 HM 模型改进与求解

由霍姆斯特罗姆和米尔格罗姆（1987）给出的 Holmstrom – Mirrlees 委托代理理论的一种简化模型是一个适当简化的一维连续变量一般化模型，HM 模型在文献中被大量采用，为了将有限理性假设引入 HM 模型，下面给出 HM 的简化模型及其最优合约。

传统 HM 模型假设生产函数为 $\pi = a + \theta$，π 表示产出或利润；a 为代理人努力程度的一维变量，θ 是随机变量，且 $\theta \sim N(0, \sigma^2)$，则有 $E(\pi) = a$；$\mathrm{Var}(\pi) = \sigma^2$，$E$ 为期望算子，Var 表示方差。该模型假定委托人是风险中性的，双方的线性合约为 $s(\pi) = \alpha + \beta\pi$，$\alpha$ 为代理人的固定收入，$\beta(0 < \beta \leqslant 1)$ 为绩效工资因子，表示代理人分享的产出份额，$s(\pi)$ 表示代理人的总收入。假设委托人的效用函数为 $v(\pi - s(\pi))$，则委托人的期望效用为 $Ev = v[-\alpha + (1 - \beta)a]$，

由于效用函数的一阶导数 v' 为常数，不妨设 $v(w) = w$，w 为委托人的收入，则有 $Ev = -\alpha + (1-\beta)a$；假定代理人具有不变绝对风险规避特征，其效用函数为 $u(\omega) = -e^{-\rho\omega}$，$\rho$ 为代理人的 Arrow-Pratt 绝对风险规避度，ρ 越大代理人越害怕风险，ω 为代理人的实际货币收入。

HM 模型将代理人的努力成本设为 $c(a) = \dfrac{b}{2}a^2$ 等价于货币成本，b 为成本系数，$b > 0$，代理人的实际收入为 $\omega = \alpha + \beta(a + \theta) - \dfrac{b}{2}a^2$，则代理人的确定性等价收入 x 可表示为 $x = E\omega - \dfrac{1}{2}\rho\beta^2\sigma^2 = \alpha + \beta a \dfrac{b}{2}a^2 - \dfrac{1}{2}\rho\beta^2\sigma^2$，其中，$E\omega$ 表示代理人的期望收入，$\dfrac{1}{2}\rho\beta^2\sigma^2$ 为代理人的风险成本，表示代理人在其收入中放弃的可确保获得确定性收入的收入；假设 ϖ 为代理人的保留收入，则代理人的参与约束为 $x \geq \varpi$；代理人的激励相容条件为最大化其确定性等价收入，根据 $\dfrac{\partial x}{\partial a} = \beta - ba = 0$，得 $a = \dfrac{\beta}{b}$。综上描述，委托人和代理人之间的最优合约可由以下模型得出：

$$\max_{\alpha,\beta}\left[-\alpha + (1-\beta)a \right]$$

$$\text{s. t. } (IR)\ \alpha + \beta a - \frac{b}{2}a^2 - \frac{1}{2}\rho\beta^2\sigma^2 \geq \varpi \qquad (3.1)$$

$$(IC)\ a = \frac{\beta}{b}$$

引理 3.1　传统 HM 简化模型中，委托人提供给代理人的最优合约为：

$$\alpha = \varpi + \frac{1}{2}\left(\rho\sigma^2 - \frac{1}{b}\right)\frac{1}{(1 + b\rho\sigma^2)^2}, \quad \beta = \frac{1}{1 + b\rho\sigma^2}$$

证明：设 λ 和 κ 为与模型的两个约束相应的拉格朗日（Lagrange）乘子，根据 Kuhn – Tucker 条件有：

$$\begin{bmatrix} -1 \\ -a \end{bmatrix} + \lambda \begin{bmatrix} 1 \\ a - \rho\beta\sigma^2 \end{bmatrix} + \kappa \begin{bmatrix} 0 \\ 1 \end{bmatrix} = 0 \tag{3.2}$$

容易证明乘子 $\lambda > 0$，假设 $\lambda = 0$，根据式（3.2）有 $-1 \equiv 0$，这显然不正确。由于乘子 λ 为正，故对应的约束条件取等式；由于（IC）为紧的约束，显然有 $\kappa > 0$。求解这两个等式约束的规划问题可得引理 3.1。证毕。

接下来，将有限理性假设引入 HM 模型，假定代理人是有限理性的，且委托人知晓代理人的这个理性特征，为提高产出水平，在当前合约规定的固定工资 α 的基础上追加一个确定的额外物质或精神上的激励，以期使代理人做出委托人期望的行为反应，具体用 δ 来衡量，假定委托人的产出只受代理人行为的影响，进一步假设具有限理性的代理人对委托人额外的激励做出的相应行为反应为 a^*，a^* 与代理人所处情境有关，其值可为正、负或零，$|a^*|$ 越大，表示代理人行为反应越强烈，其中 $|a^*| \leqslant A$，A 表示代理人反应程度的极限（如生理的限制）。此时，代理人的确定性收入变为 $\varpi + \gamma$，$\gamma(0 \leqslant \gamma \leqslant \delta)$ 为代理人对委托人的激励行为做出反应后获得的回报，等价于为 a^* 付出的成本。于是改进的 HM 模型可表示为：

$$\max_{\alpha,\beta} \left[-(\alpha + \delta) + (1 - \beta)(a + a^*) \right]$$

$$\text{s. t. }(IR)\,\alpha + \delta + \beta(a + a^*) - \frac{b}{2}(a + a^*)^2 - \frac{1}{2}\rho\beta^2\sigma^2 = \varpi + \gamma$$

$$(IC)\,a = \frac{\beta}{b}$$

$$\tag{3.3}$$

由（3.3）式中的（IR）解得：

$$a^* = \pm\sqrt{\frac{2}{b}(\delta - \gamma) + \frac{1}{b}(1 - b\rho\sigma^2)\left(\beta^2 - \frac{1}{(1 + b\rho\sigma^2)^2}\right)}$$

这里只考虑委托人改变固定工资的情形①，在新合约里，绩效工资因子与原有委托—代理合约中相同，根据引理 3.1 最优合约有：

$$a^*(b, \gamma) = \pm\sqrt{\frac{2}{b}(\delta - \gamma)}$$

上式中，由于 $0 \leqslant \gamma \leqslant \delta$，可知 a^* 为有意义的解，a^* 为 b 与 γ 的函数。接下来，通过函数 $a^*(b, \gamma)$ 的变化来考察有限理性代理人的行为模式及其对激励的影响。

3.2.3　模型结论与分析

结论 3.1　当 $a^* = 0$ 时，改进的 HM 模型退化为传统 HM 模型的情形，理性代理人从自身利益最大化出发选择了对委托人最有利的行为，此时，代理人表现为一种"利己利他"的行为，是一种理想的激励合约。

证明：当 $a^* = 0$ 时，委托人提供给代理人的额外激励支付全部转化成代理人的保留收入，即有 $\delta = \gamma$，进一步有 $a + a^* = a$，式（3.3）中的参与约束条件（*IR*）随之变为 $\alpha + \beta a - \frac{b}{2}a^2 - \frac{1}{2}\rho\beta^2\sigma^2 = \varpi$，此时，在委托人提供 δ 的额外激励支付后，理性的代理人按照帕累托最优做出反应，博弈退化为以理性代理人假设的传统 HM 模型的情形，委托人也没有动力为代理人提供任何额外激励，即有 $\delta = 0$。证毕。

将引理 3.1 代入式（3.1），可得此时委托人的最大期望收入：

$$Ev^* = -\varpi + \frac{1}{2b(1 + b\rho\sigma^2)} \tag{3.4}$$

---

① 因为委托人对支付给代理人的固定工资是具有确定的可操作性，而绩效工资受代理人行为的强烈影响，但委托人也可通过改变绩效工资因子 β 来影响代理人的行为，针对此可作进一步的研究。

传统 HM 模型由于完全理性代理人的假设前提，使其对现实的解释力度受限，现实中委托人设计的激励合约，只能够无限地接近这种理想合约状态，但它为我们进一步研究提供了一个基准。传统 HM 模型对市场经济和经理人市场较完善（如欧美市场）的经济行为有部分的解释和预测力。

结论 3.2 $a^* = \sqrt{\dfrac{2}{b}(\delta - \gamma)}$ 时；①$\gamma \leqslant \dfrac{b\rho^2\sigma^4}{2(1+b\rho\sigma^2)^2}$ 时，代理人表现出一种愿意牺牲自身利益去帮助委托人的行为，即"损己利他"；②$\dfrac{b\rho^2\sigma^4}{2(1+b\rho\sigma^2)^2} < \gamma < \delta$ 时，代理人表现为一种愿意牺牲自身利益去惩罚或伤害委托人的行为，即"损己损他"；③代理人为上述两种行为付出的成本越小则代理人的这种行为动机就越强烈。

证明：当 $a^* = \sqrt{\dfrac{2}{b}(\delta - \gamma)}$ 时，即 $0 < a^* \leqslant A$ 时，有 $a + a^* > a$，由式（3.3）的（IR）条件可知，$\gamma < \delta$ 时代理人的收入与其理性努力选择下的收入相比较下降了，即表现为一种损己行为。此时，委托人的期望收入为：

$$Ev = -(\alpha + \delta) + (1-\beta)\left[\frac{\beta}{b} + \sqrt{\frac{2}{b}(\delta - \gamma)}\right]$$

理性委托人选择 δ 最大化其期望收入，于是有 $\dfrac{\partial Ev}{\partial \delta} = -1 + \dfrac{(1-\beta)}{\sqrt{2b(\delta - \gamma)}} = 0$，解得 $\delta = \gamma + \dfrac{b\rho^2\sigma^4}{2(1+b\rho\sigma^2)^2}$，易得此时委托人的最大期望收入为：

$$
\begin{aligned}
Ev^{**} &= -\varpi - \gamma + \frac{1}{2b(1+b\rho\sigma^2)} + \frac{b\rho^2\sigma^4}{2(1+b\rho\sigma^2)^2} \\
&= Ev - \gamma + \frac{b\rho^2\sigma^4}{2(1+b\rho\sigma^2)^2}
\end{aligned}
\tag{3.5}
$$

在式（3.5）中，当 $\gamma \leqslant \dfrac{b\rho^2\sigma^4}{2(1+b\rho\sigma^2)^2}$ 时①，有 $Ev^{**} \geqslant Ev$，此时与代理人完全理性假设下的委托人的最优产出相比存在帕累托改进，这是代理人的利他行为在发挥作用。当 $\dfrac{b\rho^2\sigma^4}{2(1+b\rho\sigma^2)^2} < \gamma < \delta$ 时，有 $Ev^{**} < Ev$，此时与代理人完全理性假设下的委托人的最优产出相比最优收益有所下降，表现为一种损他行为；另外，根据 $\dfrac{\partial a^*}{\partial b} < 0$ 以及 $\dfrac{\partial a^*}{\partial \gamma} < 0$ 知，a^* 是 b 和 γ 的减函数，由此可知，代理人为 a^* 付出的成本 b 和 γ 越小，则代理人的利他或损他动机就越强烈。证毕。

上述结论可解释诸如日本企业中员工在下班后还仍然在为企业无偿工作等现象，也可以解释大公司给予其高管高年薪收入和员工与企业"共渡难关"的现象，以及家族企业初创期家族成员不计报酬地为企业付出的现象等。产生这种利他行为的原因可能是，代理人在情感上得到满足如归属感、实现自我价值等，同时，良好组织情境状况也是代理人愿意牺牲自身利益而表现出利他行为的重要外因，如制度公平、领导威信等。但是，损己利他行为不会无限期的持续下去，其存在有一个范围，因为有限理性代理人具有"有意识地理性"，通过学习、反思和模仿，他会在物质收益和情感满足之间进行权衡，例如，员工或是出于热爱，或是对未来发展的期望，初期可能会表现出不计得失地为企业付出（尤其是初入职者），若长期得不到重视、奖赏或应有的回报，就会产生失望等情绪，久而久之，其行为逐渐演化为诸如消极怠工或故意制造谣言、故意捣乱或破坏公物甚至跳槽等损他行为，以上现象在组织管理中是常见

---

①　这里隐含的假设是 $\dfrac{b\rho^2\sigma^4}{2(1+b\rho\sigma^2)^2} < \delta$，若 $\dfrac{b\rho^2\sigma^4}{2(1+b\rho\sigma^2)^2} \geqslant \delta$ 时与当前情况相同；此外，假设 $\rho \neq 0$，$\sigma \neq 0$，一般场合是如此的（蒲勇健，2007）。

的。如果将代理人看作一个企业，也将出现类似的行为。

结论 3.3　$a^* = -\sqrt{\dfrac{2}{b}(\delta - \gamma)}$ 时，代理人表现为一种"利己损他"，且为此行为所付出的成本越小则代理人的损他行为就越强烈。

证明：当 $-A \leqslant a^* < 0$ 时，有 $a^* = -\sqrt{\dfrac{2}{b}(\delta - \gamma)}$，对于委托人给予的额外激励，有限理性代理人反而做出对委托人不利的行为选择。此时，委托人的期望收入为：

$$Ev = -(\alpha + \delta) + (1 - \beta)\left[\frac{\beta}{b} - \sqrt{\frac{2}{b}(\delta - \gamma)}\right] \quad (3.6)$$

根据式（3.6）对 δ 的一阶导数 $\dfrac{\partial Ev}{\partial \delta} = -1 - \dfrac{(1 - \beta)}{\sqrt{2b(\delta - \gamma)}} < 0$ 可知，委托人的期望收入 δ 的增加而减少，委托人的额外激励支付行为是不合算的，与理性人假设下的期望收益相比，委托人蒙受的期望损失为 $\delta + (1 - \beta)\sqrt{\dfrac{2}{b}(\delta - \gamma)}$，$\delta$ 越大委托人期望损失就越大，若在完全信息或获取信息几乎无成本的情况下，这种情况在事前就可以避免，然而，在现实中这是不可能做到的。因此，在委托人觉察并采取措施之前，代理人可利用职务之便或信息优势谋取私利（用 s' 表示牟取的私利）的同时，还可以获得来自委托人的工资支付 $s(\pi)$，此时代理人的收益可表示为 $s' + s(\pi)$。此外，与结论 3.1 类似，根据 $\dfrac{\partial a^*}{\partial b} > 0$、$\dfrac{\partial a^*}{\partial \gamma} > 0$ 以及 $a^* < 0$ 可知，代理人为 a^* 付出的成本 b 和 γ 越小，则代理人的损他动机就越强烈。证毕。

上述结论所反映的现象普遍存在于现实社会中，例如故意扭曲真相、迷惑他人、阳奉阴违和"搭便车"等行为倾向。产生这种行为的根本原因在于事后信息不对称和人的认识能力有限给代理人的利己损他行为提供有可乘之机；此外，制度缺陷、非人性化管理等也会诱发代理人选择利己损他的行为；产生以上现象也可能是委托人方面的原因，委托人的道德风险（如私人部门的"两本账"行为，公共部门的寻租行为等）也会损害代理人的利益，诱发代理人的利己损他行为，也为经济转型背景下我国民营（家族）企业中职业经理人普遍存在的败德行为及高管腐败现象提供了一定的解释。由此可知，通过制度建设、管理改善等措施营造有利的情境可诱使代理人的损他行为向利他行为转变。

3.2.4　算例分析

运用 MATLAB 从成本因素对代理人行为强度的影响和代理人对委托人额外激励的行为反应模式两方面进行算例分析，以进一步分析有限理性代理人的行为模式。

1. 考察成本因素变动对代理人行为的影响

如图 3-1 (a) 所示，横轴表示成本参数 γ 和 b，纵轴为代理人行为 a^*。令公共参数 $\delta = 1.2$，分析 b 对 a^* 的影响时，令 $\gamma = 0.3$；分析 γ 对 a^* 的影响时，令 $b = 0.5$。为分析之便，考察 γ 和 b 对 a^* 绝对值的影响。观察图 3-1 (a) 可知，γ 和 b 的数值越小，$|a^*|$ 越大，二者对 $|a^*|$ 的影响方式有所不同，γ 的影响强度由强逐渐变弱，而 b 的影响正好相反，表明代理人的行为动机受到采取此行为所付出的成本的影响，当采取某种行为的所支付的成本越低，那么代理人的这种行为动机就越强烈，反之行为动机就越弱；进一步结合图 3-1 (b)，代理人为某种行为所付出的成本通过行为强度间接地影响着委托人的期望收益。

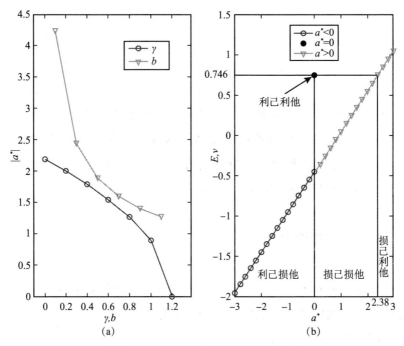

图 3 - 1　有限理性代理人的行为模式

2. 考察对委托人的额外激励代理人的行为模式

如图 3 - 1 （b） 所示，横轴为代理人的行为参数 a^*，纵轴为委托人的期望收益 Ev。参数取值为：$\alpha = 0.5$，$\delta = 1.2$，$\beta = 0.5$，$b = 0.2$，$\gamma \in [0, 1.2]$，可计算得 $a = 2.5$，$a^* \in [-3, 3]$。总体上来看，代理人行为 a^* 越强烈对委托人的期望收益影响越大，当 $a^* > 2.38$ 时委托人的期望收益、超过了传统模型期望收益。具体来说，若 $a^* < 0$ 时，由于代理人对委托人的额外激励的负向反应，$|a^*|$ 越大委托人蒙受的期望损失越大，代理人的行为侵害了委托人的利益，如结论 3.3 描述的那样，此时代理人表现出利己损他行为；当 $a^* = 0$ 时，代理人从自身利益最大化出发选择了对委托人最有利的行动，代理人表现出利己利他的行为；当 $a^* > 0$，由 $\gamma < \delta$ 可知，与

其理性努力下的收入相比代理人此时的行为是损己的，$a^* \leqslant 2.38$时，与传统模型相比，此时委托人的期望收益有所降低，代理人表现出一种损己损他的行为；$a^* > 2.38$时，委托人的期望收益超过了传统模型，可见代理人此时表现出一种损己利他的行为。

3.2.5　结论与讨论

基于 HM 模型，建立了一个委托人为理性而代理人在行为上表现为有限理性的 HM 模型，借以分析有限理性代理人的行为模式。研究发现有限理性代理人表现为损己利他、损己损他、利己损他和利己利他四种行为模式，在一定条件下代理人的上述四种行为模式可以相互转化，且代理人为某种行为所付出的成本越小，其利他或损他行为就越强烈，研究结果更切合实际地刻画了有限理性代理人的行为模式，不仅促进对人的行为模式的理解且对管理实践具有较强的解释力。

在具体管理实践中，委托人应将代理人视为有限理性的，考虑有限理性代理人四种行为模式及其受到特定情境、心理和情感等因素的限制和影响，首先，委托人应特别关注情境因素以及代理人的心理因素，以诱发代理人做出委托人期望的行为表现，例如，通过培育相互信任的企业文化、完善内部治理结构及进行人性化管理等措施建立和维护一种利于代理人做出利他行为或抵制损他行为的情境；其次，委托人也需明确并重视代理人的四种行为模式的可转化性，如若委托人长期忽略代理人利他行为，受到心理和情感等因素的影响，代理人会使之偏离利他行为而可能转为损他行为。因此，委托人应该努力创造情境促使员工的损己利他行为向利己利他行为演化，上述代理人的行为的分析同样也适用于企业，企业的上述几种行为模式在不同情境下有不同的表现。

本节的研究进一步缩小了理论模型与现实生活之间的距离，增强了模型的实用性和对现实的解释力，但尚存在值得深入研究和完善之处：一是本节研究是通过模型和理论推导得出的，未来可通过实验或实证研究检验有限理性代理人的四种行为模式；二是基于代理人的四种行为模式构建激励机制，以解决委托人如何激励、预防或防范代理人等问题。

3.3　企业技术研发策略选择

为研究之便，本节将研究情景放在供应链情景，考虑一个供应商企业面向多个制造商企业展开技术研发决策的情形。运用演化博弈从共性技术外部性、后续商业开发及政府支持下分析了供应商面向多制造商技术研发决策演化及机理。研究发现，共性技术外部性使得博弈演化稳定于由研发不同技术供应商共存的均衡，研发损益参数对均衡有显著影响；共性技术后续商业开发难度对供应商研发决策影响依其外部性强弱而定，随着后续开发难度增加，外部性较强促使供应商研发专用技术，反之研发共性技术；政府支持激励着供应商研发共性技术，而技术支持对供应商研发行为具有更强激励。根据上述结论，得出供应商技术研发决策四象限分析矩阵，并根据共性技术所处象限从补贴、技术和其他支持视角提出权变运用的政策建议，为政府引导供应商技术研发决策提供参考。

3.3.1　背景及研究述评

随着制造商对供应商的信任、保证和依赖程度的增强（李随成等，2011）及采购商对供应商产品定制化需求日益提高，供应商面临的竞争环境越来越激烈（严子淳等，2016），供应商具有面向所供应零部件开展技术研发的足够动机。实践中，供应商同时面向多家制造商供应零部件为常态，在创新资源的约束下，供应商面临着针对所供全部零部件共性展开技术研发还是针对某一特定零部件进行专用技术研发的两难决策，即供应商研发共性技术还是研发专用技术？深入研究此问题对于供应链管理及优化具有重要理论和实践意义。

目前，学者们在供应链金融（江伟等，2016；Lekkakos et al.，2016）、供应链风险及管理（Cui et al.，2015；D'Amore et al.，2017；刘永胜等，2018）、供应链整合和优化（顿妍妍等，2017；Maheshwari et al.，2017）及农产品供应链商业模式（但斌等，2018）等方面均取得了较丰富的成果，学者们还研究了面向合作伙伴和面向消费者的供应链协同问题（Agrawal，2012；Mehrsai et al.，2014），据此，肖静华等（2015）以电商供应链为例研究了从面向合作伙伴到面向消费者的供应链转型问题。此外，就供应链上下游企业研发问题也引起了国内外学者的关注，学者米卢等（Milliou et al.，2013）突出研发投资、性质及下游竞争的作用，对上游企业合并的原因进行了分析；宋建等（2016）探讨了参考价格效应对供应链纵向合作创新行为的影响；金姆等（Kim et al.，2015）研究了供应链中创新驱动的研发外包问题；吴等（Wu et al.，2016）系统分析了考虑产品质量的供应链纵向合作研发决策问题；梅兰德等（Melander et al.，2014）研究指出供应商参与新产品研发受到技术、组织和不确定性等因素的影响；米达瓦因等（Midavaine et al.，2016）实证研究认为董事会任期的多样性负向影响研发决策，而性别与教育多样性正向影响研发决策；邓鳞波（2014）从降低成本和提高质量两方面探讨了不同研发模式下供应商研发决策问题；郑月龙等（2017）从共性技术外部性视角探讨了供应商研发决策问题；

近来，学者柳等（Yoo et al.，2017）分析了供应链结构及参与者权力动态（Power Dynamics）对供应链研发及市场绩效的影响；弗拉基米罗夫等（Vladimirov et al.，2017）对 CC‐GRP 管道系统的供应链研发及生命周期进行了系统分析。

由上可知，学者们从不同视角对供应链管理及研发决策问题进行了分析，对本节具有重要启迪。然而，鲜有突出共性技术固有的基础性、准公共品性及竞争前技术等属性，运用演化博弈论对供应商面向多制造商研发共性技术（本节主要指产品共性技术）还是专用技术决策问题的研究。本节的创新或贡献之处在于考虑共性技术固有属性，分别在共性技术外部性、共性技术后续商业开发及政府支持三种情形下建立博弈模型，分析了供应商技术研发决策影响因素及演化动态，并提出引导供应商技术研发决策的四象限分析矩阵，为政府制定权变的研发支持政策提供理论参考。

3.3.2　基本假设及符号说明

不失一般性，假设单供应商群体面向两个制造商 M_1 和 M_2 进行技术研发，供应商是有限理性的，其研发目标是在保证零部件质量前提下降低零部件成本。在研发资源约束下，供应商面临两种研发策略：共性技术和专用技术，前者表示供应商针对所供 M_1 和 M_2 零部件的共性开展研发活动，而后者表示仅针对 M_1 进行技术研发，假设对 M_1 和 M_2 进行技术研发不会相互影响。

假设制造商 M_1 和 M_2 每生产单位产品需要供应商的单位零部件作为中间产品投入，供应商分别以 w_1 和 w_2 的协议价格以单位供货成本为 c_i 向 M_1 和 M_2 供货，$w_i > c_i > 0$，制造商 M_1 与 M_2 不存在合作，它们稳定的且市场能够完全消化生产能力分别为 q_1 和 q_2，q_1 和 q_2 为正整数。假设 ε 为供应商研发产出水平，表现为零部件单位成本的降低，相应技术研发成本为 $\frac{I}{2}\varepsilon^2$，$I>0$ 为单位研发成本。

假设供应商研发共性技术和专用技术的单位研发成本分别为 I_g 和 I_s，研发成功率分别为 x_0 和 y_0，$I_g>I_s>0$，$x_0<y_0$。群体中选择研发共性技术供应商的概率为 p_t，选择研发专用技术概率为 $1-p_t$，$0\leqslant p_t, x_0, y_0\leqslant 1$。据此，供应商研发共性技术和专用技术的收益分别为 $\pi_g=(w_1-c_1+\varepsilon)q_1+(w_2-c_2+\varepsilon)q_2$ 和 $\pi_s=(w_1-c_1+\varepsilon)q_1+(w_2-c_2)q_2$。

3.3.3　考虑共性技术外部性的技术研发决策演化稳定均衡

考虑到共性技术较强的外部性，供应商的研发收益难以独占。鉴于逐利动机驱使，假设供应商具有模仿共性技术的动机，用 $0<\lambda\leqslant 1$ 表示共性技术被模仿难度。此时，若群体中所有供应商都选择研发共性技术，则均获得 $x_0\pi_g-\frac{I_g}{2}\varepsilon^2$ 的收益；若供应商选择不同的技术研发策略，则研发专用技术的收益为 $y_0\pi_s-\frac{I_s}{2}\varepsilon^2+(1-\lambda)\varepsilon(q_1+q_2)$，$\varepsilon(q_1+q_2)$ 为通过模仿获得的预期收益，研发共性技术供应商的收益为 $x_0\pi_g-\frac{I_g}{2}\varepsilon^2$；若所有供应商都研发专用技术，则均获 $y_0\pi_s-\frac{I_s}{2}\varepsilon^2$ 的收益，鉴于共性技术能同时降低两种零部件的成本，而选择研发专用技术还可通过模仿实现零部件成本的降低，假设 $x_0\pi_g-\frac{I_g}{2}\varepsilon^2>y_0\pi_s-\frac{I_s}{2}\varepsilon^2$ 及 $x_0\pi_g-\frac{I_g}{2}\varepsilon^2<y_0\pi_s-\frac{I_s}{2}\varepsilon^2+(1-\lambda)\varepsilon(q_1+q_2)$。据此，易得供应商不同研发策略收益及群体平均收益并根据泰勒等（1978）的

研究，可得供应商研发共性技术的复制者动态方程：

$$F(p_t) = \frac{\mathrm{d}p_t}{\mathrm{d}t} = p_t(1 - p_t)(\Delta_2 - \Delta_1 p_t) \qquad (3.7)$$

其中，$\Delta_1 = (1 - \lambda)\varepsilon(q_1 + q_2) > 0$，$\Delta_2 = (x_0 - y_0)\pi_s + x_0\varepsilon q_2 + \left(\dfrac{I_s}{2} - \dfrac{I_g}{2}\right)\varepsilon^2 > 0$。

由于 $\Delta_1 > \Delta_2$，式（3.7）有 0、1 和 $\dfrac{\Delta_2}{\Delta_1}$ 三个平衡点，易得定理 3.1。

定理 3.1　$p_t = \dfrac{\Delta_2}{\Delta_1}$ 为式（3.7）演化稳定平衡点；0 和 1 为演化不稳定平衡点。

证明：令 $f(p_t) = p_t(1 - p_t)(\Delta_2 - \Delta_1 p_t)$，$p_t^0$ 为 $f(p_t)$ 的平衡点，即 $f(p_t^0) = 0$，将 $f(p_t)$ 在 p_t^0 处进行泰勒展开，并只取一次项，式（3.7）可近似为 $p_t = f'(p_t^0)(p_t - p_t^0)$，其中 $f'(p_t^0) = (1 - 2p_t^0)(\Delta_2 - \Delta_1 p_t^0) - p_t^0(1 - p_t^0)\Delta_1$，进一步将 $p_t^0 = 0$、$p_t^0 = 1$ 及 $p_t^0 = \dfrac{\Delta_2}{\Delta_1}$ 分别代入 $f'(p_t^0)$ 易得，仅有 $\dfrac{\Delta_2}{\Delta_1}$ 为式（3.7）的稳定平衡点。证毕。

定理 3.1 说明，供应商技术研发系统演化依赖于供应商技术研发的损益变量，考虑共性技术外部性时，供应商技术研发系统最终演化稳定于一点，意味着研发共性技术和专用技术的供应商共存于系统。

3.3.4　考虑共性技术后续开发的技术研发决策演化稳定均衡

共性技术作为一种竞争前技术，需要进行后续商业开发才能应用于所供应零部件，而这又受到后续开发所需时间及供应商研发实力的影响，用 $T > 0$ 表示共性技术后续开发成本，T 越大表示共性技术后续开发难度越大。此时，若群体中所有供应商均研发共性技术，则均获益 $x_0(\pi_g - T) - \dfrac{I_g}{2}\varepsilon^2$；若供应商选择不同的研发策略，则研发专用技术的收益为 $y_0\pi_s - \dfrac{I_s}{2}\varepsilon^2 + (1-\lambda)\varepsilon(q_1 + q_2) - T$，研发共性技术的收益为 $x_0(\pi_g - T) - \dfrac{I_g}{2}\varepsilon^2$；若所有供应商均研发专用技术，则获得收益 $y_0\pi_s - \dfrac{I_s}{2}\varepsilon^2$，满足 $(1-\lambda)\varepsilon(q_1 + q_2) > T$ 及 $\pi_g > T$。同理可得：

$$F(p_t) = \frac{\mathrm{d}p_t}{\mathrm{d}t} = p_t(1 - p_t)(\Delta_4 - \Delta_3 p_t) \tag{3.8}$$

其中，$\Delta_3 = (1-\lambda)\varepsilon(q_1 + q_2) - T > 0$，$\Delta_4 = (x_0 - y_0)\pi_s + x_0(\varepsilon q_2 - T) + \left(\dfrac{I_s}{2} - \dfrac{I_g}{2}\right)\varepsilon^2 > 0$

类似地，可得定理 3.2。

定理 3.2　$p_t = \dfrac{\Delta_4}{\Delta_3}$ 为式（3.8）演化的稳定平衡点；0 和 1 为不稳定平衡点。

证明：与定理 3.1 证明类似，略去。

定理 3.2 说明，考虑共性技术后续商业化开发时，供应商选择研发共性技术还是专用技术除了依赖共性技术外部性外，还受到共性技术后续开发难度的影响。

3.3.5　考虑共性技术政府支持的技术研发决策演化稳定均衡

政府在推动共性技术研发创新中理应发挥积极的作用（郑月

龙，2017）。为此，假设政府对供应商共性技术研发提供诸如税收减免等补贴支持 $\sigma > 0$；同时，政府给予技术支持，表现为共性技术研发成功率变为 x_1，$x_0 < x_1 < 1$。此时，若群体中供应商都研发共性技术，则均获得收益 $x_1(\pi_g - T) - \dfrac{I_g}{2}\varepsilon^2 + \sigma$；若供应商选择不同的研发策略，则研发专用技术的收益为 $y_0\pi_s - \dfrac{I_s}{2}\varepsilon^2 + (1-\lambda)\varepsilon(q_1 + q_2) - T$，研发共性技术收益变为 $x_1(\pi_g - T) - \dfrac{I_g}{2}\varepsilon^2 + \sigma$；若所有供应商均研发专用技术，仍获得 $y_0\pi_s - \dfrac{I_s}{2}\varepsilon^2$ 的收益。同理可得：

$$F(p_t) = \frac{\mathrm{d}p_t}{\mathrm{d}t} = p_t(1 - p_t)(\Delta_6 - \Delta_5 p_t) \qquad (3.9)$$

其中，$\Delta_5 = (1-\lambda)\varepsilon(q_1 + q_2) - T > 0$，$\Delta_6 = (x_1 - y_0)\pi_s + x_1(\varepsilon q_2 - T) + \left(\dfrac{I_s}{2} - \dfrac{I_g}{2}\right)\varepsilon^2 + \sigma > 0$

类似地，可得定理 3.3。

定理 3.3 $p_t = \dfrac{\Delta_6}{\Delta_5}$ 为式（3.9）演化的稳定平衡点；0 和 1 为不稳定均衡点。

证明：与定理 3.1 证明类似，略去。

定理 3.3 说明，考虑政府对共性技术研发支持下，供应商技术研发决策进一步受到政府支持方式以及强度的影响。

3.3.6 数值分析

通过数值分析可更直观地考察供应商技术研发决策演化动态，下图中横坐标刻度均用对数表示，横轴为时间 t，纵轴为概率 p_t。

例 1：假设式（3.7）中 $x_0 = 0.5$；$y_0 = 0.55$；$q_1 = 9$；$q_2 = 9$；$w_1 = 7$；$c_1 = 3.5$；$w_2 = 5$；$c_2 = 1.5$；$I_s = 2.8$；$I_g = 3.2$；$\varepsilon = 1.5$（以下分析参数值既定）。据此可得图 3-2 和图 3-3。

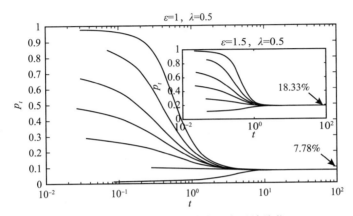

图 3-2　ε 不同取值时技术研发系统演化

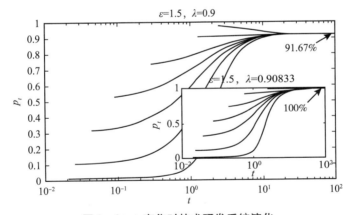

图 3-3　λ 变化时技术研发系统演化

由图 3-2 易知，首先，其他参数既定，式（3.7）演化稳定于平衡点 p_t^*，即选择不同研发策略供应商共存的均衡，如均衡 7.78% 表示系统中有 7.78% 的供应商研发共性技术，92.22% 选择研发专用技术；其次，式（3.7）的均衡取决于技术研发损益参数，如当技术研发产出水平由 1 增至 1.5 时（图 3 - 2 内嵌图），均衡由 7.78% 增至 18.33%，易知研发共性技术供应商的比例增加了 135.60%，原因在于共性技术关系到所有零部件成本的降低。参数 I_g、y_0 减少及 I_s、x_0 增加可得出类似结论，这里不再赘述。

进一步地，其他参数既定，共性技术被模仿难度由 $\lambda = 0.5$（图 3 - 2 内嵌图）增至 $\lambda = 0.9$（如图 3 - 3 所示），则均衡由 18.33% 增至 91.67%，选择研发共性技术供应商迅速增加并占据系统。由此可知，随着共性技术被模仿难度的增加，研发共性技术成为更多供应商的选择。当 $\lambda = 0.90833$ 时，即外部性非常弱时，如图 3 - 3 内嵌图所示，研发共性技术毫不例外地成为系统的演化稳定均衡。

由上可知，共性技术外部性的存在使得供应商技术研发系统最终演化稳定于由选择不同技术研发策略供应商共存的均衡，均衡位置受到技术研发损益参数的影响。

例 2：假设式（3.8）参数 T 分别取值 $T = 0.01$ 和 $T = 0.15$，在 $\lambda = 0.5$ 和 $\lambda = 0.9$ 情况下考察 T 变化对技术研发系统演化的影响，如图 3 - 4 所示。

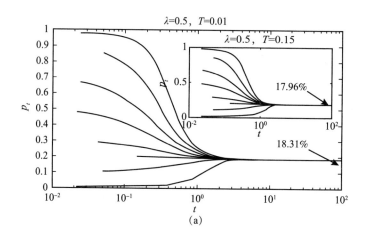

(a)

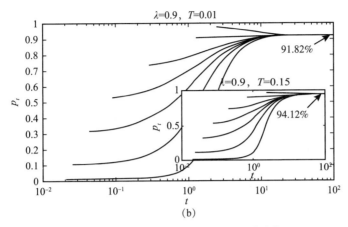

图 3 - 4　λ 和 T 不同取值下研发系统演化

由图 3 - 4（a）易知，外部性较强情形下（$\lambda = 0.5$），若共性技术后续开发难度为 0.01 时，系统演化均衡为 18.31%，当后续开发难度增至 0.15 时，均衡降为 17.96%（图 3 - 4（a）内嵌图），与图 3 - 2 内嵌图相比，随着后续开发难度增加，供应商研发共性技术概率降低；进一步由图 3 - 4（b）可知，当外部性较弱情形下（$\lambda = 0.9$），共性技术后续开发难度分别为 0.01 和 0.15 时，系统演化均衡分别为 91.82% 和 94.12%（图 3 - 4（b）内嵌图）。由此可知，随着后续开发难度增加，研发共性技术供应商概率增加，原因在于此时供应商研发的共性技术的研发收益占有增强，促使供应商选择研发共性技术。

由上可知，共性技术外部性强弱及后续开发难度会影响供应商研发策略，当外部性较强时，随着技术后续开发难度增加供应商更倾向于研发专用技术；当外部性较弱时，随着技术后续开发难度增加供应商更倾向于研发共性技术。

例 3：在 $\lambda = 0.5$，$T = 0.01$ 情形下，并假设 $\sigma = 0.5$，分离并对比性地考察政府技术和补贴支持的影响，考察 σ 及 x_1 同比例增加对式（3.9）演化的影响，如图3-5所示。

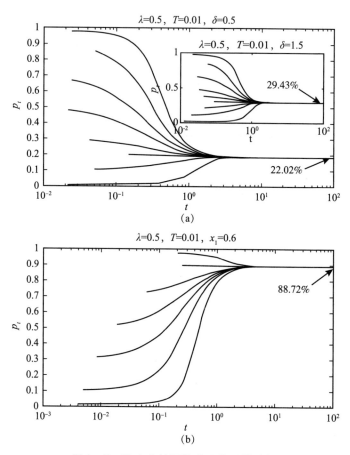

图3-5　政府支持下技术研发系统演化

由图3-5（a）可知，与图3-4相比，政府补贴为$\sigma=0.5$时，系统演化稳定均衡由18.31%增至23.02%，当补贴增至$\sigma=1.5$时（图3-5（a）内嵌图），均衡变为29.43%，增加7.41%，说明政府补贴激励着供应商研发共性技术；进一步如图3-5（b）所示，若政府给予技术支持，使共性技术研发成功率由$x_0=0.5$变为$x_1=$

0.6，与图3-5（a）相比，可使系统演化均衡增加66.70%，变为88.72%。由此可见，政府技术支持将更大地激励供应商研发共性技术，在 $\lambda = 0.9$ 下可做类似分析，这里不再赘述。

由以上分析，政府支持利于抵销共性技术外部性和转化难度的不利影响，相对补贴支持而言，技术支持对供应商选择研发共性技术具有更强的激励。

3.3.7　结论与讨论

通过对不同情形下供应商技术研发决策的分析发现，共性技术外部性强、弱和后续商业开发难度难、易的不同组合是影响供应商技术研发决策主要因素，政府支持尤其是技术支持在供应商技术研发决策中扮演重要角色，据此可得供应商技术研发决策分析矩阵，如图3-6所示，根据共性技术所处的象限从政府支持视角提出如下政策建议。

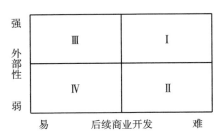

图3-6　供应商技术研发决策分析矩阵

（1）第Ⅰ象限：构建多种支持手段协调运用的支持机制。当处于第Ⅰ象限中，共性技术外部性强、后续商业开发难，研发收益占有性弱但收益实现难度高，供应商理性选择必然是针对特定零部件进行专用技术研发，若要引导供应商研发共性技术，政府应给予补贴、技术支持及两者并用支持的同时，还应建立共性技术扩散机制，在保障供应商技术研发利益的同时促进共性技术扩散。

（2）第Ⅱ象限：采取以后续商业化开发为主的支持策略。当处于第Ⅱ象限中，共性技术外部性弱、后续商业开发难，研发收益占有性较强但收益实现难度高，若要引导供应商研发共性技术，政府部门支持的重点应放在共性技术后续商业开发上面，如技术支持等，帮助供应商实现所供零部件成本降低的研发初衷，并辅之以应做好创新氛围的营造工作，维持供应商研发的积极性。

（3）第Ⅲ象限：完善扩散机制并积极营造研发创新氛围。当处于第Ⅲ象限中，共性技术外部性强、后续商业开发易，研发收益占有性弱但研发收益实现难度低，供应商具有研发共性技术的动机，若要强化供应商的研发动机，政府工作重心应放在共性技术扩散机制的建立和创新氛围的营造上面，同时辅之以根据具体研发情况给予必要补贴或技术支持，以引导供应商研发共性技术。

（4）第Ⅳ象限：设计利于释放共性技术潜能的共享机制。当处第Ⅳ象限中，共性技术外部性弱、后续商业开发易，研发收益占有性较强且研发收益实现难度低，供应商有足够的理由选择针对所供给的全部零部件的共性展开共性技术研发活动，此时，政府应重点设计并保障实施有效的共享机制，促进共性技术在不同供应链及企业间共享，从而释放共性技术对供应链优化及产业发展的潜能。

3.4　研究情形的进一步拓展

在 3.3.2 节基本假设及符号说明的基础上，以 3.3.3 节构建的考虑共性技术外部性的技术研发决策演化博弈模型为基准，进行以下研究和分析。

3.4.1　外部性引发价格战情形下的演化稳定均衡

研发专用技术的供应商通过模仿行为会使其零部件供应成本大幅下降,出于追逐利润和提高市场占有率的目的,易引发成本驱动的价格战,此种情形势必会对供应商的研发决策行为产生影响。为此,假设供应商群体中,选择研发专用技术的供应商由于成本下降,率先通过降价抢占市场份额,而研发共性技术的供应商为了保持市场份额采取跟进战略,进行类似的降价行为。假设供应商平均降价幅度为 Δw,由此降价行为引起研发专用技术供应商的损益变化为 $\pi_s(\Delta w) = [(w_1 - c_1) + (w_2 - c_2) + \varepsilon]\Delta q - \Delta w(q_1 + q_2 + 2\Delta q)$,其中 Δq 为价格降低使得每个制造商对零部件追加的需求量;类似地,降价行为引起研发共性技术供应商的损益变化为 $\pi_g(\Delta w) = [(w_1 - c_1) + (w_2 - c_2) + 2\varepsilon]\Delta q - \Delta w(q_1 + q_2 + 2\Delta q)$。此时,若群体中供应商选择不同的研发策略,则研发专用技术收益为 $y_0[\pi_s + \pi_s(\Delta w)] - \dfrac{I_s}{2}\varepsilon^2 + (1 - \lambda)\varepsilon(q_1 + q_2)$,研发共性技术收益为 $x_0[\pi_g + \pi_g(\Delta w)] - \dfrac{I_g}{2}\varepsilon^2$,供应商均研发专用技术或共性技术获得的收益不变。据此可得供应商在 t 时期研发共性技术和专用技术的期望收益分别为:

$$E\pi_G = p_t\left(x_0\pi_g - \frac{I_g}{2}\varepsilon^2\right) + (1 - p_t)\left\{x_0[\pi_g + \pi_g(\Delta w)] - \frac{I_g}{2}\varepsilon^2\right\}$$

$$(3.10)$$

$$E\pi_S = p_t\left\{y_0[\pi_s + \pi_s(\Delta w)] - \frac{I_s}{2}\varepsilon^2 + (1 - \lambda)\varepsilon(q_1 + q_2)\right\}$$

$$+ (1 - p_t)\left(y_0\pi_s - \frac{I_s}{2}\varepsilon^2\right)$$

$$(3.11)$$

根据式（3.10）和式（3.11），并将 $\pi_s(\Delta w)$ 和 $\pi_g(\Delta w)$ 代入，可得供应商时期 t 研发共性技术的如下复制者动态方程：

$$F(p_t) = \frac{\mathrm{d}p_t}{\mathrm{d}t} = p_t(1 - p_t)(\Delta_4 - \Delta_3 p_t) \qquad (3.12)$$

其中，

$$\begin{aligned}\Delta_3 =\ &(1 - \lambda)\varepsilon(q_1 + q_2) + (x_0 + y_0)\{[(w_1 - c_1) + (w_2 - c_2)]\Delta q\\&- \Delta w(q_1 + q_2 + 2\Delta q)\} + (2x_0 + y_0)\varepsilon\Delta q > 0\end{aligned}$$

$$\begin{aligned}\Delta_4 =\ &(x_0 - y_0)[(w_1 - c_1 + \varepsilon)q_1 + (w_2 - c_2)q_2] + x_0\varepsilon q_2 + \left(\frac{I_s}{2} - \frac{I_g}{2}\right)\varepsilon^2\\&+ x_0\{[(w_1 - c_1) + (w_2 - c_2) + 2\varepsilon]\Delta q - \Delta w(q_1 + q_2 + 2\Delta q)\} > 0\end{aligned}$$

由于 $\Delta_3 > \Delta_4$，式（3.12）有 0、1 和 $\frac{\Delta_4}{\Delta_3}$ 三个均衡点。类似地，可得定理3.4。

定理3.4　对于式（3.12），平衡点 $p_t = \dfrac{\Delta_4}{\Delta_3}$ 为系统演化的稳定均衡点。平衡点0和1为系统演化的不稳定均衡点。

证明：与定理3.1证明类似，略去。

上述定理说明，模仿行为引发价格战情形下，供应商选择研发共性技术还是专用技术除了依赖于共性技术的外部性外，还受到零部件价格降低幅度的影响。

3.4.2　政府干预治理下的演化稳定均衡

鉴于共性技术的基础性、准公共品等特性，政府理应在推动和治理共性技术研发创新中发挥积极作用（张治栋等，2013）。为此，假设政府对供应商共性技术研发提供制度支持，例如税收减免、补贴等，用 $\sigma > 0$ 表示；此外，为恢复市场正常运行，政府也会针对供应商间的价格战采取干预，假设政府通过对价格战引致供应商的降价行为的影响来实现这种干预，用 θ 表示政府干预行为，$0 < \theta \leqslant 1$，θ 越大表示政府干预越强。此时，群体中所有供应商均选择研发共性技术，则均获得收益 $x_0 \pi_g - \frac{I_g}{2} \varepsilon^2 + \sigma$；若供应商群体中供应商选择不同的技术研发策略，则研发专用技术收益为 $y_0 [\pi_s + \pi_s((1 - \theta) \Delta w)] - \frac{I_s}{2} \varepsilon^2 + (1 - \lambda) \varepsilon (q_1 + q_2)$，研发共性技术收益为 $x_0 [\pi_g + \pi_g((1 - \theta) \Delta w)] - \frac{I_g}{2} \varepsilon^2 + \sigma$；若所有供应商均选择研发专用技术，则所获收益不变，均为 $y_0 \pi_s - \frac{I_s}{2} \varepsilon^2$。据此可得供应商在 t 时期选择研发共性技术和专用技术的期望收益分别为：

$$E\pi_G = p_t \left(x_0 \pi_g - \frac{I_g}{2} \varepsilon^2 \right) + (1 - p_t) \left\{ x_0 [\pi_g + \pi_g((1 - \theta) \Delta w)] - \frac{I_g}{2} \varepsilon^2 + \sigma \right\}$$

$$(3.13)$$

$$E\pi_S = p_t \left\{ y_0 [\pi_s + \pi_s((1 - \theta) \Delta w)] - \frac{I_s}{2} \varepsilon^2 + (1 - \lambda) \varepsilon (q_1 + q_2) \right\}$$
$$+ (1 - p_t) \left(y_0 \pi_s - \frac{I_s}{2} \varepsilon^2 \right)$$

$$(3.14)$$

根据式（3.13）和式（3.14），并将 $\pi_s(\Delta w)$ 和 $\pi_g(\Delta w)$ 代入，可得供应商时期 t 研发共性技术的如下复制者动态方程：

$$F(p_t) = \frac{\mathrm{d}p_t}{\mathrm{d}t} = p_t (1 - p_t)(\Delta_6 - \Delta_5 p_t)$$

$$(3.15)$$

其中，

$$\Delta_5 = (1 - \lambda) \varepsilon (q_1 + q_2) + \{ (x_0 + y_0)[((w_1 - c_1) + (w_2 - c_2)) \Delta q$$
$$- (1 - \theta) \Delta w (q_1 + q_2 + 2 \Delta q)] + (2 x_0 + y_0) \varepsilon \Delta q \} + \sigma > 0$$

$$\Delta_6 = (x_0 - y_0)[(w_1 - c_1 + \varepsilon) q_1 + (w_2 - c_2) q_2] + x_0 \varepsilon q_2 + \left(\frac{I_s}{2} - \frac{I_g}{2} \right) \varepsilon^2$$
$$+ x_0 \{ [(w_1 - c_1) + (w_2 - c_2) + 2 \varepsilon] \Delta q - (1 - \theta)$$

$$\Delta w(q_1 + q_2 + 2\Delta q)\} + \sigma > 0$$

由于 $\Delta_5 > \Delta_6$，式（3.15）有 0、1 和 $\dfrac{\Delta_6}{\Delta_5}$ 三个均衡点。类似地，可得定理 3.5。

定理 3.5　对于式（3.15），平衡点 $p_t = \dfrac{\Delta_6}{\Delta_5}$ 为系统演化的稳定均衡点；平衡点 0 和 1 为系统演化的不稳定均衡点。

证明：与定理 3.1 和定理 3.2 证明类似，略去。

上述定理说明，在考虑外部干预情形下，供应商选择研发共性技术还是专用技术的策略行为还受到政府干预目的与强度的影响。

3.4.3　数值分析

为给供应商技术研发提供决策支持，更直观地分析不同初始状态与参数下供应商技术研发策略行为的演化过程，本小节利用 MATLAB 工具对影响供应商技术研发策略行为选择的参数和演化路径进行仿真与分析，为了更直观地观察系统演化稳定均衡，下面图形中横坐标刻度均转化为用对数表示。

（1）考虑外部性情形下系统演化分析。给式（3.7）在赋予另一组数值，一是进一步验证式（3.7），二是为下面分析之便。为此，进一步假设式（3.7）的参数 $x_0 = 0.55$；$y_0 = 0.6$；$q_1 = 10$；$q_2 = 10$；$w_1 = 8$；$c_1 = 4$；$w_2 = 6$；$c_2 = 2$；$I_s = 3$；$I_g = 3.5$；$\varepsilon = 1.5$（下面分析中上述参数值保持不变）。据此，可得 λ 不同取值下系统仿真，具体如图 3 − 7 和图 3 − 8 所示，横坐标为时间 t，纵坐标为概率 p_t。

由图 3 − 7 可知，首先，其他参数既定，式（3.7）演化稳定均衡于某一平衡点 p_t^*，即选择不同研发策供应商共存的演化均衡，例如，均衡 7.50% 表示系统中有 7.50% 供应选择研发共性技术，

92.50%供应商选择研发专用技术，平衡点 0 和 1 为非演化稳定均衡；其次，式（3.7）的演化稳定均衡位置取决于技术研发自身的损益状况，如当技术创新的研发产出水平由 1 增加至 1.5 时（见图 3 - 7 内嵌图），均衡位置由 7.50% 增加至 19.58%，表明选择共性技术研发策略供应商的比例增加 12.08%，主要由于共性技术涉及所有零部件成本的降低。此外，参数 I_g、y_0 减少及 I_s、x_0 增加可得出类似结论。

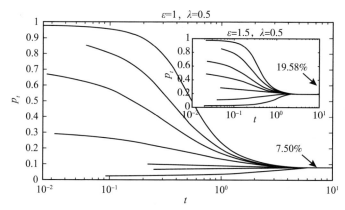

图 3 - 7　$\lambda = 0.5$ 下 ε 变化时供应商技术研发策略选择的演化

　　进一步地，在其他参数不变的情况下，共性技术被模仿和复制的难度由 $\lambda = 0.5$（图 3 - 7 中内嵌图）增加至 $\lambda = 0.9$（如图 3 - 8），系统均衡位置由 19.58% 增加至 97.92%，选择共性技术研发的供应商迅速增加并占据整个系统。可见，随着共性技术被模仿和复制难度的增加，也即保护机制的完善，共性技术研发策略成为群体中更多供应商的选择。当 $\lambda = 1$ 时，即共性技术不存在外部性情况下，所有供应商均选择研发共性技术为系统的演化稳定均衡。

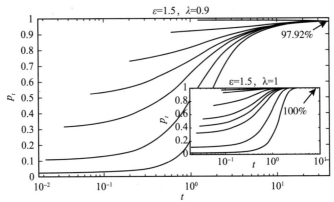

图 3 - 8   λ 变化时供应商技术研发策略选择的演化

由以上分析可得，共性技术外部性的存在使得供应商技术研发博弈系统最终演化稳定于由选择共性技术和专用技术研发策略的供应商组成的共存均衡，均衡位置受到供应商技术研发损益变量显著影响。

（2）外部性引发价格战情形下系统仿真分析。为了与式（3.7）可比，假设式（3.12）的参数 $\Delta q = 1$，分别在 $\lambda = 0.5$ 和 $\lambda = 0.9$ 下考察 Δw 变化对系统演化均衡的影响，具体如图 3 - 9 与图 3 - 10 所示，横坐标为时间 t，纵坐标为概率 p_t。

由图 3 - 9 可以看出，在外部性较强的情况下（ $\lambda = 0.5$ ），零部件价格下降幅度 0.1，此时系统演化稳定均衡为 31.58%，当零部件

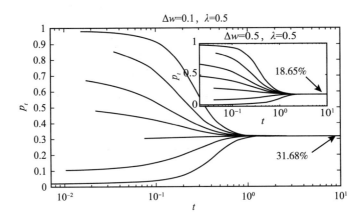

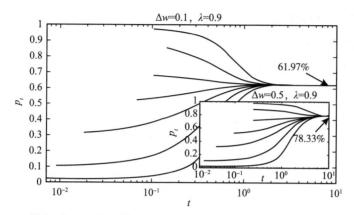

图 3 − 9 　λ = 0.5 及 λ = 0.9 下 Δw 不同取值时系统的演化

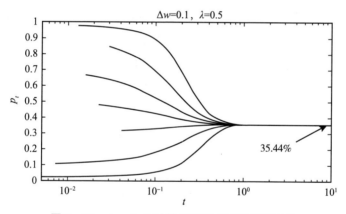

图 3 − 10 　Δq = 1.5 时供应商技术研发策略演化

价格下降幅度变为 0.5，稳定均衡降低为 18.65%（图 3 − 9 内嵌图）；与此相对，当外部性较弱时（λ = 0.9），零部件价格下降幅度分别为 0.4 和 0.5 时，系统对应的演化稳定均衡为 61.97% 和 78.33%（图 3 − 9 内嵌图）。当然，供应商技术研发策略选择还受到零部件降价行为引致市场追加需求量多少的影响，如图 3 − 10 所示，在 λ = 0.5 情形下，当 Δq = 1.5 时，与图 3 − 9 相比，市场追加的需求量增加 0.5 使得系统演化稳定均衡由 31.58% 增加为 35.44%，由此可见，市场追加需求量的增加促使更多的供应商选择共性技术研发，在 $\lambda = 0.9$ 情形下结果类似，不再赘述。

综上分析，降价行为对系统演化稳定均衡具有显著影响，具体地，当共性技术外部性较强时，零部件降价幅度越大，均衡位置越低，即供应商更倾向于选择研发专用技术；当共性技术外部性较弱时，零部件降价幅度越大，均衡位置越高，即供应商更倾向于选择研发共性技术。此外，市场较大潜在需求，会促使供应商选择共性技术研发策略。

（3）考虑政府干预情形下系统仿真分析。在参数 $\lambda = 0.5$，$\Delta w = 0.1$ 情形下，为分离政府价格干预和技术补贴行为对系统演化行为的影响，分别考察参数 $\theta = 0.7$、$\sigma = 0$ 及 $\Delta q = 0.9$（$\Delta q = 0.8$）和 $\theta = 0.7$、$\sigma = 2$ 及 $\Delta q = 0.9$ 两种情形下式（3.15）演化稳定均衡，具体如图 3 – 11 所示，横坐标为时间 t，纵坐标为概率 p_t。

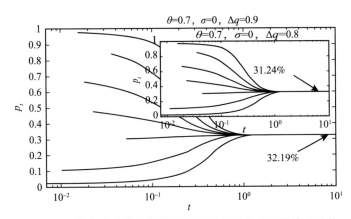

图 3 – 11　考虑政府价格干预情形下供应商技术研发策略演化

由图 3 – 11 可以看出，与图 3 – 9 相比，政府对价格干预强度为 $\theta = 0.7$，且这一行为导致市场额外需求下降分别为 $\Delta q = 0.9$ 和 $\Delta q =$

0.8（图3-11内嵌图）时，系统演化稳定均衡由之前的31.68%分别增加为33.06%和减少为31.24%，这说明，政府干预价格战对于供应商选择共性技术还是专用技术研发策略要依这一行为导致的市场追加需求量的降低程度而定；进一步地，如图3-12所示，若考虑政府对于研发共性技术给予补偿 $\sigma = 2$ 时，与图3-11相比系统演化稳定均衡进一步增加至37.23%，可见政府技术研发的补贴对于引导供应商技术研发策略选择行为具有积极作用，在 $\lambda = 0.9$ 下可得出类似的结论，这里不再赘述。

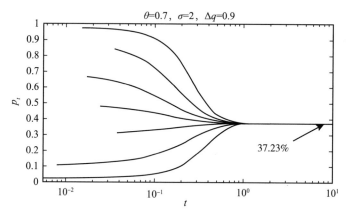

图3-12　进一步考虑政府补贴性干预情形下供应商技术研发策略演化

由以上分析得，政府干预价格战对供应商技术研发策略选择的影响要依该行为引致的市场追加需求量降低情况而定，而政府补偿性干预利于供应商选择共性技术研发策略。

3.4.4　结论与讨论

本小节通过建立供应商技术研发决策演化博弈模型，分别在共性技术外部性引发价格战及政府干预情形下分析了供应商在面向多制造商技术研发决策行为。研究发现，若外部性引发价格战时，当共性技术外部性较强时，零部件降价幅度与供应商研发专用技术的概率正相关；当共性技术外部性较弱时，零部件降价幅度与供应商研发共性技术的概率正相关；考虑外部干预治理时，政府干预价格战对供应商技术研发行为的影响要依该行为引致的市场追加需求量降低状况而定，而政府补偿性干预激励着供应商选择共性技术研发策略。

根据以上结论，共性技术外部性是供应商技术研发决策行为的内生性影响因素，而政府在干预治理外部性及其引发的价格战发挥着重要作用，但受到外部性强弱及市场需求潜力的影响，因此政府相关政策应权衡制定。本小节研究是基于降低成本的共性技术研发问题，实践中，供应商还会基于产品质量提高进行技术研发，这是未来研究的一个方向，此外，共性技术的后续商业开发、采纳和扩散将是进一步深入研究方向。

3.5 本 章 小 结

本章研究所涉及的基本理论包含委托代理理论和演化博弈理论，考虑到后续章节对相关理论更为详细的阐述，本章仅对委托代理理论进行了较详细的介绍。基于委托代理理论的简化模型 Holmstrom – Milgrom 模型对代理人行为模式进行研究，并指出代理人的损己利他、损己损他、利己损他和利己利他四种行为模式；基于演化博弈理论对企业选择共性技术和专用技术研发策略的选择问题分别在共性技术外部性、外部性引发价格战、后续商业开发及政府支持进行了研究；此外，本章还归纳了每一小节研究结论，并据此提出了研究的政策启示和进一步深入研究方向。

第4章 产业共性技术研发信号
传递博弈及政府
支持研究

4.1 研究基础理论概述

本章研究所依赖的基础理论为不完全信息动态博弈理论（uncomplete information dynamic game）和完全信息动态博弈理论（complete information dynamic game），考虑到本书后续的第5章内容主要基于完全信息动态博弈理论，在本章中着重对不完全信息动态博弈理论之信号博弈理论进行概述，作为本章4.2节研究的理论基础。在信号博弈中，"自然"首先选择参与人的类型，参与人仅自己知道，在自然选择之后，参与人开始行动，后行动者能观测到先行动者的行动，但不能观测到其类型。因为参与人的行动是类型依存的，每个参与人的行动都传递着有关自己类型的某种信息，后行动者可以通过观察先行动者所选择的行动来推断其类型或修正对其类型的先验信念（概率分布），然后选择自己的最优行动，先行动者预测到自己的行动将被后行动者所利用，就会设法传递对自己最有利的信息。由此可知，不完全信息动态博弈过程不仅仅是参与人选择行动的过程，也是参与人不断修正信念的过程。该博弈均衡的基本概念是精炼贝叶斯均衡，它是泽尔腾（Selten，1965）完全信息动态博弈的子博弈精炼纳什均衡与海萨尼（1967，1968）不完全信息静态博弈的贝叶斯纳什均衡的结合。

信号传递博弈（signalling game）是一种比较简单但应用广泛的不完全信息动态博弈，最先由 2001 年诺贝尔经济学奖获得者斯宾塞（Spence，1974）在就业市场中进行运用，信号传递博弈实际上是不完全信息下的斯坦科尔伯格（Stackelberg），其中信号发送者是领头者，信号接收者是跟随者（张维迎，2013）。在信号传递博弈中，有两个参与人 $i = 1，2$，参与人 1 称为信号发送者，参与者 2 称为信号接收者，参与人 1 的类型是私人信息，参与人 2 的类型是公共信息。博弈顺序具体如下：

（1）"自然"首先选择参与人 1 的类型 $\theta \in \Theta$，这里 $\Theta = \{\theta^1，\cdots，\theta^K\}$ 是参与人 1 的类型空间，参与人 1 知道 θ，但参与人 2 不知道，只知道参与人 1 属于 θ 的先验概率是 $p = p(\theta)$，且满足 $\sum_k p(\theta^k) = 1$，由于只有参与人 1 的类型是私人信息，在这里省略了表示参与人的下标 i，下同。

（2）参与人 1 在观测到类型 θ 之后，选择发出信号 $m \in M$，其中 $M = \{m^1，\cdots，m^J\}$ 是信号空间。

（3）参与人 2 观测到参与人 1 发出的信号 m（但不是类型 θ），使用贝叶斯法则从先验概率 $p = p(\theta)$ 得到后验概率 $\tilde{p} = \tilde{p}(\theta \mid m)$，然后选择行动 $a \in A$，其中 $A = \{a^1，\cdots，a^H\}$ 是参与人 2 的行动空间。

（4）支付函数分别为 $u_1(m，a，\theta)$ 和 $u_2(m，a，\theta)$。

进一步地，令 $m(\theta)$ 是参与人 1 类型依存信号战略，$a(m)$ 是参与人 2 的行动战略（这里允许参与人 1 以某种概率随机地选择不同信号，参与人 2 以某种概率随机地选择行动），信号传递博弈的精炼贝叶斯均衡可以定义如下：

信号传递博弈的精炼贝叶斯均衡是战略组合 $(m^*(\theta), a^*(m))$ 和后验概率 $\tilde{p} = \tilde{p}(\theta \mid m)$ 的结合，且满足：

（1）$a^*(m) \in \underset{a}{\arg\max} \sum_{\theta} \tilde{p}(\theta \mid m) u_2(m, a, \theta)$；

（2）$m^*(\theta) \in \underset{m}{\arg\max} u_1(m, a^*(m), \theta)$；

（3）$\tilde{p}(\theta \mid m)$ 是参与者 2 使用贝叶斯法则从先验概率 $p(\theta)$、观测到的信号 m 和参与人 1 的最优战略 $m^*(\theta)$ 得到的：

如果 $\sum_{\theta' \in \Theta} p(\theta') p(m \mid \theta') > 0$，则 $\tilde{p}(\theta \mid m) = \dfrac{p(\theta) p(m \mid \theta)}{\sum_{\theta^j \in \Theta} p(\theta^j) p(m \mid \theta^j)}$；

如果 $\sum_{\theta' \in \Theta} p(\theta') p(m \mid \theta') = 0$，则 $\tilde{p}(\theta \mid m)$ 是 Θ 上的任意概率分布。

上述定义中，条件（1）和条件（2）是精炼条件，条件（1）是指给定后验概率 $\tilde{p}(\theta \mid m)$ 参与人 2 对参与人 1 发出的信号做出最优反应；条件（2）指的是预测到参与人 2 的最优反应 $a^*(m)$，参与人 1 自己的最优战略；条件（3）是贝叶斯法则的运用，如果 m 不是参与人 1 在某种类型下最优策略的一部分（即不在均衡路径之上），则观察到的 m 就是一个零概率事件，贝叶斯法则也就无法确定后验信念，由于任何后验信念都是允许的，则在某种信念下的任何一个最优反应都可以采用。信号传递博弈所有可能的精炼贝叶斯均衡有如下三类：

（1）分离均衡（separating equilibrium），不同类型的发送者（参与人 1）以 1 的概率选择不同的信号，换句话说即是没有任何类型选择与其类型不同的信号，即在分离均衡下信号准确地揭示出类型。假定 $K = J = 2$，即只有两种类型、两个信号，那么分离均衡有：

$$u_1(m^1, a^*(m), \theta^1) > u_1(m^2, a^*(m), \theta^1),$$
$$u_1(m^2, a^*(m), \theta^2) > u_1(m^1, a^*(m), \theta^2)$$

因此，后验概率是：

$\tilde{p}(\theta^1 \mid m^1) = 1$，$\tilde{p}(\theta^1 \mid m^2) = 0$；$\tilde{p}(\theta^2 \mid m^1) = 0$，$\tilde{p}(\theta^2 \mid m^2) = 1$

这意味着 m^1 是类型 θ^1 的最优选择，m^1 就不可能是类型 θ^2 的最优选择，并且，m^2 一定是类型 θ^2 的最优选择。

（2）混同均衡（pooling equilibrium），不同类型的发送者（参与人1）选择相同的信号，换句话说即是没有任何类型选择与其他类型不同的信号，因此接收者（参与人2）不修正先验概率（参与人1的选择没有信息量）。假定 m^j 是均衡战略，则有：

$$u_1(m^j, a^*(m), \theta^1) > u_1(m, a^*(m), \theta^1),$$

$$u_1(m^j, a^*(m), \theta^2) > u_1(m, a^*(m), \theta^2)$$

$$\tilde{p}(\theta^k \mid m^j) \equiv p(\theta^k)$$

（3）准分离均衡（semi - separating equilibrium），一些类型的发送者（参与人1）随机地选择信号，另一些则选择特定的信号。假定类型 θ^1 的发送者随机地选择 m^1 或 m^2，类型 θ^2 的发送者以1的概率选择 m^2，如果该战略组合是均衡战略组合，则有：

$$u_1(m^1, a^*(m), \theta^1) = u_1(m^2, a^*(m), \theta^1),$$

$$u_1(m^1, a^*(m), \theta^2) < u_1(m^2, a^*(m), \theta^2)$$

$$\tilde{p}(\theta^1 \mid m^1) = \frac{\alpha \times p(\theta^1)}{\alpha \times p(\theta^1) + 0 \times p(\theta^2)} = 1$$

$$\tilde{p}(\theta^1 \mid m^2) = \frac{(1 - \alpha) \times p(\theta^1)}{(1 - \alpha) \times p(\theta^1) + 1 \times p(\theta^2)} < p(\theta^1)$$

$$\tilde{p}(\theta^2 \mid m^2) = \frac{1 \times p(\theta^2)}{(1 - \alpha) \times p(\theta^1) + 1 \times p(\theta^2)} > p(\theta^2)$$

上式中 α 是类型为 θ^1 的参与人1选择 m^1 的概率。进而可知，在准分离均衡中，如果参与人2观测到参与人1选择了 m^1，就知道参与人1一定属于类型 θ^1（因为类型 θ^2 不会选择 m^1）；如果观测到参与人1选择了 m^2，参与人2不能准确地知道参与人1的类型，但是他会推断参与人1属于类型 θ^1 的概率下降，属于 θ^2 的概率相应上升。

4.2　政府支持共性技术研发的信号博弈模型

为提升创新资源的配置效率、发挥政府补贴的杠杆作用，在政府研发补贴下，构建了供应链与政府补贴的复杂产品共性技术协同研发信号博弈模型，并对双方策略选择及其影响因素进行了分析。研究发现，由于信息的不完全性，供应链与政府复杂产品共性技术协同研发博弈出现完全失灵、部分成功及完全成功三种完美贝叶斯均衡，且均衡主要受到伪装成本和风险成本的影响，故实现完全成功的博弈均衡关键是提高供应链作假的伪装成本和风险成本。根据研究结论，从建立告知与承诺制度、完善补贴审批与支付机制及加大抽查与作假惩罚力度三个方面提出相关建议。最后，提出研究不足及进一步研究方向。

4.2.1　背景及研究述评

中国制造业能否在世界竞争中占据优势地位，关键在于能否掌握产业链上的核心共性技术（马晓楠等，2014），而产业共性技术研发必须面对技术和市场的双重不确定性（Kokshagina et al.，2017），加之其研发具有高度不确定性、研发周期长、投入多且具有显著的知识外溢性等特征（刘洪民等，2016），企业理性选择必然是对共性技术"投资不足"（Tassey，2005，2008），政府扶持和引导以产业界为主体的共性技术协同研发模式得到学术界（马晓楠等，2014；薛捷等，2006；Wang et al.，2012；李纪珍，2005，2011；程永波等，2015；郑月龙等，2016；操龙灿等，2005；周国林，2010；王宇露等，2016）和各国实践（马晓楠等，2014；韩元建等，2015；

朱建民等，2016；方荣贵等，2010）的一致支持。然而，当前我国共性技术支持失衡直接导致国家资源的浪费及政府资助杠杆的失效（程永波等，2015）。因此，研究以产业界为主体的共性技术协同研发问题，利于提升创新资源配置效率、发挥政府杠杆作用，是我国创新驱动发展进而实现制造强国战略的内涵要求，具有重要的理论和实践价值。

对共性技术的研究始于20世纪80~90年代经济学家们对技术黑箱理论的剖析（王先亮，2012），共性技术概念最早由美国国家标准与技术研究院（NIST）于1988年阐述，随后NIST的经济学家塔西（1996，1997，2005，2008）的系列研究成果成为学者们研究共性技术的基本参考，国内学者对共性技术政府扶持方面进行了大量的研究，主要聚焦于从市场等多重"失灵"为切入点阐述政府支持共性技术的必要性（李纪珍，2002；刘满凤等，2007；李纪珍等，2011）、从补贴及平台建设的视角阐述共性技术供给与扩散中政府的作用（Wang et al.，2012；李纪珍，2005，2011；程永波等，2015；郑月龙等，2016）、从设立专项计划等政策视角阐述共性技术发展中政府支持的作用（操龙灿等，2005；周国林，2010；王宇露等，2016）等；学者们也在共性技术合作（协同）研发方面进行探讨（马晓楠等，2014；李纪珍，2011；程永波等，2015；谢阳春等，2008；郑月龙，2017），并将视角局限于共性技术合作（协同）研发的组织模式及管理方面。近年来，学者们开始运用博弈论探讨共性技术合作（协同）研发内在影响机理，如马晓楠等（2014）运用博弈论分析了考虑政府补贴的共性技术研发问题、程永波等（2015）与沈斌等（2011）系统探讨了复杂产品共性技术协同研发的政府最优补贴问题、郑月龙等（2016）对产业共性技术研发政府支持合同设计进行初步研究、郑月龙（2017）基于演化博弈论对共性技术合作研发机制形成机理进行了探讨，上述研究得出一致结论：政府是促进共性技术合作（协同）研发的重要力量。此外，学者韩元建和陈强（2015）研究了美国共性技术研发的政策演进，并从共性技术理论研究和政策设计的角度提出对我国的启示；朱建民和金祖晨（2016）回顾了国外关键共性技术研发供给做法并从顶层设计等五方面提出对我国的启示；刘洪民等（2016）构建了有利于共性技术协同研发的知识管理流程绩效评价的指标体系。此外，学者们有关信号博弈（沈斌等，2011；张国兴等，2013）和协同创新（刘勇等，2016）的研究对本节模型构建及分析均具有启迪意义。

　　由上可知，现有国内相关研究多数停留在理论探讨，运用博弈论分析政府支持下共性技术协同研发也受到学者们的关注，但对复杂产品共性技术研发的研究成果还显不足。与以往的研究相比，本节的创新之处：结合复杂产品共性技术研发特点，运用信号博弈理论，考虑以供应链为研发主体和作为整体的信号发送者，探讨其与政府实现各自收益最大化的复杂产品共性技术协同研发问题。本节研究利于揭示复杂产品共性技术协同研发的影响因素及机理，对于完善政府支持下共性技术研发创新体制机制，进而增强供应链协同研发能力，推动产业结构转型升级发展具有重要意义。

4.2.2　模型建立的基本假设

　　复杂产品结构呈非线性，包含大量定制元件、子系统和控制单元，具有研发成本高、规模大、技术含量高及适合单件或小批量生产等特点（张国兴等，2013），适合采取多主体协同研发方式，在复杂产品共性技术协同研发中，政府担当主导者角色，研发主要采取"主制造商—供应商"的模式（陈洪转等，2012），复杂产品共性技术协同研发博弈涉及政府以及由主制造商和供应商组成的二级供应链的协同。具体情形设定如下：

（1）由一个由主制造商和一个供应商组成的二级供应链是复杂产品共性技术协同研发的承担者，其中，主制造商是共性技术研发的核心主导者，供应商则进行辅助性的模块化或单件研发，共性技术研发成果是供应链协同努力的结果。

（2）供应链协同的"努力水平"越大，研发成功的可能性越大，相应成本也越高，创新成本随"努力水平"增加而递增，主制造商追求整个供应链收益最大化，而供应商则以追求自身利益最大化为目标，主制造商获得利益不小于供应商获得的利益。

（3）政府是复杂产品共性技术协同研发的倡导者和调控者，通过研发补贴形式旨在实现社会效益的最大化，假设政府的收益为供应链收益的 $n_i(i=h，l)$ 倍，$n_h > n_l \geqslant 1$ 表示共性技术共性度和产品复杂度之积，且政府补贴额随着 n_i 的增大而加大。

（4）供应链作为整体开展的共性技术研发、后续商业化及扩散活动带来的社会效益是其私人信息，政府是信息的劣势方，只能先根据供应链的申请和贝叶斯法则对供应链复杂产品共性技术社会收益状况做出"推断"，然后选择自己的行动策略。

4.2.3　协同研发的信号博弈模型

在协同研发博弈中，供应链申请政府补贴的博弈实质上表现为一种特殊的不完全信息动态博弈：信号博弈（张维迎等，2004；谢识予，2002；赵耀华等，2010；刘伟等，2015）。供应链为信号发出方，政府为信号接收方，具体博弈时序及博弈收益情况设定如下：

（1）"自然"选取供应链 S 的类型 θ_i，$i=1$，2，选取的方法是从供应链的类型集合 $\Theta = \{\theta_1，\theta_2\}$ 中以先验概率 $p\{\theta = \theta_1\} = q$ 和 $p(\theta = \theta_2) = 1-q$ 随机抽取，$\theta = \theta_1$ 和 $\theta = \theta_2$ 分别表示依托共性技术研发、后续商业化及扩散所取得的社会效益好与差情况，θ_2 是相对

于 θ_1 而言的，且好于未进行协同研发。进一步假设 θ_1 时供应链收益为 $\omega_h M^\alpha S^\beta - \frac{m}{2} M^2 - \frac{s}{2} S^2$，$\theta_2$ 时供应链收益为 $\omega_l M^\alpha S^\beta - \frac{m}{2} M^2 - \frac{s}{2} S^2$，其中 M、S 分别表示主制造商和供应商协同研发的"努力水平"，α、β 分别为双方付出的"努力水平"对收益的贡献系数，且满足 $0 < \beta < \alpha < 1$，ω_h、ω_l 分别为 $\theta = \theta_1$ 和 $\theta = \theta_2$ 时的单位收益系数，$\omega_h > \omega_l$ 且与 n_i 正相关，$\frac{m}{2} M^2$ 和 $\frac{s}{2} S^2$ 为主制造商和供应商的协同研发成本函数，m、s 为成本系数。

（2）供应链在了解到自己的类型 θ 后，从自己的策略空间 $S = \{s_1, s_2\}$ 内基于自身利益最大化原则选择策略 s_j，$j = 1$，2，从而给后行动的政府传递一个信号，其中 s_1 和 s_2 分别表示供应链向政府申请高、低补贴，$s_1 > s_2$。供应链策略选择原则为：θ_1 时可申请政府高补贴且申请成本为 0；θ_2 时诚实申请政府低补贴的成本为 0，此时若要通过作假申请高补贴额需付出伪装成本 C，且被发现的概率 f，相应产生风险成本 V，若政府拒绝补贴时不会发生。此外，假若由于政府误判等原因，对已开展了共性技术研发的供应链（共性技术产生的社会效益好差不论），政府拒绝给予补贴，这必会挫伤供应链进一步开展共性技术研发的积极性，有损政府收益，假设由此政府遭受的损失为 D_0；类似地，θ_1 时供应链申请高补贴而政府给予低补贴时，政府遭受的损失分别为 $D_{\theta 1}$，满足 $D_0 > D_{\theta 1} > 0$。

（3）政府看到 s_j 后，形成对供应链类型 θ 的推断的后验概率 $p(\theta = \theta_1 \mid s_1)$、$p(\theta = \theta_2 \mid s_1)$ 以及 $p(\theta = \theta_1 \mid s_2)$、$p(\theta = \theta_2 \mid s_2)$，且满足 $p(\theta = \theta_1 \mid s_1) + p(\theta = \theta_2 \mid s_1) = 1$ 以及 $p(\theta = \theta_1 \mid s_2) + p(\theta = \theta_2 \mid s_2) = 1$，进而政府从其策略空间 $A = \{a_1, a_2\}$ 内选择推断依存的策略 a_k，$k = 1$，2，其中 a_1 和 a_2 分别表示给予补贴和拒绝补贴，当供应链类型为 θ_1 而申请高补贴时，政府给予申请的高补贴额（鉴于对共性技

术创新的政策支持倾向，此时政府无给予低补贴的激励），当供应链类型为 θ_2 而申请高补贴时，政府需花费 F 的核实成本才能揭穿供应链的伪装并给予低补贴；另假设，a_{1h} 和 a_{1l} 分别表示政府给予高、低补贴，且单位高和低补贴额分别为 g_h 和 g_l，$g_h > g_l$，拒绝补贴时为 0。于是，在 θ_1 时共性技术协同研发产生的社会收益为 $n_h\omega_h M^\alpha S^\beta$，$\theta_2$ 时为 $n_l\omega_l M^\alpha S^\beta$，满足 $\omega_h M^\alpha S^\beta > g_h > \omega_l M^\alpha S^\beta > g_l$ 且 $n_h\omega_h M^\alpha S > D_0 > n_h g_h$。此时，复杂产品共性技术协同研发博弈树如图 4 – 1 所示。

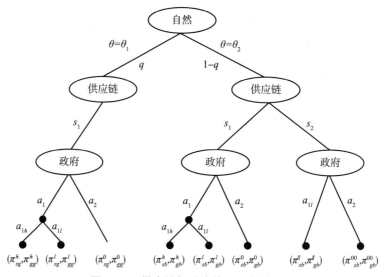

图 4 – 1   供应链与政府协同研发博弈树

其中：

$$\left(\pi_{sg}^h , \ \pi_{gg}^h \right) = \left(\omega_h M^\alpha S^\beta - \frac{m}{2}M^2 - \frac{s}{2}S^2 + n_h g_h , \ n_h\omega_h M^\alpha S^\beta - n_h g_h \right)$$

$$\left(\pi_{sg}^l , \ \pi_{gg}^l \right) = \left(\omega_h M^\alpha S^\beta - \frac{m}{2}M^2 - \frac{s}{2}S^2 + n_l g_l , \ n_h\omega_h M^\alpha S^\beta - n_l g_l - D_{\theta1} \right)$$

$$(\pi_{sg}^0, \ \pi_{gg}^0) = \left(\omega_h M^\alpha S^\beta - \frac{m}{2} M^2 - \frac{s}{2} S^2, \ n_h \omega_h M^\alpha S^\beta - D_0 \right)$$

$$(\pi_{sb}^h, \ \pi_{gb}^h) = \left(\omega_l M^\alpha S^\beta - \frac{m}{2} M^2 - \frac{s}{2} S^2 + n_h g_h - C - fV, \ n_l \omega_l M^\alpha S^\beta - n_h g_h \right)$$

$$(\pi_{sb}^l, \ \pi_{gb}^l) = \left(\omega_l M^\alpha S^\beta - \frac{m}{2} M^2 - \frac{s}{2} S^2 + n_l g_l - C - fV, \ n_l \omega_l M^\alpha S^\beta - n_l g_l - F \right)$$

$$(\pi_{sb}^0, \ \pi_{gb}^0) = \left(\omega_l M^\alpha S^\beta - \frac{m}{2} M^2 - \frac{s}{2} S^2 - C, \ n_l \omega_l M^\alpha S^\beta - D_0 \right)$$

$$(\pi_{sb}^{ll}, \ \pi_{gb}^{ll}) = \left(\omega_l M^\alpha S^\beta - \frac{m}{2} M^2 - \frac{s}{2} S^2 + n_l g_l, \ n_l \omega_l M^\alpha S^\beta - n_l g_l \right)$$

$$(\pi_{sb}^{00}, \ \pi_{gb}^{00}) = \left(\omega_l M^\alpha S^\beta - \frac{m}{2} M^2 - \frac{s}{2} S^2, \ n_l \omega_l M^\alpha S^\beta - D_0 \right)$$

根据图 4 - 1 和上述假设，政府选择给予企业高补贴、低补贴及拒绝补贴的期望得益分别为：

$$E_1 = p(\theta = \theta_1 \mid s_1)(n_h \omega_h M^\alpha S^\beta - n_h g_h) + p(\theta = \theta_2 \mid s_1)$$
$$(n_l \omega_l M^\alpha S^\beta - n_h g_h)$$

$$E_2 = p(\theta = \theta_1 \mid s_1)(n_h \omega_h M^\alpha S^\beta - n_l g_l - D_{\theta 1}) + p(\theta = \theta_2 \mid s_1)$$
$$(n_l \omega_l M^\alpha S^\beta - n_l g_l - F) + p(\theta = \theta_2 \mid s_2)(n_l \omega_l M^\alpha S^\beta - n_l g_l)$$

$$E_3 = p(\theta = \theta_1 \mid s_1)(n_h \omega_h M^\alpha S^\beta - D_0) + p(\theta = \theta_2 \mid s_1)(n_l \omega_l M^\alpha S^\beta - D_0)$$
$$+ p(\theta = \theta_2 \mid s_2)(n_l \omega_l M^\alpha S^\beta - D_0)$$

4.2.4　共性技术研发信号博弈均衡分析

1. 协同研发市场非完全成功的混同均衡

（1）市场完全失灵的均衡。

当 $g_h > \dfrac{n_l}{n_h} g_l + \dfrac{C + fV}{n_h}$ 时，且 $p(\theta = \theta_1 \mid s_1)$ 足够小，相应地 $p(\theta =$

$\theta_2 \mid s_1$）足够大，在此种情形下，给定 n_h 和 n_l，政府确信共性技术研发的社会效果较差，而效果差时供应链的伪装成本 C 和风险成本 fV 相对高补贴额足够小，则下列策略组合与推断构成市场完全失灵的博弈均衡：

①不论供应链共性技术协同研发的社会效益好差与否，供应链都申请高补贴；

②政府推断是 $p(\theta = \theta_1 \mid s_1)$ 足够小，相应 $p(\theta = \theta_2 \mid s_1)$ 足够大；

③政府的推断依存策略为拒绝补贴。

下面通过逆推法证明它属于完美贝叶斯均衡。首先，对政府来说，若供应链申请高补贴，则政府给予补贴的期望得益为：

$$E_1 = p(\theta = \theta_1 \mid s_1)(n_h \omega_h M^\alpha S^\beta - n_h g_h)$$
$$+ p(\theta = \theta_2 \mid s_1)(n_l \omega_l M^\alpha S^\beta - n_h g_h)$$

由于 $n_h > n_l$，$\omega_h > \omega_l$ 且 $\omega_h M^\alpha S^\beta > g_h > \omega_l M^\alpha S^\beta$，$p(\theta = \theta_1 \mid s_1)$ 足够小以及 $p(\theta = \theta_2 \mid s_1)$ 足够大，在此可判定政府的期望收益为负值；若政府拒绝给予供应链补贴，则其期望收益为：

$$E_3 = p(\theta = \theta_1 \mid s_1)(n_h \omega_h M^\alpha S^\beta - D_0) + p(\theta = \theta_2 \mid s_1)$$
$$(n_l \omega_l M^\alpha S^\beta - D_0) + p(\theta = \theta_2 \mid s_2)(n_l \omega_l M^\alpha S^\beta - D_0)$$

由于考虑的是不管社会效益好与差，供应链都会申请高补贴，故不存在申请低补贴的情况，因此有 $p(\theta = \theta_2 \mid s_2) = 0$，又由于 $n_h \omega_h M^\alpha S^\beta > D_0 > n_h g_h$，易得 $E_1 < E_3$。此时，政府选择拒绝给予补贴是理性选择，协同研发补贴机制将完全无法运行，此时市场处于一种完全失灵的均衡状态。

（2）市场部分成功的均衡。

当 $g_h > \dfrac{n_l}{n_h} g_l + \dfrac{C + fV}{n_h}$ 时，$p(\theta = \theta_1 \mid s_1)$ 足够大，则下列策略组合和推断构成市场部分成功的均衡：

①不论供应链共性技术协同研发的社会效益好差与否，供应链

都申请高补贴；

②政府推断是 $p(\theta = \theta_1 \mid s_1)$ 足够大，相应 $p(\theta = \theta_2 \mid s_1)$ 足够小；

③政府的推断依存策略为根据供应链的申请给予相应补贴。

上述情形表明，共性技术创新的社会效益差的供应链申请高补贴的期望得益要大于供应链诚实申请低补贴的得益，供应链都会选择申请高补贴；而政府推断申请高补贴的供应链协同研发社会效益好的比例足够大，因此选择按照申请给予相应补贴的策略。

下面通过逆推法证明它属于完美贝叶斯均衡。首先，对政府来说，若供应链申请高补贴，且政府给予高补贴的期望收益为：

$$E_1 = p(\theta = \theta_1 \mid s_1)(n_h \omega_h M^\alpha S^\beta - n_h g_h)$$
$$+ p(\theta = \theta_2 \mid s_1)(n_l \omega_l M^\alpha S^\beta - n_h g_h)$$

由于 $n_h > n_l$，$\omega_h > \omega_l$ 且 $\omega_h M^\alpha S^\beta > g_h$，以及 $p(\theta = \theta_1 \mid s_1)$ 足够大，$p(\theta = \theta_2 \mid s_1)$ 足够小，由此可判定政府此时的期望收益为正值；若政府拒绝补贴，则其期望收益为：

$$E_3 = p(\theta = \theta_1 \mid s_1)(n_h \omega_h M^\alpha S^\beta - D_0) + p(\theta = \theta_2 \mid s_1)$$
$$(n_l \omega_l M^\alpha S^\beta - D_0) + p(\theta = \theta_2 \mid s_2)(n_l \omega_l M^\alpha S^\beta - D_0)$$

同理，有 $p(\theta = \theta_2 \mid s_2) = 0$，又由于 $D_0 > n_h g_h$，易得 $E_1 > E_3$。因此，政府会根据供应链申请而给予相应的补贴，以实现较大的期望收益。其次，对供应链来说，给定政府的推断和策略，若取得的社会效益好，申请高政府补贴是合理的；若取得的社会效果差，供应链选择申请政府低补贴的收益为 $\omega_l M^\alpha S^\beta - \frac{m}{2} M^2 - \frac{s}{2} S^2 + n_l g_l$，

选择政府高补贴的收益为 $\omega_l M^\alpha S^\beta - \frac{m}{2} M^2 - \frac{s}{2} S^2 + n_h g_h - C - fV$，由于 $n_h g_h - C - fV > n_l g_l$，供应链依然会选择申请高补贴。也即，不论供应链共性技术协同研发的社会效益好差与否，供应链申请高补贴是其唯一合理的选择，供应链的该均衡策略的选择与政府推断相符

合，且不存在非均衡路径上需要推断的信息集，因此，根据上述推断也是上述假设下唯一的完美贝叶斯均衡。

上述均衡表明，供应链的申请完全不能传递取得社会效益的信息。在这样的市场中，虽然大多数情况下协同效果是好的，供应链和政府两方都能获得收益，但是也会存在着"搭便车"现象，但总体来说还是有效率的，因此是市场部分成功的均衡。

2. 市场完全成功的分离均衡

当 $g_h < \dfrac{n_l}{n_h} g_l + \dfrac{C + fV}{n_h}$ 时，即在给定 n_h 和 n_l 下，社会效益差时供应链的伪装成本 C 和期望风险成本 fV 相对高补贴额很大，供应链与政府协同研发的博弈可以实现市场完全成功的均衡，双方策略组合和相应的推断如下：

（1）社会收益好时，供应链申请高补贴；社会收益差时，供应链申请低补贴；

（2）政府推断是 $p(\theta = \theta_1 \mid s_1) = 1$，$p(\theta = \theta_2 \mid s_1) = 0$ 及 $p(\theta = \theta_2 \mid s_2) = 1$；

（3）政府的推断依存策略为根据供应链的申请给予相应补贴。

上述情形表明，共性技术创新的社会效益差的供应链申请高补贴的期望得益要少于供应链诚实申请低补贴的得益，供应链补贴高、低的申请能够完全反映供应链复杂产品共性技术创新所取得的社会效益：效益好的申请高补贴，效益差的诚实申请低补贴，而政府选择按照申请给予相应补贴的策略。

下面通过逆推法证明它属于完美贝叶斯均衡。首先，对政府来说，若供应链申请高补贴，且政府给予高补贴的期望收益为：

$$E_1 = n_h \omega_h M^\alpha S^\beta - n_h g_h > E_3 = n_h \omega_h M^\alpha S^\beta - D_0 + n_l \omega_l M^\alpha S^\beta - D_0$$

若供应链申请低补贴，政府给予补贴的期望得益为：

$$E_2 = n_h \omega_h M^\alpha S^\beta - n_l g_l - D_{\theta 1} + n_l \omega_l M^\alpha S^\beta - n_l g_l > E_3$$
$$= n_h \omega_h M^\alpha S^\beta - D_0 + n_l \omega_l M^\alpha S^\beta - D_0$$

显然，政府给予补贴的期望得益大于拒绝给予补贴的期望得益，因此，对政府来说，给予补贴是相对于拒绝给予补贴的绝对上策。

其次，对供应链来说，如果取得的社会效益好，必定会申请高补贴，此时的期望得益为：$\omega_h M^\alpha S^\beta - \dfrac{m}{2} M^2 - \dfrac{s}{2} S^2 + n_h g_h$；如果社会效益差，若供应链申请高、低补贴的期望得益分别为 $\omega_l M^\alpha S^\beta - \dfrac{m}{2} M^2 - \dfrac{s}{2} S^2 + n_h g_h - C - fV$ 和 $\omega_l M^\alpha S^\beta - \dfrac{m}{2} M^2 - \dfrac{s}{2} S^2 + n_l g_l$，由于 $n_h g_h - C - fV < n_l g_l$，表明申请高补贴的得益效益申请低补贴时的得益，所以此时申请低补贴是合理的，即社会效益好时选择申请高补贴，社会效益差时申请低补贴是企业唯一的符合序贯理性的策略，且不存在均衡路径上需要推断的信息集，因此上述策略组合和推断构成完美贝叶斯均衡。

上述均衡表明，是一种最有效率的市场均衡，在此均衡下，供应链补贴申请行为所释放出的信号可以真实地反映其共性技术创新取得的社会效益，政府也能够据此给予供应链类型相匹配的补贴，博弈达到市场完全成功的分离均衡。

4.2.5　政策启示及研究展望

1. 政策启示

上述共性技术协同研发信号博弈分析显示，伪装成本和风险成本足够小是导致市场不能完全成功的重要原因，而这又源于信息的不完全性。为此，政府需要以降低信息不完全为思路有针对性地对上述两项成本进行合理管控，通过建立有效的制度机制以预防乃至杜绝供应链的作假行为。为此，可从建立告知与承诺制度、完善补贴审批与支付机制及加大抽查与作假惩罚力度三方面进行努力。

首先，建立补贴申请告知与承诺制度。为降低事前信息不完全性，确保供应链如实传递共性技术研发项目社会效益的信息，通过"道德劝导"和"心理威慑"加以预防。为此，一是建立申请前告知预申请补贴供应链的相关申请流程、注意事项以及审批、抽查和惩罚制度等信息的补贴申请告知制度；二是建立组织申请补贴的供应链学习典型作假案例材料及后果警示制度；三是要求申请研发补贴的供应链均应签署诚实申请补贴承诺书，同时还可探索建立与第三方承诺担保相结合制度，对供应链作假行为进行有效的事前预防。

其次，完善补贴审批与补贴支付机制。就研发补贴本身而言，不仅能提高供应链参与共性技术研发的积极性，还可能会因补贴不当而挫伤其参与研发的积极性。为此，一是健全研发补贴审批机制，如在公正、公平和公开原则的基础上，遴选无利益相关的专家审核补贴申请，做到基于制度的理性"推断"，以避免因误判造成的资源浪费，这也通过增加供应链的伪装成本，鼓励其诚实申请；二是应完善补贴支付机制权衡机制，依据共性度和复杂度的高低对共性技术研发活动进行差别补贴支付，同时应积极探索分阶段补贴支付机制。

最后，加大补贴抽查与作假惩罚力度。供应链伪装动机的强弱，受到伪装后被发现的概率及相应的惩罚有直接关系。为此，一是建立抽查和惩罚实施机构及其监督机构的分层组织管理制度，为抽查和惩罚制度的严格执行提供组织保障；二是对申请高研发补贴的供应链做到100%抽查，并设立作假举报电话，以杜绝作假行为生存土壤；三是对于作假行为，不仅要有高额罚金，还应建立诚信档案，作假的供应链付出的代价不仅限于当前，而且会影响其未来经营活动，如此可弱化供应链作假的动机。

2. 研究不足及展望

通过建立补贴政策下供应链与政府复杂产品共性技术协同研发的信号博弈模型，分析结果表明提高伪装成本和风险成本是实现市场完成功和高效率的分离均衡，并围绕伪装成本和风险成本提出政策建议。作为初步研究，本节存在以下不足及可进一步研究之处：

（1）补贴政策下共性技术协同研发博弈是一个多阶段的动态博弈，本节所建立的信号博弈模型应该是这个多阶段博弈的原博弈，每一次的博弈结果都会对下一次博弈方策略选择产生影响。因此，如何构建多阶段不对称信息动态博弈模型以分析博弈方策略的长期动态选择机理是进一步需要深入研究的一个方向。

（2）本节将供应链作为一个整体参与博弈，供应链能够实现协同行动或共同表达意愿是本章博弈模型的一个基本假设，而供应链是由多个企业组成的，现实中并不像本节假设的供应链能自然的如一个整体协同行动。那么，怎样才能确保供应链协同表达意愿呢？如何确保供应链协同研发有效运行呢？这构成本章另一个需要深入研究的方向。

（3）在复杂产品共性技术协同研发信号博弈建模中，本节仅用共性度来表达复杂产品共性技术的特征，没有很好地体现共性技术所具有的竞争前技术和外部性等基本属性，如何建立考虑共性技术基本属性的博弈模型，以分析其对博弈方策略选择的影响，构成本章又一个需要深入探究的方向。

4.3　共性技术研发中的政府支持机制

政府支持产业共性技术研发是共性技术供给的基本政策。为揭示政府支持对企业共性技术研发努力的影响机制，本节遵循从一般到具体的思路，通过建立三阶段博弈模型对战略性新兴产业共性技术研发中政府支持机制进行了分析。研究发现，当政府支持与企业研发努力投入是互补关系时，企业研发努力投入程度随着政府支持投入的增加而增加；当两者处于替代关系时，企业研发努力投入程度随着政府支持投入的增加而减少，且互补时企业最优研发努力投入程度及相应研发收益均大于两者为替代关系时的情况。研究结论对于政府支持实践及学术研究均有一定的启示意义。

4.3.1 背景及研究述评

作为一项竞争前技术，共性技术研发必须面临技术和市场的双重不确定性（Kokshagina et al.，2017），导致战略性新兴产业共性技术研发面临着"市场失灵""组织失灵""扩散失灵""政府缺位"的困境，共性技术面临难以为继的问题，成为传统产业转型升级及战略性新兴产业发展面临的重大瓶颈和障碍（于斌斌等，2012；贺正楚等，2014；熊勇清等，2015），政府如何"补位"以缓解产业共性技术研发供给"难以为继"是一个不可回避的现实问题。因此，研究共性技术研发中的政府支持机制具有重要理论与现实意义。

共性技术领域最早的系统性研究可追溯到美国国家标准与技术研究院（NIST）学者塔西，塔西（1992，1996，1997，2005，2008）的系列研究成为学者们研究共性技术的基本参考，国外学者研究视角大多聚焦于运用专利数据测量共性技术的属性（Feldman et al.，2012），仅有少数的其他研究（Maine et al.，2014），其中具有代表性的研究是有关采用创新竞赛（innovation contests）方式开发共性技术（Terwiesch et al.，2008；Kay，2011；West et al.，2013；Kokshagina et al.，2017）。而国内学者的研究均围绕政府支持之核心，例如，通过研究共性技术供给"失灵"现象说明政府支持的必要性（刘满凤等，2007；李纪珍，2011）、政府支持下共性技术合作研发组织模式及研发平台建设（薛捷等，2006；王宇露等，2016）以及共性技术研发成果扩散的政府支持问题（李纪珍，2011；Wang et al.，2012）等领域，此外，学者如韩元建等（2015）和朱建民等（2016）通过归纳国外共性技术研发经验得出对我国共性技术研发政府支持的启示，学者查尔尼茨基等（2011）、斯密特等（2014）和吉姆赞斯科涅等（Gimzanskicne et al.，2015）均认为政府支持能够缓解共性技术研发的"囚徒困境"，提高技术及市场效率。近年来，专门研究战略性新兴产业共性技术的文献开始逐渐增多，栾春娟（2012）对战略性新兴产业共性技术测度问题进行了研究；熊勇清等（2014）对战略性新兴产业共性技术研发的合作企业选择问题进行较详细的探讨；马晓楠等（2014）运用博弈论分析了考虑政府补贴的战略性新兴产业共性技术研发问题。事实上，运用博弈模型来分析共性技术研发问题得到学者们的青睐，如王等（Wang et al.，2012）运用动态博弈研究了共性技术的扩散问题；郑月龙（2017）用演化博弈论研究了企业共性技术合作研发形成机制；张健等（2017）运用演化博弈对战略性新兴产业共性技术协同创新问题进行了研究；周潇等（2017）通过构建政企的投资博弈模型，研究了不同类型政府和企业对产业共性技术的投资策略。

由上可知，现有文献从不同视角研究了共性技术问题，就政府在共性技术研发领域发挥积极作用得到基本一致的认识，但现有文献对战略新兴产业共性的研究还不多，专门针对产业共性技术研发中政府支持机制的研究几乎处于空白状态。相比而言，本节创新或贡献之处在于：学术上，政府支持机制的探讨为产业共性技术建模提供了基本的基本思路；实践上，政府支持机制为政府部门如何支持共性技术研发提供了一定的理论参考。

4.3.2 问题描述与模型假设

为鼓励企业加大产业共性技术研发投入力度，政府作为主导方向经过遴选有确定研发能力的企业提供共性技术研发支持合同 (e, g)，其中，e 为企业对产业共性技术研发努力投入程度，包含人力、技术及知识等的投入；g 表示政府对企业共性技术研发的支持投入力度，包括人力和物资资源的投入，表现为企业研发成本的降低。

假设产业共性技术研发产出函数为 $\pi = \omega e + \theta$，其中 ω 为企业研发努力投入的产出系数，即共性技术市场化后给企业带来收益，$\theta \sim N(0, \sigma^2)$。进一步假设，企业进行产业共性技术研发投入的成本函数为 $C(e, g)$，且满足 $\frac{\partial C(e, g)}{\partial e} > 0$，$\frac{\partial^2 C(e, g)}{\partial e^2} > 0$ 及 $\frac{\partial C(e, g)}{\partial g} < 0$，表示企业共性技术研发成本随着政府支持投入力度的增加而减少，随着企业研发投入增加以更快速度增加。

进一步假设，政府支持产业共性技术研发投入的成本函数为 $V(g)$，满足 $\frac{\partial V(g)}{\partial g} > 0$ 及 $\frac{\partial^2 V(g)}{\partial g^2} > 0$，表示政府支持成本随着投入力度的增加以更快速度增加。政府支持投入的总预算为 G，即有 $V(g) \leqslant G$。此外，企业有研发产业共性技术与否的自由，若选择不参与研发获得的保留收益为 U，$U > 0$。

政府支持产业共性技术研发活动实际上是一个三阶段博弈：第一阶段为政府主导设计产业共性技术研发合同；第二阶段为政府兑现支持承诺，企业通过选择研发投入水平最大化其期望收益；第三阶段为产业共性技术市场化推广，企业和政府实现各自目标。

4.3.3　模型建立

按照三阶段博弈模型逆向解法，假定研发支持合同（e, g）给定及战略性新兴产业共性技术研发成功，下面首先考察共性技术市场化问题。

本节的研究目的是分析政府支持投入 g 对企业研发努力投入 e 的影响机制。因此，将战略性新兴产业共性技术研发成果市场化给企业带来的期望收益设为 $\omega \equiv \varpi$，$\varpi > 0$。于是，企业研发期望收益为：

$$E\pi = \varpi e - C(e, g)$$

第二阶段，政府支持投入力度 g 既定，企业选择研发投入 e 以实现期望收益最大化，由 $E\pi$ 对 e 的一阶条件并令之为零，可得：

$$\frac{\partial E\pi}{\partial e} = \varpi - \frac{\partial C(e, g)}{\partial e}$$

那么，在第一阶段政府设计战略性新兴产业共性技术研发合同，可用如下优化问题 P1 进行描述。

$$\max_{e, g} e \tag{4.1}$$

$$\text{s. t. } V(g) \leqslant G \tag{4.2}$$

$$\varpi - \frac{\partial C(e, g)}{\partial e} = 0 \tag{4.3}$$

$$\varpi e - C(e, g) \geqslant U \tag{4.4}$$

在优化问题 P1 中，式（4.1）为政府支持共性技术研发的目标函数，即企业研发努力投入最大化；式（4.2）为政府的预算约束，即政府研发支持投入的综合成本不能高于 G；式（4.3）是 *IC* 约束，为企业对政府支持投入的最优反应函数；式（4.4）为 *IR* 约束。

4.3.4　模型求解与分析

上述优化问题 P1 为非线性约束规划，在最优情况下政府没必要支付给企业更多，IR 约束等号成立，于是有：

$$\varpi e - C(e,\ g) = U \qquad (4.5)$$

进一步地，式（4.1）为政府预算约束，是优化问题 P1 的外生性约束，仅决定了优化问题 P1 的可行域边界（郑月龙等，2016），为此，在分析政府支持投入 g 对企业研发努力投入 e 的影响机制暂时不予考虑，在后文的算例中加以考虑。于是，优化问题 P1 的最优解可由式（4.3）和式（4.5）确定。

将式（4.5）代入式（4.3），消去 ϖ 可得：

$$U + C(e,\ g) - e\frac{\partial C(e,\ g)}{\partial e} = 0 \qquad (4.6)$$

根据式（4.6），显然若 $C(e,\ g)$ 进而 $V(g)$ 给出具体表达式，则能确定战略性新兴产业共性技术研发政府支持投入 g 以及企业研发努力投入 e。事实上，式（4.6）已建立了政府支持投入 g 与企业研发努力投入 e 之间的逻辑关系，为此，式（4.6）对 e 求导并令其等于零，可得政府支持投入 g 对企业研发投入 e 的影响关系。

$$\frac{\partial^2 C(e,\ g)}{\partial e^2}\frac{\partial e}{\partial g} + \frac{\partial^2 C(e,\ g)}{\partial e \partial g} = 0 \qquad (4.7)$$

根据式（4.7）可求出 $\frac{\partial e}{\partial g}$ 的表达式：

$$\frac{\partial e}{\partial g} = \frac{\partial^2 C(e,\ g)/\partial e \partial g}{\partial^2 C(e,\ g)/\partial e^2} \qquad (4.8)$$

由前面相关假设知 $\frac{\partial^2 C(e,\ g)}{\partial e^2} > 0$，于是，式（4.8）的符号与 $\frac{\partial^2 C(e,\ g)}{\partial e \partial g}$ 的符号相反。进一步地，$\frac{\partial C(e,\ g)}{\partial e}$ 表示企业研发努力投

入的边际成本，故 $\dfrac{\partial^2 C(e,\ g)}{\partial e \partial g}$ 为政府支持对企业研发努力投入边际

成本的影响。根据互补与替代的定义，若政府支持投入的增加，减

少了企业研发努力投入的边际成本，则政府支持投入与企业研发努

力投入是互补关系，有 $\dfrac{\partial^2 C(e,\ g)}{\partial e \partial g} < 0$ ；若政府支持投入的增加，增

加了企业研发努力投入的边际成本，则政府支持投入与企业研发努

力投入是替代关系，有 $\dfrac{\partial^2 C(e,\ g)}{\partial e \partial g} > 0$ 。

下面在互补和替代两种情形下分别讨论政府支持投入对企业战

略性新型产业共性技术研发努力投入的影响。

情形 1：政府支持投入与企业研发努力投入是互补关系时，有

$\dfrac{\partial^2 C(e,\ g)}{\partial e \partial g} < 0$ ，又根据模型假设易知 $\dfrac{\partial^2 C(e,\ g)}{\partial e^2} > 0$ ，于是有 $\dfrac{\partial e}{\partial g} > 0$ 。

情形 2：政府支持投入与企业研发努力投入是替代关系时，有

$\dfrac{\partial^2 C(e,\ g)}{\partial e \partial g} > 0$ ，与情形 1 类似有 $\dfrac{\partial^2 C(e,\ g)}{\partial e^2} > 0$ ，于是有 $\dfrac{\partial e}{\partial g} < 0$ 。

根据以上分析，可得结论 4.1。

结论 4.1　当政府支持投入与企业共性技术研发努力投入是互

补关系时，企业研发努力投入程度 e 是政府支持投入 g 的增函数；

当政府支持投入与企业共性技术研发努力投入是替代关系时，企业

研发努力投入程度 e 是政府支持投入 g 的减函数。

结论 4.1 说明，战略性新型产业共性技术研发中，政府研发支

持投入与企业研发努力投入互补时，政府研发支持可作为一种激励

手段，政府支持力度的增加能够激发企业研发努力投入程度；反

之，政府研发支持投入与企业研发努力投入替代时，政府研发支持

不但不能激励企业研发努力投入，反而会对企业研发努力投入产生

消极影响。因此，政府支持战略新兴产业共性技术研发时应选择互

补性的资源投入。例如，在新能源汽车电池技术和换电技术研发中，若企业缺乏电池系统安全技术专家，则政府应该选派相关专家参与研发；若企业不缺技术专家，政府支持也许只需要直接补贴，并派遣熟悉相关技术的人员进行协助管理，从而实现资源互补，提高工作效率，降低电池技术开发成本。

根据结论4.1，下面给出函数 $V(g)$ 和 $C(e, g)$ 的具体形式，以便更深入的分析。为此，假设 $V(g) = \dfrac{\delta_g}{2} g^2$，其中 δ_g 为政府支持投入的成本系数；令 $C(e, g) = \dfrac{\delta(g)}{2} e^2$，$\delta(g)$ 为考虑政府支持投入的企业共性技术研发成本系数，不失一般性，给出一种具体的函数表达式，互补情况下令 $C_h(e, g) = \dfrac{\delta_e - g}{2} e^2$，替代情况下令 $C_1(e, g) = \dfrac{\delta_e + g}{2} e^2$，分别将两种具体函数表达式代入式（4.6）可得：

（1）互补情况下，$e_h = \sqrt{\dfrac{2U}{\delta_e - g}}$，又由于 $V(g) = \dfrac{\delta_g}{2} g^2 \leqslant G$，此时，战略性新兴产业共性技术最优研发支持合同为 $e_h^* = \sqrt{\dfrac{2U}{\delta_e - \sqrt{2G/\delta_g}}}$，$g_h^* = \sqrt{\dfrac{2G}{\delta_g}}$，进而可得在最优研发支持合同下企业共性技术研发期望收益为 $E\pi_h^* = \varpi \sqrt{\dfrac{2U}{\delta_e - \sqrt{2G/\delta_g}}} - U$。

（2）替代情况下，$e_t = \sqrt{\dfrac{2U}{\delta_e + g}}$，由于 $g \geqslant 0$，此时，战略性新兴产业共性技术最优研发支持合同为 $e_t^* = \sqrt{\dfrac{2U}{\delta_e}}$，$g_t^* = 0$，于是可得最优研发支持合同下企业共性技术研发期望收益为 $E\pi_t^* = \varpi \sqrt{2U/\delta_e} - U$。

由上述分析易知：$e_h^* > e_t^*$，$E\pi_h^* > E\pi_t^*$。于是可得结论4.2。

结论4.2 政府支持投入与企业共性技术研发努力投入是互补关系时，企业最优研发努力投入程度 e^* 以及相应的研发收益 $E\pi^*$ 均大于政府支持投入与企业共性技术研发努力投入是替代关系时的情况。

4.3.5 算例分析

本节通过对具体函数中的参数赋值为 $\delta_e = 5$，$\delta_g = 10$，$\varpi = 8$ 及 $U = 4$，且 $G \in [1, 10]$，于是有 $g = g_h^* = \sqrt{2G/\delta_g} \in [0.1, 1]$，在此基础上分别计算对应的 e_h、e_h^*、$E\pi_h^*$ 以及 e_t、e_t^*、$E\pi_t^*$，具体算例结果参见表4-1。

表4-1 政府支持与企业研发投入互补和替代时相关参数计算结果

g	g_h^*	g_t^*	e_h	e_h^*	$E\pi_h^*$	e_t	e_t^*	$E\pi_t^*$
0.1	0.1	0	0.8163	0.8163	2.5306	0.7843	0.8	2.4
0.2	0.2	0	0.8333	0.8333	2.6667	0.7692	0.8	2.4
0.3	0.3	0	0.8511	0.8511	2.8085	0.7547	0.8	2.4
0.4	0.4	0	0.8696	0.8696	2.9565	0.7407	0.8	2.4
0.5	0.5	0	0.8889	0.8889	3.1111	0.7273	0.8	2.4
0.6	0.6	0	0.9091	0.9091	3.2727	0.7143	0.8	2.4
0.7	0.7	0	0.9302	0.9302	3.4419	0.7018	0.8	2.4
0.8	0.8	0	0.9524	0.9524	3.6190	0.6897	0.8	2.4
0.9	0.9	0	0.9756	0.9756	3.8049	0.6780	0.8	2.4
1.0	1.0	0	1.0000	1.0000	4.0000	0.6667	0.8	2.4

由表4-1的计算结果可以看出，当政府支持与企业研发投入互补时，随着 g（此时令 $g = g_h^*$）的增加 e_h、e_h^*、$E\pi_h^*$ 均增加；当政

府支持与企业研发投入为替代关系时，随着 g 的增加，e_t 将减少，当达到最优状态，$g_t^* = 0$，相应 $e_t^* \equiv 0.8$，$E\pi_t^* \equiv 2.4$；进一步易发现 $\min\{e_h\} > \max\{e_t\}$、$\min\{e_h^*\} > e_t^*$ 以及 $\min\{E\pi_h^*\} > E\pi_t^*$，说明，政府支持共性技术研发的投入资源与企业研发投入资源互补时的状况均优于替代时的状况，这与前文所得出的结论一致。因此，战略性新兴产业共性技术研发中政府支持投入须与企业所拥有的研发资源互补方可达到培育战略性新兴产业目的。

4.3.6　结论与讨论

政府支持是战略性新兴产业共性技术供给的基本政策导向，遵循一般到具体的思路，本节探讨了战略性新兴产业共性技术研发中政府支持机制，即政府支持对企业共性技术研发努力的影响机制。研究发现当政府支持与企业研发努力投入是互补关系时，企业研发努力投入程度是政府支持投入的增函数；当两者为替代关系时，企业研发努力投入程度是政府支持投入的减函数，且互补时企业最优研发努力投入程度及相应研发收益均大于两者为替代关系时的情况。为此，政府支持战略性新兴产业共性技术研发所投入的资源应与企业所拥有的资源互补，例如若企业缺乏研发相关的知识技术，政府应该给予知识技术的支持；若缺乏研发资金，政府应该给予资金补贴支持，如此的政府支持机制才能缓解战略性新兴产业共性技术供给失灵及政府缺位现象。

本节对政府支持对企业共性技术研发努力的影响机制做了初步探索，进一步可从以下两方面进行深入研究：一是考虑战略性新兴产业共性技术市场化，研究支付支持最优合同的动态调整过程；二是在资源互补的基础上研究政府支持与企业研发努力协同演化机制，也是一个有趣的研究方向。

4.4 本章小结

本章对不完全信息动态博弈理论中具有普遍应用意义的信号传递博弈理论进行了系统介绍，为产业共性技术研发信号博弈模型建立及分析提供理论基础，在分析过程中突显了政府支持的作用，于是本章进一步分析了产业共性技术研发中支付支持机制进行了研究，为后续在政府支持下的进一步研究提供支撑。

第5章 技术链视角下产业共性技术供给模式比较研究

5.1 研究基础理论概述

本章基于斯塔科尔伯格（Stackelberg）主从博弈模型并结合完全信息动态博弈理论（dynamic games of complete information）及其逆向归纳法（backward induction）求解，考虑到本书结构安排，本章主要对斯塔科尔伯格主从博弈模型进行概述，完全信息动态博弈理论及其逆向归纳法求解安排到第7章进行详细介绍。

主从博弈的概念最早由德国的经济学家海因里希·冯·斯塔科尔伯格（Heinrich Von Stackelberg）提出，斯塔科尔伯格于1934年发表了《市场形式与均衡》（*Market Forms and Equilibrium*）一文，在这篇文章中斯塔科尔伯格首次提出了斯塔科尔伯格双头垄断模型，后来，于1952年斯塔科尔伯格出版的专著《市场经济理论》对主从博弈思想进行了更详细的阐述，即一个支配企业（领导者）首先行动，然后从属企业（追随者）行动，比如中央政府与地方政府之间的博弈、集团与子公司之间的博弈、首席执行官（CEO）与各个项目团队之间的博弈等都是主从博弈的实际案例。斯塔科尔伯格（1934）均衡可以看作为泽尔腾（Selten，1965）的子博弈精炼纳什均衡（subgame perfect Nash equilibrium）的最早版本（张维迎，2013）。斯塔科尔伯格博弈顺序为：

（1）企业 1（领导企业）选择产量 $q_1 \geqslant 0$；

（2）企业 2（追随企业）观测到 q_1，然后选择自己的产量 $q_2 \geqslant 0$；

（3）企业 i 的收益由下面的利润函数给出：

$$\pi_i(q_i,\ q_j) = q_i[p(Q) - c]$$

其中，$p(Q) = a - Q$ 为逆需求函数，是市场上总产品为 $Q = q_1 + q_2$ 时的市场出清价格，a 为市场容量，为足够大的正数，c 为生产成本，为一个常数。在上述博弈中，因为企业 2 在选择 q_2 前观测到 q_1，可以根据 q_1 选择 q_2，所以构成一个完全信息动态博弈。

通过逆向归纳法求解上述博弈的均衡解，即逆向归纳解。首先，求解企业 2 对企业 1 任意产量的最优反应，$R(q_1)$ 应满足：

$$\max_{q_2 \geqslant 0}\pi_2(q_1,\ q_2) = \max_{q_2 \geqslant 0}q_2(a - q_1 - q_2 - c)$$

由上式可得：$R(q_1) = \dfrac{a - q_1 - c}{2}$。

由于完全信息，企业 1 也能够像企业 2 一样解出企业 2 的最优反应，企业就可预测到它如选择产量 q_1，企业 2 将根据 $R(q_1)$ 选择产量。于是，在博弈的第一阶段，企业 1 的最后产量选择问题就可表示为：

$$\max_{q_1 \geqslant 0}\pi_1[q_1,\ R(q_1)] = \max_{q_1 \geqslant 0}q_1[a - q_1 - R(q_1) - c]$$

$$= \max_{q_1 \geqslant 0}q_1\frac{a - q_1 - c}{2}$$

求解一阶条件（first order conditions）可得 $q_1^* = \dfrac{a - c}{2}$，将 q_1^* 代入 $R(q_1)$ 可得 $q_2^* = \dfrac{a - c}{4}$。这就是上述博弈的子博弈精炼纳什均衡

结果，即斯塔克尔伯格均衡结果，而不是均衡本身，因为 $q_2^* = \dfrac{a-c}{4}$ 并不是对于任何给定的 q_1 的最优反应，即不是第二阶段所有子博弈的纳什均衡，上述斯塔克尔伯格博弈的子博弈精炼纳什均衡（q_1^*，$R(q_1)$）。

　　主从博弈自斯塔克尔伯格提出，受到学者们的广泛关注，巴斯塔和奥尔斯德（Bastar and Olsder）于 1999 年《动态非合作博弈理论》一书中给出二人和 N 人主从博弈的定义及其均衡点；庞和福岛（Pang and Fukushima，2005）对多主从博弈进行了研究，俞建（2008）通过非线性分析方法对多主从博弈平衡点存在性进行了证明，杨哲和蒲勇健（2012）对不确定性下多主从博弈中均衡的存在性进行了研究，于 2013 年进一步对单主多从博弈进行分析，给出跟随者反映函数的相关性质，王晓等（2014）和杨亚莉等（2017）分别对主从博弈和多主从博弈的轻微利他平衡点问题进行了分析研究，张广等（2018）针对不确定性下一主多从博弈的均衡点问题建立了有限理性模型，研究得出模型结构稳定及对 ε - 平衡是鲁棒的结论。由于现实中相当多的问题（如电网中发电商与用户之间、减排中政府与减排企业之间及供应链中制造商与零售商之间等）都可抽象成主从博弈问题，主从博弈尤其在供应链领域得到了广泛的运用（Sun et al.，2017），本章将斯塔科尔伯格主从博弈事项运用于共性技术领域的研究。

5.2　背景及研究述评

　　党的十九大报告中，习近平总书记指出创新是建设现代化经济体系的战略支撑，并突出强调关键共性技术创新的支撑作用。从技术链视角来看，共性技术起着连接基础科学与商业应用的关键"桥梁"作用，由于既不是纯粹经济学意义上的公共物品，也不具备商业上的独占性，作为一种竞争前技术，共性技术被供给出来以后，还需进一步商业应用性开发才可能实现社会和经济效益，共性技术研发的这种长周期性、持续投入性以及研发收益的难以独占性，使得共性技术面临技术与市场的双重不确定性（刘满凤和石光宁，2007；Kokshagina et al.，2017），极易导致共性技术供给阶段的"市场失灵""组织失灵"（陈静等，2007；李纪珍等，2011），即便共性技术被成功地供给出来，还可能面临扩散阶段的"制度失灵"和"市场失灵"（李纪珍等，2011），导致共性技术的潜在价值难以释放，如何选择可衔接扩散阶段的共性技术供给模式是学术界和实业界共同关注的热点。然而，共性技术供给模式及选择仍是一个尚待深入研究的问题。为此，从技术链视角出发研究考虑扩散过程的共性技术供给模式问题，对缓解供给失灵具有重要理论和实践意义，也符合我国建设现代化经济体系的内在要求。

关于共性技术供给、扩散及组织模式的相关研究，学者阿格拉沃尔（Agrawal，2013）通过对共性技术实践的归纳指出，美国和欧盟主要采取政府引导和市场配置相结合的共性技术供给模式，日本和韩国则采用政府主导的供给模式；豪格等（2014）通过能源研究中共性技术设计问题的分析指出多主体参与组织模式的重要性；劳尼克等（2015）对光子集成电路产业共性技术平台的开发、组织及复杂性进行了研究；此外，通过创新竞赛（innovation contests）模式开发共性技术（Terwiesch et al.，2008；Kay，2011；West et al.，2013；Kokshagina et al.，2017）也是国外学者关注的热点；相比而言，国内学者对共性技术供给及扩散模式进行了更细致的分析，李纪珍（2004）将共性技术创新组织模式分为技术合同合作、技术项目合作、技术基地合作、技术基金合作及技术联合体等六种，并对技术联合体模式进行了深入探讨；薛捷等（2006）认为"官产学研"的组织模式是我国共性技术研发有效的组织形式；陈宝明（2007）认为产业技术联盟是促进产业技术开发的重要组织形式；李纪珍（2011）对共性技术供给和扩散的典型模式实践进行了总结，认为典型的供给模式包含项目组织、技术联盟、研发基地和共性技术研究机构四类；余等（2012）对制造业共性技术创新组织模式的选择问题进行了研究；王敏等（2013）分析了处于不同产业生命周期阶段的共性技术研发联合体模式；张健等（2017）探讨了战略新兴产业共性技术协同创新问题；卓丽洪等（2017）研究认为，产业集群共性技术供给最常见的供给模式包含优势企业供给、集群企业技术联盟、共性技术平台供给和外部获取四种；郑月龙等（2018）研究了多企业合作模式研发共性技术的企业合作行为演化问题；樊霞等（2018）实证研究发现产学研合作模式对生物技术领域的共性技术创新有显著的正向影响。此外，学者菲舍尔等（Fischer et al.，2015）通过大量数据验证了共性技术扩散对产业发展、经济增长的重要性，而政府支持可有效缓解共性技术供给与扩散失灵已在学界和实业界形成的共识（Czarnitzki et al.，2011；李纪珍等，2011；张治栋等，2013；Smit et al.，2014；马晓楠等，2014；Gimzanskicne et al.，2015；郑月龙，2016，2017）及学者西纳祖鲁姆鲁（Sinan-erzurumlu，2010）系统分析了上下游企业不同合作研发模式下的最优投资策略和陈永波等（2016）通过建立斯塔科尔伯格主从合作激励协调博弈模型研究了双方策略选择问题，为本章研究构思提供了理论基础和建模启迪，周国华等（2018）通过构建斯塔科尔伯格主从博弈模型对复杂产品关键共性技术供给模式及比较进行了初步研究，但并未对供给模式及其选择的影响因素及机理进行系统剖析，为本章深入研究提供了空间。

尽管现有研究对共性技术供给模式进行了较多研究，然而，现有文献更多是对共性技术供给模式分类比较及经济效果的研究，尚未对共性技术供给模式及选择机理展开专门研究，在技术链视角下考虑与扩散过程衔接的研究更是处于空白状态。为此，本章通过系统分析和研究，旨在充实这一尚需深入研究的领域，本章研究的主要创新之处在于：在对共性技术研发过程及技术链剖析的基础上，将共性技术供给归纳为政府主导、市场主导及政府—市场结合三种供给模式，借鉴斯塔科尔伯格主从博弈建模思想，从技术链的视角出发考虑扩散过程对共性技术供给模式及其选择问题进行了系统研究。本章的研究为理解共性技术供给模式及选择的影响因素及机理提供了理论指导，也为促进从技术链出发考虑扩散过程的共性技术供给政策制定提供实践参考，同时也丰富了共性技术相关领域的学术研究。

5.3　产业共性技术研发过程及其技术链

共性技术研发过程包含共性技术供给和扩散两个子过程，共性技术供给是指通过研究及创新行为将产业所需共性技术供给出来，是共性技术从无到有的过程；而共性技术扩散实质上是将共性技术知识在关联网络中扩散和分享的过程（邹樵等，2011），即共性技术在整个产业或多个产业的推广应用以实现其潜在价值的过程，供给与扩散阶段的能否有效协同直接关系到共性技术研发的有效性，如图 5－1 所示。

在整个创新链条中，共性技术处于基础科学与商业应用的中间地带，由于既不是纯粹经济学意义上的公共物品，也不具备商业应用上的独占性，共性技术具有较强的外部性，按照外部性由大到小，李纪珍等（2011）将共性技术分为基础性、竞争前和应用性三个层次类型，不同类型的共性技术影响着共性技术供给与扩散过程，进而决定了共性技术供给模式。

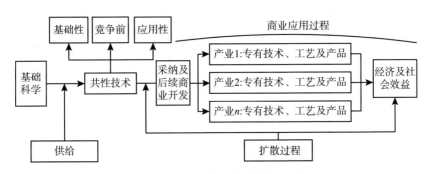

图 5 - 1　共性技术研发过程及技术链

当共性技术被成功供给出来后，关联网络中企业对共性技术的采纳构成共性技术扩散过程的起点，然而，获得共性技术本身并非企业目的，实现市场收益才是其根本目的，从研发阶段看共性技术研究跨越应用研究和竞争前实验两个阶段，是一项竞争前技术（郑月龙，2017），采纳企业还需以所获得的共性技术为前提进行后续商业开发，才能形成企业可独占收益的专有技术、工艺或产品，进而实现基于共性技术的经济及社会收益，例如塑料机械产业，通过大力推广伺服驱动的数控注塑机装备，对旧设备进行大规模技术改造，使得国内新生产的主流注塑机全面采用数控技术，实现了平均50%以上的节电效率，产生了显著的经济及社会效益，共性技术经济及社会效益的实现意味着共性技术扩散过程的结束。

由上可知，共性技术供给与基于共性技术的后续商业开发直至经济社会效益实现过程形成一条存在先后技术链接关系的特殊技术链（高汝熹等，2006），共性技术供给企业与扩散过程的承担企业构成这条技术链的上下游企业，下游企业获得独占收益的专有技术、工艺或产品以获得和使用上游企业所供给的共性技术为前提，据此，上游企业可看作为技术链上的领导企业，下游企业可看作技术链上的跟随企业，共性技术研发可看作供给企业与扩散过程承担企业之间技术转让、协同及利润分配的主从博弈。

5.4　产业共性技术研发模式及博弈建模研究

根据共性技术供给实践和相关研究，在"以企业为主体、市场为导向"总体思想的指导下，本章将共性技术供给模式归纳为政府主导、市场主导和政府—市场结合三种，市场主导模式指仅依靠市场机制实现共性技术供给及共性技术链上下游企业间的纵向协同，如技术转让、联合转化等；政府主导模式指政府通过委托供给或购买等方式获取技术链上游领导企业供给的共性技术，并在下游进行免费扩散，以实现社会效益的最大化；政府—市场结合指坚持市场机制作用的基础上政府给予补贴及技术等支持而不是购买的供给模式。

5.4.1　基本假设

不失一般性，假设共性技术供给中涉及政府 G、共性技术供给企业 A 和共性技术后续商业开发企业 B。其中，政府 G 通过购买或支持间接地参与共性技术供给，企业 A 作为共性技术研发过程的核心企业，率先供给产业发展所需共性技术并决定自己的努力水平，是共性技术研发中技术链上游的领导企业，企业 B 是技术链下游的跟随者，需要在企业 A 所供给出的共性技术基础上实现后续商业开发，进而实现共性技术的社会及经济效益。为此，可借鉴斯塔科尔伯格主从博弈思想在完全信息下对共性技术研发中技术链上下游企业技术转移决策行为进行博弈建模分析，具体做如下假设：

（1）技术链上游存在一个共性技术供给企业 A，共性技术后续商业开发由下游企业 B 承担，企业 A 和企业 B 相互独立，不存在竞争关系。假设企业 A 供给共性技术努力水平为 e_1，供给成功率为 x_1，企业 B 后续开发努力水平为 e_2，后续开发成功率为 x_2，相应双方的努力成本为 $\frac{1}{2} b_i e_i^2$，$e_i > 0$，$0 < x_i < 1$，$b_1 > 0$ 为大于 0 的常数，$i = 1$，2。

（2）技术链上游企业所供给的共性技术通过技术转移为下游企业的后续商业开发能力产生指数级的影响（Griliches et al.，1979；Jaffe et al.，2005；Manasakis et al.，2015；周国华等，2018），据此，假设共性技术的供给使得后续商业开发平均单位产出由 e_2 增加至 $e_1^\alpha e_2$，α 为共性技术弹性，$0 < \alpha \leqslant 1$，表示共性技术对后续商业开发产出的增量，刻画了共性技术对技术链下游影响的深度，突显了共性技术的潜在价值。

（3）政府力图将供给出来的共性技术扩散到尽可能多的相关领域，以实现产业转型升级，设潜在受益企业数量为 n，即宏观扩散度。在政府主导模式下，假设 t_1 为单位产出中企业 A 的收益分享系数；其他模式下上下游企业间存在技术扩散问题，假设纵向扩散难度为 ρ，$0 < \rho < 1$，t_2 为企业 A 对企业 B 利润的分享比例，$0 < t_i < 1$，$n \geqslant 1$。

（4）企业 A 供给共性技术的固定收益为 a_1，产出函数为 $W_1 = e_1 + \xi$，$\xi \sim N(0, \sigma^2)$ 的随机变量，代表影响共性技术供给的外部不确定因素，据此易得企业 A 的收益函数为 $a_1 + t_1 W_1$，相应的期望收益函数为 $a_1 + t_1 e_1$，企业 A 的最终利润根据共性技术不同供给模式下损益参数不同而进行相应变化。根据以上假设和分析，可得：

政府主导模式下技术链上博弈参与方的期望利润函数分别为：

$$E(\pi_{Ar1}) = a_1 + t_1 x_1 e_1 - \frac{1}{2} b_1 e_1^2 \tag{5.1}$$

$$E(\pi_{Br1}) = x_1 x_2 e_1^\alpha e_2 - \frac{1}{2} b_2 e_2^2 \tag{5.2}$$

$$E(\pi_{Gr}) = n x_1 x_2 e_1^\alpha e_2 - a_1 - t_1 x_1 e_1 \tag{5.3}$$

市场主导模式下技术链上博弈参与方的期望利润函数分别为：

$$E(\pi_{Am1}) = n t_2 \left[x_1 x_2 (1-\rho) e_1^\alpha e_2 - \frac{1}{2} b_2 e_2^2 \right] - \frac{1}{2} b_1 e_1^2 \tag{5.4}$$

$$E(\pi_{Bm1}) = (1-t_2) \left[x_1 x_2 (1-\rho) e_1^\alpha e_2 - \frac{1}{2} b_2 e_2^2 \right] \tag{5.5}$$

$$E(\pi_{Gm}) = n x_1 x_2 (1-\rho) e_1^\alpha e_2 \tag{5.6}$$

政府—市场结合模式下技术链上博弈参与方的期望利润函数分别为：

$$E(\pi_{Ag1}) = n t_2 \left[(x_1 + \Delta x_1) x_2 (1-\rho) e_1^\alpha e_2 - \frac{1}{2} b_2 e_2^2 \right] - \frac{1}{2} (1-\lambda) b_1 e_1^2 \tag{5.7}$$

$$E(\pi_{Bg1}) = (1-t_2) \left[(x_1 + \Delta x_1) x_2 (1-\rho) e_1^\alpha e_2 - \frac{1}{2} b_2 e_2^2 \right] \tag{5.8}$$

$$E(\pi_{Gg}) = n (x_1 + \Delta x_1) x_2 (1-\rho) e_1^\alpha e_2 - \frac{1}{2} \lambda b_1 e_1^2 \tag{5.9}$$

5.4.2 共性技术供给模式博弈建模及求解

1. 政府主导供给模式

政府主导供给模式下，政府为最大化实现基于共性技术的经济与社会效益，缓解共性技术强外部性导致的供给失灵，委托企业 A

供给或直接从企业 A 按市场价值购买获得共性技术，然后免费向相关产业扩散，进而使共性技术扩散阶段平均产出水平增加到 $e_1^\alpha e_2$，此时企业间纵向扩散难度 $\rho = 1$，政府投入预算上限为 G。据此，可通过如下优化问题进行描述。

$$\max E(\pi_{Gr}) = x_1 x_2 n e_1^\alpha e_2 - a_1 - t_1 x_1 e_1$$

$$\text{s. t. } (IR)\, a_1 + t_1 x_1 e_1 - \frac{1}{2} b_1 e_1^2 \geqslant 0$$

$$a_1 + t_1 x_1 e_1 \leqslant G$$

$$(IC)\, a_1 + t_1 x_1 e_1^* - \frac{1}{2} b_1 (e_1^*)^2 \geqslant a_1 + t_1 x_1 e_1 - \frac{1}{2} b_1 e_1^2$$

$$x_1 x_2 e_1^\alpha e_2^* - \frac{1}{2} b_2 (e_2^*)^2 \geqslant x_1 x_2 \rho e_1^\alpha e_2 - \frac{1}{2} b_2 e_2^2 \qquad (5.10)$$

根据式（5.10），由 $\dfrac{\partial E(\pi_{Br1})}{\partial e_2} = x_1 x_2 e_1^\alpha - b_2 e_2 = 0$，$\dfrac{\partial E(\pi_{Ar1})}{\partial e_1} = t_1 x_1 -$

$b_1 e_1 = 0$，可得：$e_2^* = \dfrac{x_1 x_2}{b_2} e_1^\alpha$ 及 $e_1^* = \dfrac{t_1 x_1}{b_1}$，将 e_2^* 和 e_1^* 代入 $E(\pi_{Gr})$ 可得：

$$E(\pi_{Gr}) = \frac{n(x_1 x_2)^2}{b_2} \left(\frac{t_1 x_1}{b_1}\right)^{2\alpha} - \frac{(t_1 x_1)^2}{b_1} - a_1$$

由 $\dfrac{\partial E(\pi_{Gr})}{\partial t_1} = \dfrac{n\alpha x_1 (x_1 x_2)^2}{b_1 b_2} \left(\dfrac{t_1 x_1}{b_1}\right)^{2\alpha-1} - \dfrac{t_1 x_1^2}{b_1} = 0$，可得 $t_1^* = \dfrac{b_1}{x_1}$

$\left[\dfrac{n\alpha(x_1 x_2)^2}{b_1 b_2}\right]^{\frac{1}{2(1-\alpha)}}$，将 t_1^* 代入 e_2^* 和 e_1^* 可得：$e_1^* = \left[\dfrac{n\alpha(x_1 x_2)^2}{b_1 b_2}\right]^{\frac{1}{2(1-\alpha)}}$，

$e_2^* = \dfrac{x_1 x_2}{b_2} \left[\dfrac{n\alpha(x_1 x_2)^2}{b_1 b_2}\right]^{\frac{\alpha}{2(1-\alpha)}}$；进一步根据 Kuhn-Tucker 条件易得（IR）

取等号，于是可得 $a_1^* = -\dfrac{b_1}{2} \left[\dfrac{n\alpha(x_1 x_2)^2}{b_1 b_2}\right]^{\frac{1}{1-\alpha}}$。将 t_1^*、e_2^*、e_1^* 及 a_1^*

代入博弈参与方的相应期望收益函数可得：$E(\pi_{Ar1}) = 0$，$E(\pi_{Br1}) =$

$\dfrac{(x_1 x_2)^2}{2 b_2} \left[\dfrac{n\alpha(x_1 x_2)^2}{b_1 b_2}\right]^{\frac{1}{1-\alpha}}$ 及 $E(\pi_{Gr}) = \dfrac{b_1(2-\alpha)}{2\alpha} \left[\dfrac{n\alpha(x_1 x_2)^2}{b_1 b_2}\right]^{\frac{1}{1-\alpha}}$。

2. 市场主导供给模式

市场主导供给模式下，共性技术供给及扩散主要依靠纯市场机制的力量，共性技术扩散依赖上下游企业间的纵向协调难度 $0 < \rho < 1$，政府不参与共性技术的供给，仅获得市场机制下共性技术供给及扩散产生的预期收益，而政府对此的预算为零。于是，可通过如下优化问题进行描述。

$$\max E(\pi_{Am1}) = n x_1 x_2 (1 - \rho) e_1^\alpha e_2$$

$$\text{s. t. } (IR)\ n t_2 \left[x_1 x_2 (1 - \rho) e_1^\alpha e_2 - \frac{1}{2} b_2 e_2^2 \right] - \frac{1}{2} b_1 e_1^2 \geqslant 0$$

$$(1 - t_2) \left[x_1 x_2 (1 - \rho) e_1^\alpha e_2 - \frac{1}{2} b_2 e_2^2 \right] \geqslant 0$$

$$(IC)\ n t_2 \left[x_1 x_2 (1 - \rho) (e_1^*)^\alpha e_2 - \frac{1}{2} b_2 e_2^2 \right] - \frac{1}{2} b_1 (e_1^*)^2$$

$$\geqslant n t_2 \left[x_1 x_2 (1 - \rho) e_1^\alpha e_2 - \frac{1}{2} b_2 e_2^2 \right) - \frac{1}{2} b_1 e_1^2$$

$$(1 - t_2) \left[x_1 x_2 (1 - \rho) e_1^\alpha e_2^* - \frac{1}{2} b_2 (e_2^*)^2 \right]$$

$$\geqslant (1 - t_2) \left[x_1 x_2 (1 - \rho) e_1^\alpha e_2 - \frac{1}{2} b_2 e_2^2 \right] \tag{5.11}$$

类似地，根据式（5.11），由 $\dfrac{\partial E(\pi_{Bm1})}{\partial e_2} = (1 - t_2) [x_1 x_2 (1 -$

$\rho) e_1^\alpha - b_2 e_2] = 0$，有 $e_2^* = \dfrac{x_1 x_2 (1 - \rho) e_1^\alpha}{b_2}$，进一步由 $\dfrac{\partial E(\pi_{Am1})}{\partial e_1} =$

$n t_2 x_1 x_2 (1 - \rho) \alpha e_1^{\alpha - 1} e_2 - b_1 e_1 = 0$ 并将 $e_2^* = \dfrac{x_1 x_2 (1 - \rho) e_1^\alpha}{b_2}$ 代入可得：$e_1^* =$

$\left\{ \dfrac{n \alpha t_2 [x_1 x_2 (1 - \rho)]^2}{b_1 b_2} \right\}^{\frac{1}{2(1 - \alpha)}}$，进而得 $e_2^* = \dfrac{x_1 x_2 (1 - \rho)}{b_2} \left\{ \dfrac{n \alpha t_2 [x_1 x_2 (1 - \rho)]^2}{b_1 b_2} \right\}^{\frac{\alpha}{2(1 - \alpha)}}$。

将 e_1^* 和 e_2^* 分别代入博弈参与方的预期收益函数得：

$$E(\pi_{Am1}) = \frac{b_1(1-\alpha)}{2\alpha}\left\{\frac{n\alpha t_2[x_1x_2(1-\rho)]^2}{b_1b_2}\right\}^{\frac{1}{(1-\alpha)}}$$

$$E(\pi_{Bm1}) = \frac{(1-t_2)[x_1x_2(1-\rho)]^2}{2b_2}\left\{\frac{n\alpha t_2[x_1x_2(1-\rho)]^2}{b_1b_2}\right\}^{\frac{\alpha}{(1-\alpha)}}$$

$$E(\pi_{Gm}) = \frac{n[x_1x_2(1-\rho)]^2}{b_2}\left\{\frac{n\alpha t_2[x_1x_2(1-\rho)]^2}{b_1b_2}\right\}^{\frac{\alpha}{(1-\alpha)}}$$

3. 政府—市场结合供给模式

政府—市场结合模式下，在发挥市场机制作用的基础上，政府给予共性技术供给企业激励性补贴，其补贴系数用 λ 衡量，假设补贴政策要求企业须将部分资源用于共性技术供给成功率的提升，设成功率的提升量为 Δx_1，其中 $0 < \lambda < 1$，$0 < \Delta x_1 < 1 - x_1$。据此，可得如下优化问题：

$$\max E(\pi_{Gg}) = n(x_1 + \Delta x_1)x_2(1-\rho)e_1^{\alpha}e_2 - \frac{1}{2}\lambda b_1 e_1^2$$

s. t. $(IR)\, nt_2\left[(x_1 + \Delta x_1)x_2(1-\rho)e_1^{\alpha}e_2 - \frac{1}{2}b_2 e_2^2\right] - \frac{1}{2}(1-\lambda)b_1 e_1^2 \geqslant 0$

$$(1-t_2)\left[(x_1 + \Delta x_1)x_2(1-\rho)e_1^{\alpha}e_2 - \frac{1}{2}b_2 e_2^2\right] \geqslant 0$$

$(IC)\, nt_2\left[(x_1 + \Delta x_1)x_2(1-\rho)(e_1^*)^{\alpha}e_2 - \frac{1}{2}b_2 e_2^2\right] - \frac{1}{2}(1-\lambda)b_1(e_1^*)^2$

$$\geqslant nt_2\left[(x_1 + \Delta x_1)x_2(1-\rho)e_1^{\alpha}e_2 - \frac{1}{2}b_2 e_2^2\right] - \frac{1}{2}(1-\lambda)b_1 e_1^2$$

$$(1-t_2)\left[(x_1 + \Delta x_1)x_2(1-\rho)e_1^{\alpha}e_2^* - \frac{1}{2}b_2(e_2^*)^2\right]$$

$$\geqslant (1-t_2)\left[(x_1 + \Delta x_1)x_2(1-\rho)e_1^{\alpha}e_2 - \frac{1}{2}b_2 e_2^2\right] \qquad (5.12)$$

同理，由模型 5.8 有 $\dfrac{\partial E(\pi_{Bg1})}{\partial e_2} = (1-t_2)\left[(x_1 + \Delta x_1)x_2(1-\rho)e_1^{\alpha} - \right.$

$b_2 e_2] = 0$，可得 $e_2^* = \dfrac{(x_1 + \Delta x_1) x_2 (1 - \rho) e_1^\alpha}{b_2}$，进一步由 $\dfrac{\partial E(\pi_{Ag1})}{\partial e_1} =$

$n \alpha t_2 (x_1 + \Delta x_1) x_2 (1 - \rho) e_1^{\alpha-1} e_2 - (1 - \lambda) b_1 e_1 = 0$ 并将 $e_2^* =$

$\dfrac{(x_1 + \Delta x_1) x_2 (1 - \rho) e_1^\alpha}{b_2}$ 代入可得：$e_1^* = \left\{ \dfrac{n \alpha t_2 [(x_1 + \Delta x_1) x_2 \rho]^2}{(1 - \lambda) b_1 b_2} \right\}^{\frac{1}{2(1-\alpha)}}$，

进而可得 $e_2^* = \dfrac{(x_1 + \Delta x_1) x_2 (1 - \rho)}{b_2} \left\{ \dfrac{n \alpha t_2 [(x_1 + \Delta x_1) x_2 (1 - \rho)]^2}{(1 - \lambda) b_1 b_2} \right\}^{\frac{\alpha}{2(1-\alpha)}}$，

将 e_1^* 和 e_2^* 代入目标函数 $E(\pi_{Gg})$ 对 λ 求一阶导数并令其等于零可

得 $\lambda^* = \dfrac{2 - (1 - \alpha)(2 + \alpha t_2)}{\alpha(2 + \alpha t_2)}$，进一步将 λ^* 代入 e_1^*，e_2^* 可得：

$$e_1^* = \left\{ \dfrac{n \alpha t_2 [(x_1 + \Delta x_1) x_2 (1 - \rho)]^2}{b_1 b_2} \right\}^{\frac{1}{2(1-\alpha)}} \left(\dfrac{2 + \alpha t_2}{t_2} \right)^{\frac{1}{2(1-\alpha)}}$$

$$e_2^* = \dfrac{(x_1 + \Delta x_1) x_2 (1 - \rho)}{b_2} \left\{ \dfrac{n \alpha t_2 [(x_1 + \Delta x_1) x_2 (1 - \rho)]^2}{b_1 b_2} \right\}^{\frac{\alpha}{2(1-\alpha)}}$$

$$\left(\dfrac{2 + \alpha t_2}{t_2} \right)^{\frac{\alpha}{2(1-\alpha)}}$$

将 e_1^*，e_2^* 和 λ^* 代入各参与方的预期收益函数可得：

$$E(\pi_{Ag1}) = \left\{ \dfrac{n \alpha t_2 [(x_1 + \Delta x_1) x_2 (1 - \rho)]^2}{b_1 b_2} \right\}^{\frac{1}{1-\alpha}} \left(\dfrac{2 + \alpha t_2}{t_2} \right)^{\frac{\alpha}{1-\alpha}} \dfrac{b_1 (1 - \alpha)}{2\alpha}$$

$$E(\pi_{Bg1}) = \dfrac{(1 - t_2)[(x_1 + \Delta x_1) x_2 (1 - \rho)]^2}{2 b_2}$$

$$\left\{ \dfrac{n \alpha t_2 [(x_1 + \Delta x_1) x_2 (1 - \rho)]^2}{b_1 b_2} \right\}^{\frac{\alpha}{1-\alpha}} \left(\dfrac{2 + \alpha t_2}{t_2} \right)^{\frac{\alpha}{1-\alpha}}$$

$$E(\pi_{Gg}) = \left\{ \dfrac{n \alpha t_2 [(x_1 + \Delta x_1) x_2 (1 - \rho)]^2}{b_1 b_2} \right\}^{\frac{1}{1-\alpha}} \left(\dfrac{2 + \alpha t_2}{t_2} \right)^{\frac{1}{1-\alpha}} \dfrac{b_1 (1 - \alpha)}{2\alpha}$$

根据上述分析与求解，将三种共性技术供给模式下优化模型的最优解结果归纳如下，具体如表 5 - 1 所示。

表 5-1　最优解结果

比较项目	政府主导模式	市场主导模式	政府—市场结合模式
e_1^*	$\left[\dfrac{n\alpha(x_1x_2)^2}{b_1b_2}\right]^{\frac{1}{2(1-\alpha)}}$	$\left\{\dfrac{n\alpha t_2[x_1x_2(1-\rho)]^2}{b_1b_2}\right\}^{\frac{1}{2(1-\alpha)}}$	$\left\{\dfrac{n\alpha t_2[(x_1+\Delta x_1)x_2(1-\rho)]^2}{b_1b_2}\right\}^{\frac{1}{2(1-\alpha)}}\left(\dfrac{2+\alpha t_2}{t_2}\right)^{\frac{1}{2(1-\alpha)}}$
e_2^*	$\dfrac{x_1x_2}{b_2}\left[\dfrac{n\alpha(x_1x_2)^2}{b_1b_2}\right]^{\frac{\alpha}{2(1-\alpha)}}$	$\dfrac{x_1x_2\rho}{b_2}\left\{\dfrac{n\alpha t_2[x_1x_2(1-\rho)]^2}{b_1b_2}\right\}^{\frac{\alpha}{2(1-\alpha)}}$	$\dfrac{(x_1+\Delta x_1)x_2(1-\rho)}{b_2}\left\{\dfrac{n\alpha t_2[(x_1+\Delta x_1)x_2(1-\rho)]^2}{b_1b_2}\right\}^{\frac{1}{2(1-\alpha)}}\left(\dfrac{2+\alpha t_2}{t_2}\right)^{\frac{\alpha}{2(1-\alpha)}}$
$E(\pi_A)^*$	0	$\dfrac{b_1(1-\alpha)}{2\alpha}\left\{\dfrac{n\alpha t_2[x_1x_2(1-\rho)]^2}{b_1b_2}\right\}^{\frac{\alpha}{1-\alpha}}$	$\left\{\dfrac{n\alpha t_2[(x_1+\Delta x_1)x_2(1-\rho)]^2}{b_1b_2}\right\}^{\frac{1}{1-\alpha}}\left(\dfrac{2+\alpha t_2}{t_2}\right)^{\frac{\alpha}{1-\alpha}}\dfrac{b_1(1-\alpha)}{2\alpha}$
$E(\pi_B)^*$	$\dfrac{(x_1x_2)^2}{2b_2}\left[\dfrac{n\alpha(x_1x_2)^2}{b_1b_2}\right]^{\frac{\alpha}{1-\alpha}}$	$\dfrac{(1-t_2)[x_1x_2(1-\rho)]^2}{2b_2}\left\{\dfrac{n\alpha t_2[x_1x_2(1-\rho)]^2}{b_1b_2}\right\}^{\frac{\alpha}{1-\alpha}}$	$\dfrac{(1-t_2)[(x_1+\Delta x_1)x_2(1-\rho)]^2}{2b_2}\left\{\dfrac{n\alpha t_2[(x_1+\Delta x_1)x_2(1-\rho)]^2}{2b_2}\right\}^{\frac{1}{1-\alpha}}\left(\dfrac{2+\alpha t_2}{t_2}\right)^2$
$E(\pi_G)^*$	$\dfrac{b_1(2-\alpha)}{2\alpha}\left[\dfrac{n\alpha(x_1x_2)^2}{b_1b_2}\right]^{\frac{1}{1-\alpha}}$	$\dfrac{n[x_1x_2(1-\rho)]^2}{b_2}\left\{\dfrac{n\alpha t_2[x_1x_2(1-\rho)]^2}{b_1b_2}\right\}^{\frac{\alpha}{1-\alpha}}$	$\left\{\dfrac{n\alpha t_2[(x_1+\Delta x_1)x_2(1-\rho)]^2}{b_1b_2}\right\}^{\frac{1}{1-\alpha}}\left(\dfrac{2+\alpha t_2}{t_2}\right)^{\frac{\alpha}{1-\alpha}}\dfrac{b_1(1-\alpha)}{2\alpha}$

5.5　产业共性技术研发模式选择及影响因素分析

根据政府主导模式、市场主导模式及政府—市场结合模式下的 Stackelberg 主从博弈模型分析及最优解可得如下命题。

命题 5.1　市场主导模式下技术链上游企业供给共性技术努力水平和下游企业后续商业开发努力水平均低于政府主导模式和政府—市场结合模式下的相应努力水平。

证明：市场主导模式与政府主导模式下技术链上下游企业努力水平之比分别为：

$$E_1 = \frac{\left\{ \dfrac{n\alpha t_2 \left[x_1 x_2 (1-\rho) \right]^2}{b_1 b_2} \right\}^{\frac{1}{2(1-\alpha)}}}{\left[\dfrac{n\alpha (x_1 x_2)^2}{b_1 b_2} \right]^{\frac{1}{2(1-\alpha)}}} = \left[t_2 (1-\rho)^2 \right]^{\frac{1}{2(1-\alpha)}}$$

$$E_2 = \frac{\dfrac{x_1 x_2 (1-\rho)}{b_2} \left\{ \dfrac{n\alpha t_2 \left[x_1 x_2 (1-\rho) \right]^2}{b_1 b_2} \right\}^{\frac{\alpha}{2(1-\alpha)}}}{\dfrac{x_1 x_2}{b_2} \left[\dfrac{n\alpha (x_1 x_2)^2}{b_1 b_2} \right]^{\frac{\alpha}{2(1-\alpha)}}} = (1-\rho) \left[t_2 (1-\rho)^2 \right]^{\frac{\alpha}{2(1-\alpha)}}$$

由于 $0 < t_2 < 1$，$0 < \rho < 1$ 及 $0 < \alpha < 1$，根据指数函数性质易得 $0 < E_1 < 1$ 以及 $0 < E_2 < 1$。进一步地，政府—市场结合模式与市场主导模式下技术链上下游企业努力水平之比分别为：

$$E_3 = \frac{\left\{ \dfrac{n\alpha t_2 \left[(x_1 + \Delta x_1) x_2 (1-\rho) \right]^2}{b_1 b_2} \right\}^{\frac{1}{2(1-\alpha)}} \left(\dfrac{2 + \alpha t_2}{t_2} \right)^{\frac{1}{2(1-\alpha)}}}{\left\{ \dfrac{n\alpha t_2 \left[x_1 x_2 (1-\rho) \right]^2}{b_1 b_2} \right\}^{\frac{1}{2(1-\alpha)}}}$$

$$= \left(1 + \frac{\Delta x_1}{x_1} \right)^{\frac{1}{1-\alpha}} \left(\frac{2 + \alpha t_2}{t_2} \right)^{\frac{1}{2(1-\alpha)}}$$

$$E_4 = \cfrac{\cfrac{(x_1+\Delta x_1)x_2(1-\rho)}{b_2}\left\{\cfrac{n\alpha t_2\left[(x_1+\Delta x_1)x_2(1-\rho)\right]^2}{b_1 b_2}\right\}^{\frac{\alpha}{2(1-\alpha)}}\left(\cfrac{2+\alpha t_2}{t_2}\right)^{\frac{\alpha}{2(1-\alpha)}}}{\cfrac{x_1 x_2(1-\rho)}{b_2}\left\{\cfrac{n\alpha t_2\left[x_1 x_2(1-\rho)\right]^2}{b_1 b_2}\right\}^{\frac{\alpha}{2(1-\alpha)}}}$$

$$= \left(1+\frac{\Delta x_1}{x_1}\right)^{\frac{1}{1-\alpha}}\left(\frac{2+\alpha t_2}{t_2}\right)^{\frac{\alpha}{2(1-\alpha)}}$$

由 $1+\dfrac{\Delta x_1}{x_1}>1$ 及 $\dfrac{2+\alpha t_2}{t_2}>1$，根据指数函数性质有 $E_3>1$ 及 $E_4>1$。

由上可知，市场主导模式下技术链上下游企业努力水平小于政府主导模式和政府—市场结合模式下的相应努力水平，这在一定程度上解释了纯市场机制下共性技术供给的"市场失灵"现象，同时也意味着仅依靠市场主导模式供给共性技术是行不通的。证毕。

由命题 5.1 可知，市场主导模式下技术链上下游企业努力水平严格低于政府主导模式与政府—市场结合模式，市场主导模式不可取。为此，下面主要分析共性技术供给的政府主导模式与政府—市场结合模式及其选择问题。

命题 5.2　政府主导模式下，共性技术受益企业数量、供给成功率及后续商业开发成功率越大，供给企业获得的分享系数越高，而共性技术弹性对收益分享系数的影响呈倒"U"形变化且随着受益企业数量、供给成功率及后续商业开发成功率的增加，最优收益分享系数逐渐增加；政府—市场结合模式下，政府最优补贴系数随共性技术弹性增加而增加，而随技术链上游企业对下游企业的影响力增大而减少。

证明：政府主导模式下，由 t_1^* 的一阶条件有 $\dfrac{\partial t_1^*}{\partial n}=\dfrac{b_1}{x_1}\left[\dfrac{n\alpha(x_1 x_2)^2}{b_1 b_2}\right]^{\frac{1}{2(1-\alpha)}}$

$\dfrac{n^{2\alpha-1}}{2(1-\alpha)}>0$，$\dfrac{\partial t_1^*}{\partial x_1}=b_1\left(\dfrac{n\alpha x_2}{b_1 b_2}\right)^{\frac{1}{2(1-\alpha)}}\dfrac{\alpha}{1-\alpha}x_1^{-\frac{1}{1-\alpha}}>0$ 及 $\dfrac{\partial t_1^*}{\partial x_2}=\dfrac{b_1}{x_1}\left(\dfrac{n\alpha x_1^2}{b_1 b_2}\right)^{\frac{1}{2(1-\alpha)}}$

$\dfrac{1}{1-\alpha}x_2^{\frac{\alpha}{1-\alpha}}>0$ 可得 t_1^* 与 n、x_1 和 x_2 均正相关。进一步地，由 $\dfrac{\partial t_1^*}{\partial \alpha}=\dfrac{b_1}{x_1}$

$$\left[\frac{n\alpha(x_1 x_2)^2}{b_1 b_2}\right]^{\frac{1}{2(1-\alpha)}} \frac{(1-\alpha) + \ln\left[\frac{n(x_1 x_2)^2}{b_1 b_2}\right]^{\alpha}}{2(1-\alpha)^2} \text{知的} \frac{\partial t_1^*}{\partial \alpha} \text{符号取决于式} (1-$$

$$\alpha) + \ln\left[\frac{n(x_1 x_2)^2}{b_1 b_2}\right]^{\alpha}, \text{易得: 当} 0 < \alpha < \frac{1}{1 - \ln\left[\frac{n(x_1 x_2)^2}{b_1 b_2}\right]^{\alpha}} \text{时,} \frac{\partial t_1^*}{\partial \alpha} > 0;$$

当$\dfrac{1}{1 - \ln\left[\dfrac{n(x_1 x_2)^2}{b_1 b_2}\right]^{\alpha}} < \alpha < 1$ 时, $\dfrac{\partial t_1^*}{\partial \alpha} < 0$; 当 $\alpha = \dfrac{1}{1 - \ln\left[\dfrac{n(x_1 x_2)^2}{b_1 b_2}\right]^{\alpha}}$

时, t_1^* 取得最大值, 由此可得, 共性技术供给企业利润分享份额存

在上限。进一步由$\dfrac{\partial\left(\dfrac{\partial t_1^*}{\partial \alpha}\right)}{\partial n} > 0$, $\dfrac{\partial\left(\dfrac{\partial t_1^*}{\partial \alpha}\right)}{\partial x_i} > 0$ 易知, 企业利润分享份额

上限随受益对象 n 的增加利润分享系数上限增大, 参数 x_1 和 x_2 对 t_1^* 的影响与 n 类似。进一步, 在政府—市场结合供给模式下, 由一

阶条件$\dfrac{\partial \lambda^*}{\partial \alpha} = \left(\dfrac{t_2}{2 + \alpha t_2}\right)^2 > 0$ 以及 $\dfrac{\partial \lambda^*}{\partial t_2} = -\dfrac{2 - (1-\alpha)t_2}{(2 + \alpha t_2)^2} < 0$ 易得, 政

府最优补贴与技术弹性 α 正相关且与技术链上游企业对下游企业的影响程度负相关。证毕。

由命题 5.2 可知, 政府主导模式下, 政府通过委托供给或者购买共性技术后向技术链下游企业免费扩散过程中, 共性技术弹性对供给企业的利润分享系数的影响呈现出先增后减的倒 "U" 形特征, 可能的原因是考虑到政府预算约束及共性技术预期收益大小, 政府为供给企业确定的利润分享系数随着技术弹性而增大直至某一上限后开始减少; 同时, 共性技术受益企业数量越多意味着共性技术的共性程度越高, 共性技术供给成功率越高意味着企业无须投入更多资源或企业议价能力较强, 而下游企业后续商业开发成功率较高意味着基于共性技术经济及社会效益实现概率加大, 下游企业有更

高获取共性技术的意愿，均推高了共性技术供给企业利润分享系数。政府通过免费扩散，推进了共性技术供给和扩散阶段的有效衔接，使得共性技术成果惠及更多企业，进而促进产业转型升级。在政府—市场结合模式下，政府最优补贴随共性技术弹性增加而增加，这是因为技术弹性越大共性技术潜在价值越大，政府给予的最优补贴也应随之增大；而上游企业影响力越大意味着下游企业对上游企业的依赖越大，上游企业主导优势越明显，政府应给予共性技术供给企业的最优补贴相应减少。

命题5.3 对于技术链上游企业而言，当 $0 < (1-\rho)\left(1 + \dfrac{\Delta x_1}{x_1}\right)$ $\sqrt{2 + \alpha t_2} < 1$ 时，政府—市场结合模式下企业供给共性技术努力水平低于政府主导模式；当 $(1-\rho)\left(1 + \dfrac{\Delta x_1}{x_1}\right)\sqrt{2 + \alpha t_2} > 1$ 时，政府—市场结合模式下企业供给共性技术努力水平高于政府主导模式。具体地，随着共性技术供给成功率增加率 $\dfrac{\Delta x_1}{x_1}$、上游企业的影响力 t_2、共性技术弹性 α（只要 ρ 不太大及 $\dfrac{\Delta x_1}{x_1}$ 不太小）的增加及上下游企业纵向扩散难度 ρ 的减少 $(1-\rho)\left(1 + \dfrac{\Delta x_1}{x_1}\right)\sqrt{2 + \alpha t_2}$ 由小于 1 逐渐增加至大于 1，相应政府—市场结合模式下技术链上游企业供给共性技术努力水平高于政府主导模式。

证明：政府—市场结合模式与政府主导模式下技术链上游企业共性技术供给努力水平之比为：

$$E_5 = \frac{\left\{\dfrac{n\alpha t_2 [(x_1 + \Delta x_1) x_2 (1-\rho)]^2}{b_1 b_2}\right\}^{\frac{1}{2(1-\alpha)}} \left(\dfrac{2 + \alpha t_2}{t_2}\right)^{\frac{1}{2(1-\alpha)}}}{\left[\dfrac{n\alpha (x_1 x_2)^2}{b_1 b_2}\right]^{\frac{1}{2(1-\alpha)}}}$$

$$= \left[(1-\rho)\left(1+\frac{\Delta x_1}{x_1}\right)\sqrt{2+\alpha t_2} \right]^{\frac{1}{1-\alpha}}$$

由指数函数性质知，当 $0 < (1-\rho)\dfrac{(x_1+\Delta x_1)}{x_1}\sqrt{2+\alpha t_2} < 1$ 时，E_5 单调下降，$0 < E_5 < 1$，此时，政府主导模式下企业供给共性技术努力水平更高；当 $(1-\rho)\dfrac{(x_1+\Delta x_1)}{x_1}\sqrt{2+\alpha t_2} > 1$ 时，E_5 单调上升，$E_5 > 1$，政府—市场结合模式下企业供给共性技术努力水平更高。又易得：

$$\frac{\partial E_5}{\partial \rho} = -\frac{1}{1-\alpha}\left(1+\frac{\Delta x_1}{x_1}\right)\sqrt{2+\alpha t_2}\left[(1-\rho)\left(1+\frac{\Delta x_1}{x_1}\right)\sqrt{2+\alpha t_2}\right]^{\frac{\alpha}{1-\alpha}} < 0$$

$$\frac{\partial E_5}{\partial\left(\frac{\Delta x_1}{x_1}\right)} = \frac{(1-\rho)\sqrt{2+\alpha t_2}}{1-\alpha}\left[(1-\rho)\left(1+\frac{\Delta x_1}{x_1}\right)\sqrt{2+\alpha t_2}\right]^{\frac{\alpha}{1-\alpha}} > 0$$

$$\frac{\partial E_5}{\partial t_2} = \frac{\alpha(1-\rho)\left(1+\frac{\Delta x_1}{x_1}\right)}{2(1-\alpha)\sqrt{2+\alpha t_2}}\left[(1-\rho)\left(1+\frac{\Delta x_1}{x_1}\right)\sqrt{2+\alpha t_2}\right]^{\frac{\alpha}{1-\alpha}} > 0$$

$$\frac{\partial E_5}{\partial\alpha} = e^{\frac{1}{1-\alpha}\ln\left[(1-\rho)\left(1+\frac{\Delta x_1}{x_1}\right)\sqrt{2+\alpha t_2}\right]}\frac{1}{(1-\alpha)^2}$$

$$\left\{\ln\left[(1-\rho)\left(1+\frac{\Delta x_1}{x_1}\right)\sqrt{2+\alpha t_2}\right] + \frac{(1-\alpha)t_2}{2(2+\alpha t_2)}\right\}$$

令 $\Lambda = (1-\rho)\left(1+\dfrac{\Delta x_1}{x_1}\right)$，易知 $\dfrac{\partial E_5}{\partial\alpha}$ 的符号取决于式 $\ln(\Lambda\sqrt{2+\alpha t_2}) + \dfrac{(1-\alpha)t_2}{2(2+\alpha t_2)}$，于是有，当 $0 < \Lambda < \dfrac{1}{\sqrt{2+\alpha t_2}}e^{-\frac{(1-\alpha)t_2}{2(2+\alpha t_2)}}$ 时，$\dfrac{\partial E_5}{\partial\alpha} < 0$；当 $\Lambda > \dfrac{1}{\sqrt{2+\alpha t_2}}e^{-\frac{(1-\alpha)t_2}{2(2+\alpha t_2)}}$ 时，$\dfrac{\partial E_5}{\partial\alpha} > 0$，进一步由 $\dfrac{\partial\Lambda}{\partial\rho} < 0$ 及 $\dfrac{\partial\Lambda}{\partial\left(\frac{\Delta x_1}{x_1}\right)} > 0$ 可知，

随着 ρ 的减少及 $\dfrac{\Delta x_1}{x_1}$ 的增加，比值 E_5 随技术弹性 α 增加而逐渐增加。

由上可知，随着纵向扩散难度 ρ、共性技术供给成功率增加率 $\frac{\Delta x_1}{x_1}$ 及上游企业的影响力 t_2 的增加以及共性技术弹性 α 的增加（只要纵向扩散难度 ρ 不太大或供给成功率增加率 $\frac{\Delta x_1}{x_1}$ 不太小），政府—市场结合模式下上游企业供给共性技术努力水平高于政府主导模式。证毕。

命题 5.3 说明，政府—市场结合模式下技术链上游企业共性技术供给努力水平究竟高于还是低于政府主导模式取决于参数纵向扩散难度 ρ，技术弹性系数 α，共性技术供给成功率增加率 $\frac{\Delta x_1}{x_1}$ 及上游企业的影响力 t_2。具体而言，共性技术供给成功率增加率 $\frac{\Delta x_1}{x_1}$ 越大，意味着上游企业由于得到政府的支持，可更有效率地将共性技术供给出来，上游企业影响力 t_2 越大，则其市场主导地位就越高，越具有利润分配的主导权，政府—市场结合模式下企业努力水平逐渐高于政府主导模式，成为共性技术供给的首选模式；而纵向扩散难度 ρ 越大政府主导模式下企业努力水平更高，这是由于当共性技术难以进行纵向扩散时，下游企业获得的知识非常少，整个技术链企业积极性偏低，供给与扩散间存在"死亡之谷"现象（傅家骥，1998；Auerswald et al.，2003；魏峰等，2017），不利于共性技术扩散及产业转型升级发展，此时，政府主导模式应成为首选供给模式；只要 ρ 不太大或 $\frac{\Delta x_1}{x_1}$ 不太小，那么随着技术弹性 α 的增加，较低的 ρ 或较大的 $\frac{\Delta x_1}{x_1}$ 强化了技术弹性 α 对企业努力水平正向作用，政府—市场结合模式下企业努力水平高于政府主导模式。

命题 5.4　对于技术链下游企业而言，当 $0 < (1 - \rho)\left(1 + \frac{\Delta x_1}{x_1}\right)$

$(\sqrt{2+\alpha t_2})^\alpha < 1$ 时，政府—市场结合模式下企业后续商业开发努力水平低于政府主导模式；当 $(1-\rho)\left(1+\dfrac{\Delta x_1}{x_1}\right)(\sqrt{2+\alpha t_2})^\alpha > 1$ 时，政府—市场结合模式下企业后续商业开发努力水平高于政府主导模式；且政府—市场结合模式下技术链下游企业后续开发努力水平晚于上游企业共性技术供给努力水平超过政府主导模式。对于技术链博弈参与方预期收益而言：

（1）上游企业供给共性技术政府—市场结合模式下预期收益大于政府主导模式；对于下游企业后续开发的预期收益，当 $0 < (1-t_2)$ $\left\{(1-\rho)\left(1+\dfrac{\Delta x_1}{x_1}\right)\left[\sqrt{(2+\alpha t_2)}\right]^\alpha\right\}^{\frac{2}{1-\alpha}} < 1$ 时，政府主导模式高于政府—市场结合模式；当 $(1-t_2)\left[(1-\rho)\left(1+\dfrac{\Delta x_1}{x_1}\right)(\sqrt{2+\alpha t_2})^\alpha\right]^{\frac{2}{1-\alpha}} > 1$ 时，政府—市场结合模式高于政府主导模式；且政府—市场结合模式下技术链下游企业后续开发的预期收益晚于上游企业超过政府主导模式。

（2）对于政府的预期收益，当 $0 < \left(\dfrac{1-\alpha}{2-\alpha}\right)\left[(1-\rho)\left(1+\dfrac{\Delta x_1}{x_1}\right)\right.$ $\left.\sqrt{2+\alpha t_2}\right]^{\frac{2}{1-\alpha}} < 1$ 时，政府主导模式高于政府—市场结合模式；当 $\left(\dfrac{1-\alpha}{2-\alpha}\right)\left[(1-\rho)\left(1+\dfrac{\Delta x_1}{x_1}\right)\sqrt{2+\alpha t_2}\right]^{\frac{2}{1-\alpha}} > 1$ 时，政府—市场结合模式高于政府主导模式。

就具体参数影响而言，随着技术链下游企业预期收益随着 t_2 的减少政府—市场结合模式逐渐大于政府主导模式。除此之外，参数纵向扩散难度 ρ，技术弹性系数 α，共性技术供给成功率增加率 $\dfrac{\Delta x_1}{x_1}$ 及上游企业的影响力 t_2 的影响与上游企业情况相似。

　　证明：技术链下游企业后续商业开发努力水平究竟是政府—市场结合模式还是政府主导模式更大及其影响因素的证明与命题 5.3 的证明类似，这里不再赘述。进一步地，政府—市场结合模式与政府主导模式下技术链下游企业后续开发共性技术的努力水平之比为：

$$E_6 = \cfrac{\dfrac{(x_1+\Delta x_1)x_2(1-\rho)}{b_2}\left\{\dfrac{n\alpha t_2\left[(x_1+\Delta x_1)x_2(1-\rho)\right]^2}{b_1 b_2}\right\}^{\frac{\alpha}{2(1-\alpha)}}\left(\dfrac{2+\alpha t_2}{t_2}\right)^{\frac{\alpha}{2(1-\alpha)}}}{\dfrac{x_1 x_2}{b_2}\left[\dfrac{n\alpha(x_1 x_2)^2}{b_1 b_2}\right]^{\frac{\alpha}{2(1-\alpha)}}}$$

$$= \left[(1-\rho)\left(1+\frac{\Delta x_1}{x_1}\right)(\sqrt{2+\alpha t_2})^\alpha\right]^{\frac{1}{1-\alpha}}$$

由 $\dfrac{E_5}{E_6} = \cfrac{\left[(1-\rho)\left(1+\dfrac{\Delta x_1}{x_1}\right)\sqrt{2+\alpha t_2}\right]^{\frac{1}{1-\alpha}}}{\left[\rho\left(1+\dfrac{\Delta x_1}{x_1}\right)(\sqrt{2+\alpha t_2})^\alpha\right]^{\frac{1}{1-\alpha}}} = (\sqrt{2+\alpha t_2})^{1-\alpha} > 1$ 可知，

政府—市场结合模式下游企业供给共性技术努力水平晚于上游企业超过政府主导模式；对于技术链博弈参与方预期收益而言，$E(\pi_{Ag1}) = $

$\left\{\dfrac{n\alpha t_2\left[(x_1+\Delta x_1)x_2(1-\rho)\right]^2}{b_1 b_2}\right\}^{\frac{1}{1-\alpha}}\left(\dfrac{2+\alpha t_2}{t_2}\right)^{\frac{\alpha}{1-\alpha}}\dfrac{b_1(1-\alpha)}{2\alpha} > 0$ 及政府—市场结合模式与政府主导模式下技术链下游企业后续开发预期收益之比：

$$\Pi_1 = \cfrac{\dfrac{(1-t_2)\left[(x_1+\Delta x_1)x_2\rho\right]^2}{2b_2}\left\{\dfrac{n\alpha t_2\left[(x_1+\Delta x_1)x_2\rho\right]^2}{b_1 b_2}\right\}^{\frac{\alpha}{1-\alpha}}\left(\dfrac{2+\alpha t_2}{t_2}\right)^{\frac{\alpha}{1-\alpha}}}{\dfrac{(x_1 x_2)^2}{2b_2}\left[\dfrac{n\alpha(x_1 x_2)^2}{b_1 b_2}\right]^{\frac{\alpha}{1-\alpha}}}$$

$$= (1-t_2)\left\{(1-\rho)\left(1+\frac{\Delta x_1}{x_1}\right)\left[\sqrt{(2+\alpha t_2)}\right]^\alpha\right\}^{\frac{2}{1-\alpha}}$$

　　相应的政府预期收益之比：

$$\Pi_2 = \frac{\left\{ \dfrac{n\alpha t_2 \left[(x_1 + \Delta x_1) x_2 (1-\rho) \right]^2}{b_1 b_2} \right\}^{\frac{1}{1-\alpha}} \left(\dfrac{2 + \alpha t_2}{t_2} \right)^{\frac{1}{1-\alpha}} \dfrac{b_1(1-\alpha)}{2\alpha}}{\dfrac{b_1(2-\alpha)}{2\alpha} \left[\dfrac{n\alpha (x_1 x_2)^2}{b_1 b_2} \right]^{\frac{1}{1-\alpha}}}$$

$$= \left(\frac{1-\alpha}{2-\alpha} \right) \left[(1-\rho) \left(1 + \frac{\Delta x_1}{x_1} \right) \sqrt{2 + \alpha t_2} \right]^{\frac{2}{1-\alpha}}$$

由 $E(\pi_{Ag1})$ 可得，政府—市场结合模式下技术链上游企业供给共性技术的预期收益大于其保留收益 0，同时亦可得政府—市场结合模式下技术链下游企业后续开发预期收益晚于上游企业超过政府主导模式。进一步观察 Π_1 和 Π_2 的表达式并由 $\dfrac{\partial \Pi_1}{\partial t_2} < 0$，$\dfrac{\partial \Pi_1}{\partial \rho} < 0$，

$\dfrac{\partial \Pi_1}{\partial \left(\dfrac{\Delta x_1}{x_1} \right)} > 0$，$\dfrac{\partial \Pi_1}{\partial \alpha} < 0$（纵向扩散难度 ρ 不太大或供给成功率增加率

$\dfrac{\Delta x_1}{x_1}$ 不太小）以及 $\dfrac{\partial \Pi_2}{\partial \rho} < 0$，$\dfrac{\partial \Pi_2}{\partial \left(\dfrac{\Delta x_1}{x_1} \right)} > 0$，$\dfrac{\partial \Pi_1}{\partial t_2} > 0$，$\dfrac{\partial \Pi_2}{\partial \alpha} < 0$（纵向扩

散难度 ρ 不太大或供给成功率增加率 $\dfrac{\Delta x_1}{x_1}$ 不太小），由此可知，技术链下游企业预期收益随着 t_2 减少政府—市场结合模式逐渐占优，其他情况下，参数 ρ，α，$\dfrac{\Delta x_1}{x_1}$ 及 t_2 的影响与上游企业情况相似。证毕。

由命题 5.4 可知，与上游企业共性技术供给努力水平影响类似，政府—市场结合模式下技术链下游企业后续商业开发努力水平究竟高于还是低于政府模式取决于上下游纵向扩散难度 ρ，技术弹性系数 α，共性技术供给成功率增加率 $\dfrac{\Delta x_1}{x_1}$ 及上游企业的影响力 t_2，且技术链下游企业后续开发努力水平及其预期收益晚于上游企业超过政府主导模式，说明了上游企业在技术链上的主导地位和先动优势，

而参数 ρ，$\dfrac{\Delta x_1}{x_1}$ 及 t_2 对政府预期收益的影响也具有对企业努力水平影响类似的特征，这意味着政府预期收益对技术链上下游企业共性技术努力水平及相关影响参数的依赖性。为此，在实践中，究竟应选择哪种共性技术供给模式，应根据参数 ρ，α，$\dfrac{\Delta x_1}{x_1}$ 及 t_2 的大小而定，而通过政策引导改变上述参数初始值可实现偏好的共性技术供给模式得以实施。

命题 5.5　不同供给模式下技术链上下游企业最优努力水平及技术链上博弈参与方预期收益具有如下性质：

（1）无论政府主导模式还是政府—市场结合模式，技术链上下游企业最优努力水平及博弈参与方（政府主导模式下上游企业预期收益除外）预期收益与共性技术供给成功率、后续商业开发成功率及共性技术受益对象数量正相关；政府—市场结合模式下，还与政府支持导致供给成功率的增量正相关，与上下游企业纵向扩散难度负相关。

（2）政府—市场结合模式下技术链下游企业共性技术后续商业开发的最优预期收益随着上游企业影响力的降低而增加；在该模式其他情形下，企业最优努力水平及博弈参与方的预期收益与上游企业对下游企业的影响力正相关。

（3）无论政府主导模式还是政府—市场结合模式，共性技术弹性对企业最优努力水平及博弈参与方预期收益的影响受到共性技术受益对象数量增加、纵向扩散难度减少、共性技术供给成功率及后续开发成功率增加的正向调节。

证明：由 $\dfrac{\partial e_i^*}{\partial n} > 0$，$\dfrac{\partial e_i^*}{\partial x_i} > 0$，易知，在不同供给模式下，技术链上下游企业最优努力水平 e_i^* 与共性技术受益对象 n、供给成功率 x_1

及后续开发难度 x_2 正相关，$i=1$，2；进一步在政府—市场结合模式下由一阶条件 $\dfrac{\partial e_i^*}{\partial t_2}>0$，$\dfrac{\partial e_i^*}{\partial \Delta x_1}>0$ 及 $\dfrac{\partial e_i^*}{\partial \rho}<0$ 可知，政府—市场结合模式下技术链上下游企业最优努力水平 e_i^* 还与共性技术供给成功率的增量 Δx_1、上游企业的影响力 t_2 正相关及与上下游企业间纵向扩散度 ρ 负相关。

类似地，由 $\dfrac{E\pi_j}{\partial n}>0$，$\dfrac{E\pi_j}{\partial x_i}>0$ 以及在政府—市场结合模式下 $\dfrac{E\pi_A}{\partial t_2}>0$，$\dfrac{E\pi_B}{\partial t_2}<0$，$\dfrac{E\pi_G}{\partial t_2}>0$，$\dfrac{E\pi_j}{\partial \Delta x_1}>0$ 和 $\dfrac{E\pi_j}{\partial \rho}<0(j=A，B，G)$ 可知，技术链上下游企业和政府的预期收益与 n、x_1 及 x_2 正相关，在政府—市场结合模式下，除技术链下游企业最优预期收益与上游企业的影响力 t_2 负相关外，其他情形下与 Δx_1、t_2 正相关和 ρ 负相关，需要指出的是政府主导模式下，受到政府主导行为的干预技术链上游企业供给共性技术预期收益等于其保留收益 0，与上述相关参数无关。

就技术弹性 α 的影响而言，对于政府—市场结合模式下技术链上游企业供给共性技术最优努力水平 e_1^*，令 $\Phi=\dfrac{n[(x_1+\Delta x_1)x_2(1-\rho)]^2}{b_1 b_2}$，易得如下一阶条件：

$$\frac{\partial e_1^*}{\partial \alpha}=\frac{1}{2(1-\alpha)^2}e^{\frac{1}{2(1-\alpha)}\ln[\Phi\alpha(2+\alpha t_2)]}\left\{\ln[\Phi\alpha(2+\alpha t_2)]+\frac{2(1-\alpha)(1+\alpha t_2)}{\alpha(2+\alpha t_2)}\right\}$$

由上式可知，$\dfrac{\partial e_1^*}{\partial \alpha}$ 的符号取决于式 $\ln[\Phi\alpha(2+\alpha t_2)]+\dfrac{2(1-\alpha)(1+\alpha t_2)}{\alpha(2+\alpha t_2)}$，由此可得，当 $0<\Phi<\dfrac{1}{\alpha(2+\alpha t_2)}e^{-\frac{2(1-\alpha)(1+\alpha t_2)}{\alpha(2+\alpha t_2)}}$ 时，$\dfrac{\partial e_1^*}{\partial \alpha}<0$；当 $\Phi>$

$\dfrac{1}{\alpha(2+\alpha t_2)}e^{-\frac{2(1-\alpha)(1+\alpha t_2)}{\alpha(2+\alpha t_2)}}$ 时，$\dfrac{\partial e_1^*}{\partial \alpha}>0$。这意味着技术弹性 α 对 e_1^* 的影响取决于 Φ，随着 Φ 的增大，α 越大越有利于企业最优努力水平的

提升，进一步由 $\frac{\partial \Phi}{\partial n} > 0$，$\frac{\partial \Phi}{\partial x_i} > 0$，$\frac{\partial \Phi}{\partial \Delta x_1} > 0$ 以及 $\frac{\partial \Phi}{\partial \rho} < 0$ 可知，随着共性技术受益对象 n、供给成功率 x_1、后续开发成功率 x_2、政府支持导致供给成功率的增量 Δx_1 的增加及纵向扩散难度 ρ 的减少，Φ 的增大，进而技术弹性 α 对 e_1^* 的正向影响逐渐增大。由此可见，参数 n、x_1、x_2、Δx_1 的增加及 ρ 的减少对技术弹性 α 对 e_1^* 的影响具有正向调节作用。进一步地，对于政府—市场结合模式下技术链上游企业最优预期收益 $E(\pi_A)^*$，令 $\Gamma = \dfrac{n\left[(x_1 + \Delta x_1)x_2(1-\rho)\right]^2}{b_1 b_2}$ 则有一阶条件：

$$\frac{\partial E(\pi_A)^*}{\partial \alpha} = \frac{b_1}{2\alpha(1-\alpha)} e^{\frac{1}{1-\alpha}\ln(\alpha\Gamma)e\frac{\alpha}{1-\alpha}\ln(2+\alpha t_2)} \left[\ln\Gamma\alpha(2+\alpha t_2)^{\frac{\alpha}{1-\alpha}} + \frac{\alpha^2 t_2}{2+\alpha t_2}\right]$$

根据上式，$\dfrac{\partial E(\pi_A)^*}{\partial \alpha}$ 取决于算式 $\ln\Gamma\alpha(2+\alpha t_2)^{\frac{\alpha}{1-\alpha}} + \dfrac{\alpha^2 t_2}{2+\alpha t_2}$，类似地，可得当 $0 < \Gamma < \dfrac{1}{\alpha(2+\alpha t_2)^{\frac{\alpha}{(1-\alpha)}}} e^{-\frac{\alpha^2 t_2}{2+\alpha t_2}}$ 时，$\dfrac{\partial E(\pi_A)^*}{\partial \alpha} < 0$；当 $\Gamma > \dfrac{1}{\alpha(2+\alpha t_2)^{\frac{\alpha}{(1-\alpha)}}} e^{-\frac{\alpha^2 t_2}{2+\alpha t_2}}$ 时，$\dfrac{\partial E(\pi_A)^*}{\partial \alpha} > 0$，类似地由 $\dfrac{\partial \Gamma}{\partial n} > 0$，$\dfrac{\partial \Gamma}{\partial x_i} > 0$，$\dfrac{\partial \Gamma}{\partial \Delta x_1} > 0$ 以及 $\dfrac{\partial \Gamma}{\partial \rho} < 0$ 可知，参数 n、x_1、x_2、Δx_1 的增加及 ρ 的减少对技术弹性 α 对 $E(\pi_A)^*$ 的影响有正向调节作用。此外，通过类似求解分析易得，其他情形下技术弹性 α 对企业最优努力水平及博弈主体预期收益的影响均具有上述分析类似的性质。证毕。

由命题 5.5 可知，技术链上下游企业最优努力水平及技术链上博弈参与方（政府主导模式下上游企业预期收益除外）预期收益与共性技术受益企业数量、供给成功率及后续商业开发成功率正相关，这是由于上述参数的增加强化了技术链预期收益实现的可能，为上下游企业投入更多努力提供激励；政府支持激励着技术链上下游企业最优努力水平提高，而上下游企业间纵向扩散难度越小意味着技术链的价值实现预期越乐观，越能激发技术链上企业投入努力的积极性；而技术弹性的影响受到共性技术受益对象数量增加、纵向扩散难度减少、供给成功率及后续开发成功率增加的正向调节，随着上述因素的变化，技术弹性对企业努力水平及预期收益产生正向影响，这说明技术弹性作为共性技术潜在价值的体现，需要上述因素的调节才能释放出来；此外，上游企业影响力越大，其市场主导地位相应越强，通过努力供给共性技术可以获得更多收益，此时下游企业作为跟随者，为了保持市场优势也需要提高自身努力水平以保持基于共性技术的预期市场收益；技术链上下游企业努力水平的状况直接影响着政府预期收益的实现状况。

5.6　数 值 分 析

假设某产业升级亟须某项共性技术，有三种备选供给模式：一是政府主导模式，即政府通过委托企业 A 供给或从企业 A 购买共性技术，然后向下游企业 B 免费扩散与共享；二是市场主导模式，即企业 A 自主供给共性技术并与下游企业 B 仅依靠市场机制进行协同以实现共性技术的潜在价值；三是政府—市场结合模式，企业 A 自主供给共性技术并与下游企业 B 依靠市场机制协同，政府给予支持以降低供给成本并提升供给成功率。下面通过数值分析上述供给模式选择及影响因素，为此，在符合相关假设条件下令参数 $x_1 = 0.48$，$x_2 = 0.45$，$b_1 = 0.5$ 及 $b_2 = 0.4$，$n = 3$，$\rho = 0.6$，$\alpha = 0.6$，$\dfrac{\Delta x_1}{x_1} = \dfrac{0.3}{0.48}$，$t_2 = 0.6$，当分析某参数影响时如无特别说明其他参数取值不变。

（1）市场主导模式与政府主导模式、政府—市场结合模式的比较。由图 5－2（a）所示，市场主导模式与政府主导模式下技术链上下游企业最优努力水平比值 E_1 和 E_2 处于区间 0 和 1 之间；政府—市场结合模式与市场主导模式下技术链上下游企业最优努力水平的比值 E_3 和 E_4 远远大于 1，如图 5－2（b）所示。由此可得，市场主导模式下上下游企业共性技术最优努力水平小于政府主导模式和政府—市场结合模式下的努力水平，这与命题 5.1 所述一致，这意味着政府主导模式和政府—市场结合模式应成为共性技术供给的选择模式。

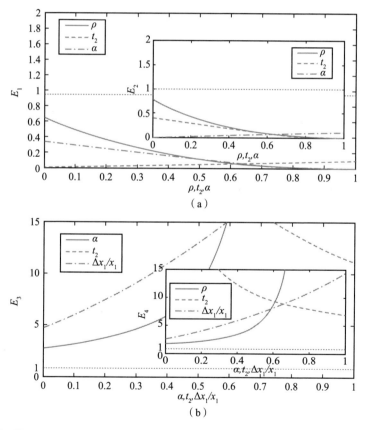

图 5－2　三种供给模式下技术链上下游企业最优努力水平比较

（2）政府主导模式下参数对上游企业最优利益分享系数的影响。如图5-3（a）所示，随着参数x_i和n的增加，上游企业最优利润分享系数t_1^*随之增加，而技术弹性α对t_1^*的影响呈现出现先增后减的倒"U"形特征，且随共性技术受益数量n的增加"U"的峰值逐渐提升，如图5-3（b）所示，当$n=3$时，技术弹性α对利润分享系数t_1^*的影响呈现先迅速增加并达到最大值9.70%之后逐渐减少，当$n=10$及25时，系数t_1^*达到分别在达到峰值21.84%和51.16%后才逐渐减少，由此可知，共性技术供给企业分享系数存在上限，且随着受益对象n的增加利润分享系数上限增大，类似地，可得参数供给成功率x_1及后续商业开发成功率x_2对α和t_1^*关系的影响与n类似，这里不再赘述。

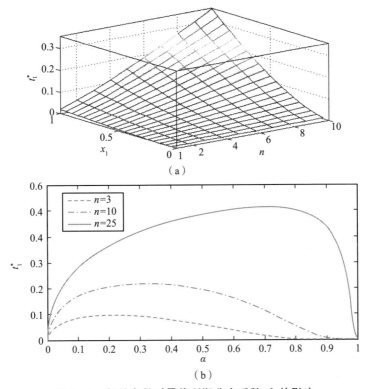

图5-3 相关参数对最优利润分享系数t_1^*的影响

进一步地，如图 5 - 4 所示，在政府—市场结合模式下，政府最优补贴系数 λ^* 随着技术弹性 α 的增加和技术链上游企业对下游企业的影响程度 t_2 的减少而增加。上述分析进一步验证了命题 5.2 所描述的内容。

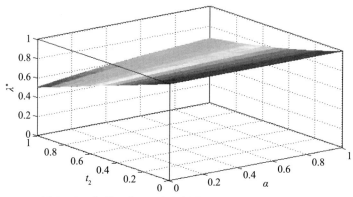

图 5 - 4　参数 α 与 t_2 对政府最优补贴系数 λ^* 的影响

（3）技术链上游企业在政府主导模式与政府—市场结合模式下供给共性技术最优努力水平比较。为此，分别考察参数 ρ，α，$\dfrac{\Delta x_1}{x_1}$ 及 t_2 在（0，1）内变化对共性技术供给模式选择的影响，如图 5 - 5 所示。

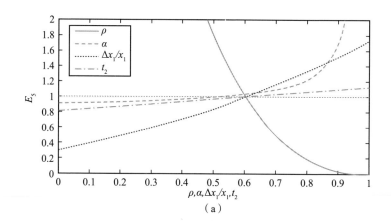

（a）

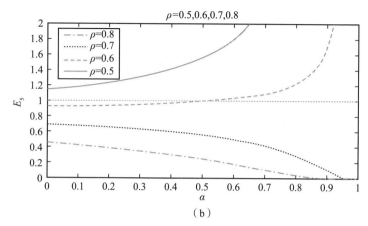

图 5 - 5　相关参数变化对共性技术供给模式的影响

由图 5 - 5（a）可知，随着参数 ρ 的减少及 $\frac{\Delta x_1}{x_1}$，t_2 的增加，E_5 逐渐由小于 1 增加至大于 1，政府—市场结合模式下技术链上游企业供给共性技术努力水平逐渐高于政府主导模式下的努力水平，这意味着技术链上游企业在政府主导模式与政府—市场结合模式下供给共性技术最优努力水平的比值存在一个临界阈值，以参数 ρ 为例，该临界阈值为 0.6，即当 $0.6 < \rho < 1$ 时政府主导模式下的企业努力水平更高，当 $0 < \rho < 0.6$ 时政府—市场结合模式下的企业努力水平更高。进一步地，如图 5 - 5（b）所示，随着企业间纵向扩散难度 ρ 由 0.8 降低至 0.6，技术弹性 α 的增加使得 E_5 逐渐由小于 1 变为大 1，相应政府主导模式下上游企业供给共性技术的努力水平由大于变为小于政府—市场结合模式，$\frac{\Delta x_1}{x_1}$ 增加对技术弹性 α 与 E_5 关系的影响与参数 ρ 减少类似，这里不再赘述，从而验证了命题 5.3。

（4）技术链下游企业后续商业开发水平及技术链博弈参与方预期收益的影响分析，如图 5 - 6 和图 5 - 7 所示。

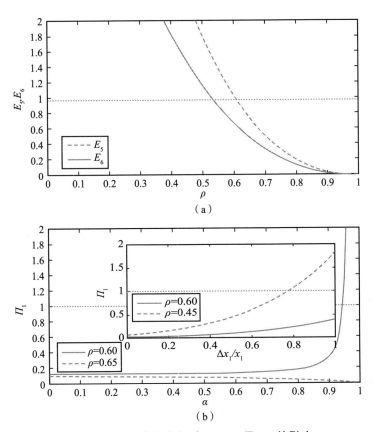

图 5-6　相关参数变化对 E_5，E_6 及 Π_1 的影响

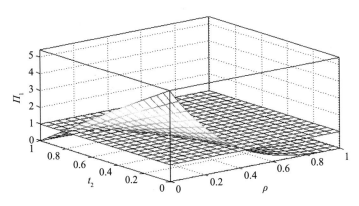

图 5-7　参数 t_2 和 ρ 变化对 Π_1 的影响

由图 5 - 6 可知，与上游企业类似，下游企业后续商业开发水平及技术链上博弈参与主体的预期收益均具有临界阈值的特征。进一步，由图 5 - 6（a）所示，以共性技术纵向扩散难度 ρ 为例，随着 ρ 的逐渐减少，与 E_6 相比 E_5 更早地超过临界阈值，这意味着政府—市场结合模式下游企业供给共性技术努力水平晚于上游企业超过政府主导模式。此外，考虑到 Π_2 与 Π_1 的影响因素的相似性，下面仅以 Π_1 为例进行分析，由图 5 - 6（b）和图 5 - 7 所示，随着参数 ρ 和 t_2 的减少（为了图形更直观这里取 $\alpha = 0.3$，其他参数不变）及 $\dfrac{\Delta x_1}{x_1}$ 的增加，政府主导模式下技术链下游企业预期收益逐渐超过政府—市场结合模式，而技术弹性 α 对 Π_1 的影响受到纵向扩散难度 ρ 减少的正向影响，总体而言，纵向扩散难度 ρ 越大政府主导模式越占优于政府—市场结合模式。这就印证了命题 5.4 所描述的内容。

（5）技术链上下游企业努力水平与博弈参与方预期收益的影响因素。考虑到企业努力水平及博弈参与方预期收益影响因素的相似性，在此以政府—市场结合模式下上游企业供给共性技术努力水平及预期收益为例进行比较分析，如图 5 - 8 所示。

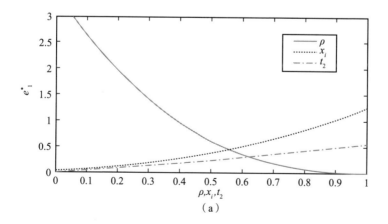

（a）

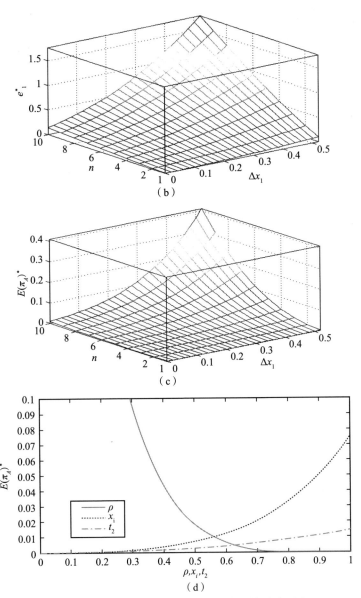

图 5 - 8　上游企业努力水平及预期收益的影响因素

　　如图 5 - 8（a）和图 5 - 8（b）所示，技术链上游企业最优努力水平与纵向扩散难度 ρ 负相关，与共性技术供给成功率 x_1、后续

商业开发成功率 x_2、上游企业对下游的影响力 t_2、共性技术受益对象数量 n 及政府支持致使供给成功率增量 Δx_1 正相关，由图 5 - 8（c）和图 5 - 8（d）易知，上述参数对相应预期收益 $E(\pi_A)^*$ 的影响类似，这也说明了预期收益与努力水平的内在关联。

此外，政府—市场结合模式下，技术链下游企业最优预期收益 $E(\pi_B)^*$ 随着上游企业对下游影响力 t_2 的降低而增加，如图 5 - 9 所示，这是由于上游企业对下游企业的影响力降低直接增加了下游企业的预期收益。

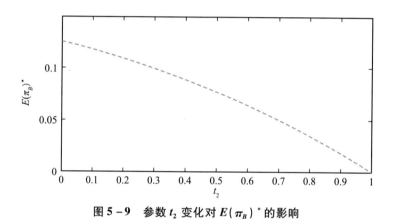

图 5 - 9　参数 t_2 变化对 $E(\pi_B)^*$ 的影响

接下来，考察技术弹性 α 对企业努力水平及相应预期收益的影响，如图 5 - 10（a）所示，当 $n=3$ 时，有 $\Phi=0.30<\dfrac{1}{\alpha(2+\alpha t_2)}e^{-\frac{2(1-\alpha)(1+\alpha t_2)}{\alpha(2+\alpha t_2)}}\approx0.33$（此时 $\alpha=0.6$）；进一步当 $\alpha=0.54$ 时，有 $\Phi=0.30=\dfrac{1}{\alpha(2+\alpha t_2)}e^{-\frac{2(1-\alpha)(1+\alpha t_2)}{\alpha(2+\alpha t_2)}}\approx0.30$，当 $\alpha=0.5$ 时，有 $\Phi=0.30>\dfrac{1}{\alpha(2+\alpha t_2)}e^{-\frac{2(1-\alpha)(1+\alpha t_2)}{\alpha(2+\alpha t_2)}}\approx0.28$，由此可知，最优努力水平 e_1^* 随着 α 的增加呈现先增且在 $\alpha=0.54$ 处达到最大后逐渐减少的现象，可能的原因是随着共性技术弹性的增加，由于共性技术受益对象较少，

供给企业逐渐发觉供给共性技术将难以获得更多收益甚至预期收益减少（如图 5 - 10 （b）所示），此时供给企业很可能通过投资其他市场机会替代将资源投资于共性技术，随之逐渐减少共性技术供给努力水平直至完全为零。随着 n 由 3 增加至 20 进而增加至 25，此时 $\Phi = 0.99$ 和 2.46 均大于 0.33，因此随着技术弹性 α 增加最优努力水平 e_1^* 以更快速度上升，且受益对象数量 n 越大 e_1^* 的上升速度就越快，这意味着技术弹性 α 对最优努力水平 e_1^* 的影响受到共性技术受益对象 n 的正向调节。

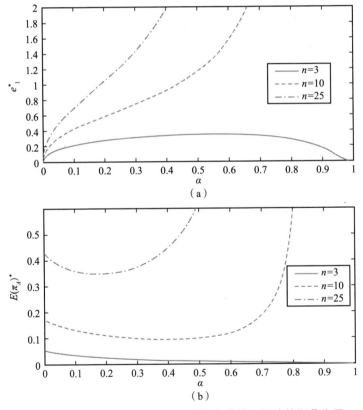

图 5 - 10　共性技术受益对象 n 对技术弹性 α 影响的调节作用

进一步如图 5 – 10（b）所示，在 $n=3$ 时，恒有 $0 < \Phi < \dfrac{1}{\alpha(2+\alpha t_2)^{\frac{\alpha}{1-\alpha}}}$

$e^{-\frac{\alpha^2 t_2}{2+\alpha t_2}}$，即随着 α 的增加 $E(\pi_A)^*$ 递减；当 $n=10$ 时，恒有 $\Phi >$

$\dfrac{1}{\alpha(2+\alpha t_2)^{\frac{\alpha}{1-\alpha}}} e^{-\frac{\alpha^2 t_2}{2+\alpha t_2}}$，此时随着 α 的增加 $E(\pi_A)^*$ 先出现递减直至 α

超过 0.465 后 $E(\pi_A)^*$ 开始递增，当 $n=25$ 时只需 α 超过 0.2895 后

$E(\pi_A)^*$ 就开始递增，由此易知，受益对象 n 的这种正向调节作用

同样也适用于技术弹性 α 与最优预期收益 $E(\pi_A)^*$ 的关系。此外，

与受益对象 n 的作用类似，纵向扩散难度 ρ 减少，共性技术供给成

功率 x_1 及后续商业开发成功率 x_2 增加亦对技术弹性 α 对最优努力

水平 e_1^* 以及最优预期收益 $E(\pi_A)^*$ 均具有正向调节作用。

　　需要说明的是，政府—市场结合模式下技术链下游企业努力水平及

相应预期收益、政府主导模式下技术链上下游企业努力水平及相应预期

收益和两种模式下政府的预期收益的影响因素与图 5 – 8 和图 5 – 10 的

分析类似，这里不再赘述，上述分析较好地印证了命题 5.5。

5.7　结论与启示

　　通过共性技术研发过程及技术链剖析，指出共性技术供给企业

与扩散过程的承担企业构成了技术链的上下游企业，将共性技术供

给归纳为政府主导、市场主导及政府—市场结合三种供给模式，通

过借鉴斯塔科尔伯格主从博弈建模思想，在技术链视角下系统分析

了考虑扩散过程的共性技术供给三种模式及其选择问题。

　　通过研究得出如下主要结论：

　　（1）相对政府主导模式和政府—市场结合模式而言，市场主导

模式不可取；政府主导模式下，随着受益企业数量、共性技术供给成功率及后续商业开发成功率的增大，供给企业获得的收益分享系数越高，而共性技术弹性对收益分享系数的影响随着上述因素的增加呈倒"U"形变化，且收益分享系数峰值受到上述参数的正向增强；政府—市场结合模式下，政府最优补贴随着共性技术弹性的增加而增加，随着上游企业影响力的增大而减少。

（2）随着共性技术供给成功率增加率的增加、上下游企业纵向扩散难度的减少、共性技术弹性的增加（纵向扩散难度不太大及供给成功率增加率不太小）及上游企业影响力的增加（相应政府—市场结合模式下游企业预期收益低于政府主导模式），政府—市场结合模式下上下游企业努力水平及博弈参与主体收益均高于政府主导模式，且下游企业努力水平及预期收益均晚于上游企业超过政府主导模式。

（3）无论政府主导模式还是政府—市场结合模式，上下游企业最优努力水平及博弈方预期收益（政府主导模式下上游企业预期收益除外）与共性技术供给成功率、后续商业开发成功率及受益对象数量正相关；政府—市场结合模式下还与供给成功率增量及上游企业影响力（与下游企业预期收益负相关）正相关、与企业纵向扩散难度负相关，而共性技术弹性对企业最优努力水平及博弈主体预期收益的影响均受到受益对象数量增加、纵向扩散难度减少、后续开发成功率增加、供给成功率及其增量的正向调节。

根据研究结论，可得出推进共性技术有效供给的以下管理启示：

首先，政府主导模式和政府—市场结合模式是共性技术备选的供给模式。政府主导模式下，政府应委托研发实力强的企业研发受益企业数量大且技术弹性高的共性技术，或者直接购买受益企业数量大及技术弹性系数高的共性技术，以免费向技术链下游企业扩散，但政府为供给企业确定的收益分享系数应该特别关注技术弹性的倒"U"形影响以保持最优；而在政府—市场结合模式下，政府应根据技术弹性和上游企业的影响的增大而调减最优补贴，同时应规定补贴的一定比例用于提升共性技术供给成功率，不应仅为供给企业分担成本。

其次，理解影响机理以确定政府主导模式和政府—市场结合模式的取舍。在共性技术供给实践中，政府及企业应深刻理解共性技术供给模式选择影响因素及机理，助力共性技术供给模式的选择，当供给成功率增加率较大、纵向扩散难度较小、上游企业影响力较大以及共性技术弹性系数较大（依赖于足够小纵向扩散难度和足够大供给成功率增加率）时，应选择政府—市场结合模式供给共性技术；反之应选择政府主导模式。总之，纵向扩散难度、供给成功率及上游企业影响力是共性技术供给模式选择的关键。

最后，选定供给模式应系统把握博弈参与方行为及收益影响因素及机理。当选定了某一具体共性技术供给模式时，技术链上下游企业努力水平及上下游企业、政府预期收益受到共性技术受益对象数量增加、纵向扩散难度减少、后续开发成功率增加、上游企业的影响力（与下游企业预期收益负相关）、供给成功率及供给成功率增量增加的正向影响，且上述因素的相应变化正向调节着技术弹性对博弈参与方行为及收益的正向影响，通过对上述影响因素及机理的把握，为激励上下游企业努力水平及增加技术链预期收益提供指导。

尽管本书通过建立共性技术链上下游企业间的主从博弈模型，系统分析了技术链视角下考虑扩散过程的共性技术政府主导、市场主导及政府—市场结合三种模式及其选择的影响因素及机理。然而，供给与扩散作为共性技术研发不可分割的前后依存的两个阶段，本章建模考虑的共性技术扩散过程仅通过上下游企业纵向扩散难度及后续商业开发成功率加以刻画，尚未考虑基于共性技术形成专有技术、工艺及产品的市场化等收益实现问题，通过考虑这一市场化过程以实现对模型的改进将是一个很有意义的探索。

5.8　本章小结

　　本章介绍了斯塔科尔伯格主从博弈基本模型，借鉴斯塔科尔伯格主从博弈思想，将共性技术供给与扩散过程看作技术链，在技术链视角下通过市场主导、市场主导和政府—市场结合三种共性技术供给模式的比较分析，研究了共性技术供给模式选择问题，并对共性技术供给模式选择问题提出政策建议。

第 6 章　产业共性技术供给决策及其成果扩散博弈研究

6.1　研究基础理论概述

本章进一步研究共性技术供给决策及共性技术成果扩散问题，前者的研究基础理论为完全信息动态博弈理论（dynamic games of complete information），后者的研究基础理论为演化博弈理论（evolutionary game theory），演化博弈理论已在第 3 章进行了介绍，完全信息动态博弈理论及其逆向归纳法（backward induction）求解将在第 7 章进行详细介绍，本章对共性技术供给决策研究中所用到的经典的古诺模型（Cournot model）进行介绍。

古诺模型（Cournot model），又称古诺双寡头模型（Cournot duopoly model）或双寡头模型（duopoly model），古诺模型是早期的寡头模型，由法国经济学家古诺（Cournot）于 1838 年提出，古诺模型是纳什均衡应用的最早版本（比纳什本人对纳什均衡的定义早了 112 年），古诺的研究是博弈论研究的经典文献，也是产业组织理论的重要里程碑，通常被作为寡头竞争理论分析的出发点和研究基准模型。

在古诺模型中，有两个博弈参与人，分别称为企业 1 和企业 2，每个企业的战略是选择产量，以实现支付即利润最大化，利润是两个企业产量的函数。令 $q_i \in [0, \infty)$ 代表第 i 个企业的产量，$C_i(q_i)$ 代表成本函数，$P = P(q_1 + q_2)$ 表示需求函数，第 i 个企业的支付或利润函数为（$i = 1, 2$）：

$$\pi_i(q_i, q_j) = q_i P(q_i + q_j) - C_i(q_i)$$

纳什均衡产量（q_i^*, q_j^*）意味着：

$$q_i^* \in \text{argmax} \pi_i(q_i, q_j^*) = q_i P(q_i + q_j^*) - C_i(q_i)$$

$$q_j^* \in \text{argmax} \pi_j(q_i^*, q_j) = q_j P(q_i^* + q_j) - C_j(q_j)$$

对以上算式求产量的一阶条件并令其为零，可找出纳什均衡：

$$\frac{\partial \pi_i(q_i, q_j)}{\partial q_i} = P(q_i + q_j) + q_i P'(q_i + q_j) - C_i'(q_i) = 0$$

$$\frac{\partial \pi_j(q_i, q_j)}{\partial q_j} = P(q_i + q_j) + q_j P'(q_i + q_j) - C_j'(q_j) = 0$$

上述两个一阶条件分别定义了两个反应函数（reaction function）：

$$q_i^* = R_i(q_j), \quad q_j^* = R_j(q_i)$$

反应函数意味着每个企业的最优战略（产量）是另一个企业产量的函数，将两个反应函数组成方程组求解后即得纳什均衡产量（q_i^*, q_j^*）。

为得到具体均衡产量，取 $i = 1, j = 2$，令 $C_1(q_1) = cq_1$，$C_2(q_2) = cq_2$，即每个企业具有相同的不变单位成本；令逆需求函数为线性形式 $P = a - (q_1 + q_2)$，a 表示市场容量，为足够大的正数。那么，最优化一阶条件分别为：

$$\frac{\partial \pi_1(q_1, q_2)}{\partial q_1} = a - (q_1 + q_2) - q_1 - c = 0$$

$$\frac{\partial \pi_2(q_1, q_2)}{\partial q_2} = a - (q_1 + q_2) - q_2 - c = 0$$

相应的反应函数（reaction function）为：

$$q_1^* = R_1(q_2) = \frac{a - q_2 - c}{2}$$

$$q_2^* = R_2(q_1) = \frac{a - q_1 - c}{2}$$

求解上述两个反应函数组成的方程组，可得 $q_1^* = q_2^* = \frac{a-c}{3}$。由于 $\frac{a-c}{3} < a - c$，因此市场容量需为满足 $a > q_2 + c$ 的正数。

当参与人数不少于 2 人即 n 人时，上述模型就变为多企业参与古诺模型，其他条件与上述的古诺模型相同（与具体形式的古诺模型相同），市场需求函数为 $P = a - (q_i + Q_{-i})$，其中 $Q_{-i} = \sum\limits_{j \neq i} q_j$，$i = 1, 2, \cdots, n$。类似地，设 n 个企业的边际成本相同 $C_1 = C_2 = \cdots = C_n = c$，则企业 i 的利润函数为 $\pi_i(q_i, Q_{-i}) = q_i[a - (q_i + Q_{-i})] - cq_i$，由于一阶条件系统为 $\frac{\partial \pi_i(q_i, Q_{-i})}{\partial q_i} = -2q_i + a - Q_{-i} - c$，由对称性将在 6.2 节求解中运用到对称性的思维，均衡时 n 个企业的古诺产量存在如下关系，即 $q_1^* = q_2^* = \cdots = q_n^* = q^*$。进而，由一阶条件易得 $-2q^* + (n-1)q^* = a - c$，求解可得 $q^* = \frac{a-c}{n+1}$，相比 2 个企业参与的古诺模型而言，随着企业数量 n 的增加，每一家企业的均衡产量 q^* 均下降，但市场上的总产量 $Q = \frac{n}{n+1}(a-c)$ 增加，进一步当 $n \to \infty$ 时，有 $P = c$。

本章 6.2 节博弈的第二阶段就是根据古诺模型的思维进行求解的，而第一阶段为进行攻击决策，这里涉及寡头企业间结成研发联合体（research joint venture，RJV）。事实上，在现有技术研发领域的研究中，针对共性技术供给模式建模研究较少，而针对专有技术

R&D 组织模式的研究较丰富，以卡米恩、穆勒和赞（Kamien，Muller and Zang）于 1992 年发表于《美国经济评论》（*American Economic Review*）的文章最为经典，该文章构建了基于投入溢出的两阶段双寡头博弈模型，即 KMZ 模型，对 R&D 竞争、R&D 卡特尔（Cartels）、RJV 竞争、RJV 卡特尔四种技术 R&D 组织模式进行了比较研究；此外，米雅格瓦和奥侬（Miyagiwa and Ohno，2002）引入 R&D 不确定性分析比较了 R&D 竞争、R&D 卡特尔、RJV 三种组织形式的生产者剩余；李忠等（2003）对企业独自研发（non-cooperative）、R&D 卡特尔、RJV 卡特尔、RJV、联合实验室（Joint Lab）以及双边合作（double cooperative）6 种模式进行了分析比较。本章研究的共性技术供给决策就是根据表 6 – 1 并结合共性技术特有属性进行建模研究的，根据上述学者的研究，经过整理、总结和归纳，具体如表 6 – 1 所示。

表 6 – 1　　　　　　　不同 R&D 组织模式的对比

R&D 组织模式	内涵阐述
R&D 竞争	企业独自研发（non-cooperative），每个企业根据其他企业 R&D 投资决定自己的研发投入
R&D 卡特尔	企业进行研发合作，但不共享 R&D 成果，合作目标是联合利润最大化
RJV	企业进行研发合作，并且共享 R&D 知识，避免研发活动的重复进行和研发资源浪费，合作目标是联合利润最大化
RJV 卡特尔	企业选择相同的研发水平来最大化共同利润，而且企业之间实现知识共享，避免 R&D 活动重复进行
联合实验室	两个企业一起建立一个实验室，共同分担费用，成本也有相同程度的下降，其目标是最大化总利润
双边合作	企业选择产量和研发水平时都进行合作，但独自进行 R&D 活动

6.2　考虑市场化开发的产业共性技术供给决策

将共性技术研发划分为供给和市场化开发两个阶段，在双寡头竞争环境下建立了考虑双寡头企业在市场化阶段进行古诺竞争的共性技术供给决策两阶段博弈模型，揭示双寡头企业面对独立研究、研究/模仿及结成 RJV 情形的供给决策问题。研究表明：独立研究供给方式劣于研究/模仿（仅针对共性技术研究企业）与结成 RJV，研究/模仿与结成 RJV 方式的优劣取决于共性技术被模仿难度、研究协同度及政府补贴等参数，随着共性技术被模仿难度增大，情形Ⅱ逐渐优于情形Ⅲ，随着研究协同度的增强或政府补贴的增加情形Ⅲ逐渐优于情形Ⅱ；此外，市场化开发难度越低、研究成本系数越小、政府补贴系数及市场容量越大越利于激发企业供给共性技术的积极性，且政府补贴更利于激发寡头企业做出结成 RJV 供给共性技术的决策。最后，根据研究结论从提升合作研究协同度、促进供给及市场化和培育产品市场方面提出促进共性技术供给的政策建议。

6.2.1　背景及研究述评

产业共性技术是指在诸多领域内已经或未来可能被普遍使用，其研发成果可共享并对整个产业或多个产业及其企业产生深度影响的一类技术（李纪珍，2004），比如纳米技术、CAD 技术及数控技术等。目前，我国正处于经济发展方式转变的关键时期，传统产业转型升级及战略性新兴产业培育均对共性技术突破具有迫切要求（李纪珍等，2011；郑月龙，2017），"建设现代化经济体系"也需要共性技术尤其关键共性技术的支撑作用，然而，作为一项竞争前技术，共性技术被供给出来还需进行后续市场化开发，才可能实现其潜在价值，共性技术研发的这种长周期性、持续投入性及收益独占难（郑月龙等，2018），导致共性技术研究与市场化的双重不确定性（刘满凤等，2007；Kokshagina et al.，2017），易出现供给的"市场失灵"和"组织失灵"（陈静等，2007；李纪珍等，2011），更可能面临市场扩散的"制度失灵"和"市场失灵"（李纪珍等，2011）。为此，研究以企业为主体的共性技术供给决策问题，对发挥共性技术潜在价值有重要意义，更符合我国现代化经济体系建设的内在要求。

近年，共性技术相关领域受到国内外学者的青睐，有关共性技术供给及其组织模式的研究，豪格等（2014）探讨了能源共性技术设计问题并指出多主体参与模式的重要性；李纪珍（2011）定性分析了共性技术供给与扩散的多重失灵；余等（2012）对制造业共性技术创新组织模式选择问题进行了研究；劳尼克等（2015）对光子集成电路产业共性技术平台的开发、组织及其复杂性进行了研究；通过创新竞赛（innovation contests）组织模式开发共性技术（Terwiesch et al.，2008；Kay，2011；West et al.，2013；Kokshagina et al.，2017）也是学者们关注的热点；安珀等（2017）以一类共性技术（生物信息学）的发明产生为例，论证了多样化知识来源并不总是导致有影响的共性技术产生；樊霞等（2018）指出产学研合作模式对生物技术领域共性技术创新具有显著正向影响；周国华等（2018）通过斯塔科尔伯格（Stackelberg）主从博弈模型对复杂产品共性技术供给模式进行了比较研究；郑月龙等（2018，2018）分别对通过外包方式及多企业合作方式研发供给共性技术进行建模分析。有关共性技术市场化的研究主要集中在以下两方面：①共性技术扩散，邓衢文（2010）指出技术服务平台要推动共性技术从被动溢出转变为主动溢出、共性技术应实行有偿扩散；余等（2012）系统探讨了装备制造业共性技术扩散问题；赖纳等（2014）和施特罗迈尔等（2016）引入一个多部门扩散模型，实证研究了共性技术扩散之于经济增长的效应；韩元建等（2017）从共性技术扩散供给方、需求方、扩散环境及共性技术性能等对共性技术扩散影响因素进行了实证研究；周源（2018）通过实证研究发现，共性技术就绪度、预期经济收益度、政策干预扶持度、开发服务协同度等均对共性使能技术扩散有显著正向影响。②共性技术市场收益实现，迈纳等（2011）以材料企业为例对共性技术商业化问题进行了探讨，鲁斯蒂凯利（Rustichelli，2015）系统研究了基于共性技术的发射器技术开发与实施问题；库伊（2017）认为电报、电话和无线引擎等共性技术创新及市场化应用构成推动技术进步与经济发展"看不见的手"；李等（2018）从基础性、外部性及市场化收益的视角指出肥料、微生物发酵技术、土壤耕作技术及盐碱物质清洗技术等是盐碱土地管理和改良的共性技术；邱等（2018）研究指出共性技术的专业化应用可促进跨部门/跨区域的创新活动。此外，学者吴志军等（2011）、郑月龙等（2017）、徐磊等（2018）及李锋等（2019）有关双寡头AJ模型的研究为本节提供了有益启迪。

由上可知，现有研究对共性技术供给及市场化问题进行了较丰富的研究，为本节研究提供了基础资料和思想启迪。然而，现有对共性技术供给的研究更多是探讨采用何种组织管理形式或模式更有效，而从共性技术研发整个过程的视角探讨共性技术供给决策的专门研究还非常稀少，本节主要贡献或创新之处在于：将共性技术研发过程划分为供给和市场化开发两个阶段，在双寡头竞争环境下建立了考虑双寡头企业在市场化阶段进行古诺竞争而在供给阶段进行共性技术供给决策的两阶段博弈模型，分析了双寡头企业自主研究获取、研究/模仿获取及合作研究获取三种情形下的共性技术供给决策影响因素，提出了激发企业供给共性技术积极性的政策建议。本节为共性技术供给问题研究提供一个较好的视角，研究结论可为共性技术供给承担企业及政府制定相关政策提供决策参考。

6.2.2 基本假设

考虑双寡头竞争环境下企业进行共性技术研发的互动博弈，共性技术研发包含供给阶段和市场化开发阶段，供给是指通过研究创新将共性技术供给出来，是共性技术从无到有的过程；而市场化开发是指经过后续市场化开发形成基于共性技术的可通过市场交易的产品（还包含工艺、专有技术等，以下统称为产品）进而实现收益，而本节主要关注双寡头企业在市场化阶段进行古诺竞争而在共性技术供给阶段进行决策的情形，如图6-1所示。

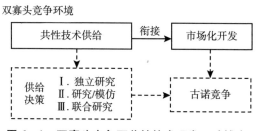

图6-1 双寡头竞争下共性技术研发互动博弈

为研究之便，做如下具体假设：

（1）双寡头市场环境下，双寡头企业均迫切需求共性技术以实现市场阶段的收益，双寡头企业在市场化阶段进行古诺竞争，即在市场化阶段双寡头企业各自选择基于共性技术产品的产量，以实现各自的利润最大化。

（2）共性技术市场化后双寡头企业的逆线性需求函数为 $p_i = a -$

$(q_i + q_j)$，其中 a 为市场规模或容量，其中 $a > 0$，$i = 1$，2 且 $i \neq j$。

（3）企业 i 面临的线性边际成本函数 $c_i(q_i, e_i, e_j)$ 是产量 q_i、自身研究投入水平 e_i 及企业 j 的研究投入水平 e_j 的函数，假设 $c_i(q_i, e_i, e_j) = [A - e_i - (1 - \beta) e_j] q_i$，其中 A 为共性技术市场化开发成本，表征市场化开发难易；β 表示共性技术被模仿的难度，β 越大意味着共性技术共性度越小，$i = 1$，2 且 $i \neq j$，$0 < A < a$，$0 \leqslant \beta \leqslant 1$，$e_i + (1 - \beta) e_j \leqslant A$。

（4）企业供给共性技术成本 f_i 是研究投入水平的二次函数，设 $f_i = \dfrac{1}{2} \gamma e_i^2$，表示研究投入存在规模递减效应，$\gamma > 0$ 表示共性技术研究的成本系数，越小表示创新效率越高；为激发企业研究的积极性，政府给予同等比例系数 s 的补贴，$0 < s < 1$。

6.2.3 模型建立与求解

根据以上假设，采用逆向求解法，首先双寡头企业在共性技术市场化开发阶段进行基于共性技术产品产量的古诺竞争，确定均衡产量和利润；其次在共性技术供给阶段进行共性技术供给决策，并分三种情形进行建模与讨论。

第一步，考虑第二阶段的共性技术市场化开发。

企业 $i(i = 1$，2 且 $i \neq j)$ 的利润函数为：

$$\pi_i = [a - (q_i + q_j)] q_i - [A - e_i - (1 - \beta) e_j] q_i - \frac{1}{2} (1 - s) \gamma e_i^2$$

$$(6.1)$$

由一阶条件等于零 $\dfrac{\partial \pi_i}{\partial q_i} = 0$，运用博弈双方均衡产量的对称性，得到企业 i 基于共性技术产品的均衡产量为：

$$q_i^* = \frac{1}{3}\left[\,(a-A)+(1+\beta)e_i+(1-2\beta)e_j\,\right] \qquad (6.2)$$

进一步由二阶条件 $\dfrac{\partial^2 \pi_i}{\partial q_i^2} = -2 < 0$ 易得在均衡产量 q_i^* 下企业 i 实现了利润最大化，将 q_i^* 代入式（6.1）可得均衡利润：

$$\pi_i^* = \frac{1}{9}\left[\,(a-A)+(1+\beta)e_i+(1-2\beta)e_j\,\right]^2 - \frac{1}{2}(1-s)\gamma e_i^2$$

$$(6.3)$$

第二步，考虑第一阶段的共性技术供给决策。

情形 I：独立研究，即双寡头企业各自独立研究共性技术，且企业双方不存在模仿的情形，此时 $\beta = 1$，此种情形表征共性技术具有较好的知识产权保护或企业具有足够实力和信心。在给定其他企业研究投入水平条件下，企业决定自身供给共性技术的研究投入水平，以使得第二阶段基于共性技术产品的利润最大化。

于是，企业 i 的均衡利润函数变为 $\pi_i^* = \dfrac{1}{9}\left[\,(a-A)+2e_i-e_j\,\right]^2 - \dfrac{1}{2}(1-s)\gamma e_i^2$，可得 e_i 的一阶导数：

$$\frac{\partial \pi_i^*}{\partial e_i} = \frac{2}{9}\left[\,(a-A)+2e_i-e_j\,\right] - (1-s)\gamma e_i \qquad (6.4)$$

由二阶导数，$\dfrac{\partial^2 \pi_i^*}{\partial e_i^2} = \dfrac{4}{9} - (1-s)\gamma$，当 $(1-s)\gamma > \dfrac{4}{9}$ 时，$\dfrac{\partial^2 \pi_i^*}{\partial e_i^2} < 0$，此时式（6.4）存在最大值，令式（6.4）等于零，得均衡研究投入水平为：

$$e_i^{\mathrm{I}} = \frac{2(a-A)}{9(1-s)\gamma-2}, \quad i = 1,\ 2 \qquad (6.5)$$

根据式（6.5）和式（6.2）可得企业 i 的均衡产量：

$$q_i^{\mathrm{I}} = \frac{3(1-s)\gamma(a-A)}{9(1-s)\gamma-2}, \quad i = 1,\ 2 \qquad (6.6)$$

由双寡头企业的对称性，有 $q_i^{\mathrm{I}} = q_j^{\mathrm{I}}$，易得均衡总产量：

$$Q^{\mathrm{I}} = q_i^{\mathrm{I}} + q_j^{\mathrm{I}} = \frac{6(1-s)\gamma(a-A)}{9(1-s)\gamma-2} \tag{6.7}$$

进一步可得企业 i 的均衡利润：

$$\pi_i^{\mathrm{I}} = \frac{(1-s)\gamma(a-A)^2}{9(1-s)\gamma-2} \tag{6.8}$$

情形 II：研究/模仿。即企业 i 自主研究获取共性技术，而企业 j 仅通过模仿获取共性技术。此时，双寡头企业面临的线性需求函数不变，而企业 i 成本变为自身产量及其自身研究投入水平的函数，即 $c_i(q_i, e_i) = (A-e_i)q_i$，企业 j 成本变为自身产量和企业 i 研究投入水平的函数，即 $c_j(q_j, e_i) = [A-(1-\beta)e_i]q_j$，此时 $0 < \beta < 1$。

先考虑市场化开发阶段。企业 i 的利润函数为：

$$\pi_i = [a-(q_i+q_j)]q_i - (A-e_i)q_i - \frac{1}{2}(1-s)\gamma e_i^2 \tag{6.9}$$

企业 j 的利润函数为：

$$\pi_j = [a-(q_i+q_j)]q_j - [A-(1-\beta)e_i]q_j \tag{6.10}$$

由式（6.9）和式（6.10）的二阶导数 $\dfrac{\partial^2\pi_i}{\partial q_i^2} = -2 < 0$ 及 $\dfrac{\partial^2\pi_j}{\partial q_j^2} = -2 < 0$，可知企业 i 和企业 j 均满足实现利润最大化条件。进一步根据式（6.9）和式（6.10）的一阶条件可得企业 i 和企业 j 的均衡产量：

$$q_i = \frac{(a-A)+(1+\beta)e_i}{3} \tag{6.11}$$

$$q_j = \frac{(a-A)+(1-2\beta)e_i}{3} \tag{6.12}$$

将式（6.11）和式（6.12）代入式（6.9）的企业 i 的最大化利润为：

$$\pi_i^* = \frac{1}{9}[(a-A)+(1+\beta)e_i]^2 - \frac{1}{2}(1-s)\gamma e_i^2 \tag{6.13}$$

由式（6.13）关于研究投入水平 e_i 的二阶导数 $\dfrac{\partial^2 \pi_i^*}{\partial e_i^2} = \dfrac{2(1+\beta)}{9} - (1-s)\gamma$，易知当 $(1-s)\gamma > \dfrac{2(1+\beta)}{9}$ 时式（6.13）有最大值。进一步令式（6.13）的一阶导数 $\dfrac{\partial \pi_i^*}{\partial e_i} = 0$ 可得利润最大化时均衡研究投入水平：

$$e_i^{\mathbb{I}} = \frac{2(1+\beta)(a-A)}{9(1-s)\gamma - 2(1+\beta)^2} \tag{6.14}$$

将式（6.14）代入式（6.11），进而代入式（6.9）可得被模仿企业 i 的均衡产量和最大化利润：

$$q_i^{\mathbb{I}} = \frac{3(1+\beta)(a-A)}{9(1-s)\gamma - 2(1+\beta)^2} \tag{6.15}$$

$$\pi_i^{\mathbb{I}} = \frac{(1-s)\gamma(a-A)^2}{9(1-s)\gamma - 2(1+\beta)^2} \tag{6.16}$$

同理，易得模仿企业 j 的均衡产量和最大利润：

$$q_j^{\mathbb{I}} = \frac{[3(1-s)\gamma - 2(1+\beta)\beta](a-A)}{9(1-s)\gamma - 2(1+\beta)^2} \tag{6.17}$$

$$\pi_j^{\mathbb{I}} = \left[\frac{[3(1-s)\gamma - 2(1+\beta)\beta](a-A)}{9(1-s)\gamma - 2(1+\beta)^2}\right]^2 \tag{6.18}$$

由式（6.15）和式（6.17）易得均衡总产量：

$$Q^{\mathbb{I}} = q_i^{\mathbb{I}} + q_j^{\mathbb{I}} = \frac{[3(1-s)\gamma + (1+\beta)(3-2\beta)](a-A)}{9(1-s)\gamma - 2(1+\beta)^2} \tag{6.19}$$

情形Ⅲ：结成 RJV。即双寡头企业研究阶段结成 RJV（research joint venture）而在市场化开发阶段参与古诺产量竞争。此时，共性技术共性度为 $\beta = 0$，RJV 的研究效果又取决于合作双方的协同程度，用 ε 表示 RJV 的协同度，$0 < \varepsilon < 1$，于是共性技术研究的线性成本函数变为 $c_i(q_i, e_i, e_j) = [A - \varepsilon(e_i + e_j)]q_i$。易得：

企业 i 的均衡产量变为：

$$q_i^* = \frac{1}{3}\big[(a-A) + \varepsilon(e_i + e_j)\big]$$

企业 i 的均衡利润函数：

$$\pi_i^* = \frac{1}{9}\big[(a-A) + \varepsilon(e_i + e_j)\big]^2 - \frac{1}{2}(1-s)\gamma e_i^2, \quad i=1,\ 2 \text{ 且 } i \neq j$$

在 RJV 中，双寡头企业在研究阶段的合作使得联合利润最大化，即：

$$\sum_{i=1,2}\pi_i^* = \frac{2}{9}\big[a - A + \varepsilon(e_i + e_j)\big]^2 - \frac{1}{2}(1-s)\gamma e_i^2$$
$$- \frac{1}{2}(1-s)\gamma e_j^2, \quad i \neq j \tag{6.20}$$

由式（6.20）得 e_i 的二阶导数为 $\dfrac{\partial^2 \sum_{i=1,2}\pi_i^*}{\partial e_i^2} = \dfrac{4\varepsilon}{9} - (1-s)\gamma$，

当 $(1-s)\gamma > \dfrac{4\varepsilon}{9}$ 时，式（6.20）存在最大值。进一步地，由一阶导数

$\dfrac{\partial \sum_{i=1,2}\pi_i^*}{\partial e_i} = 0$ 得 RJV 企业利润最大化时均衡研究的如下投入水平：

$$e_i^{\text{III}} = \frac{4\varepsilon(a-A)}{9(1-s)\gamma - 8\varepsilon^2} \tag{6.21}$$

由对称性可知 $e_i^{\text{III}} = e_j^{\text{III}}$，将式（6.21）代入均衡产量公式得 RJV 企业利润最大化时的均衡产量：

$$q_i^{\text{III}} = \frac{3(1-s)\gamma(a-A)}{9(1-s)\gamma - 8\varepsilon^2} \tag{6.22}$$

由对称性可知 $q_i^{\text{III}} = q_j^{\text{III}}$，$i=1,\ 2$ 且 $i \neq j$，易得：

$$Q^{\text{III}} = q_i^{\text{III}} + q_j^{\text{III}} = \frac{6(1-s)\gamma(a-A)}{9(1-s)\gamma - 8\varepsilon^2} \tag{6.23}$$

进一步将式（6.21）代入式（6.20）可得 RJV 企业 i 最大化利润：

$$\pi_i^{\text{III}} = \frac{2(1-s)\gamma(a-A)^2}{9(1-s)\gamma - 8\varepsilon^2} \tag{6.24}$$

　　由上可知，在情形 I 、情形 II 和情形 III 的分析中，分别求解出双寡头企业在共性技术研发过程中企业共性技术研究投入、基于共性技术产品产量、双寡头企业产品总产量以及市场利润，考虑到上述最优解之间难以通过直接计算对比进行分析，下面通过数值分析以考察不同情形下企业的共性技术供给决策。

6.2.4　模型分析

　　为分析之便，在符合相关假设及最大化约束条件下，令 $a=6$，$A=5$，$s=0.2$，$\gamma=0.8$ 以及 $\varepsilon=0.7$，在上述参数取值及满足相关条件下取 $\beta\in[0,0.6]$，如图 6 - 2 所示。

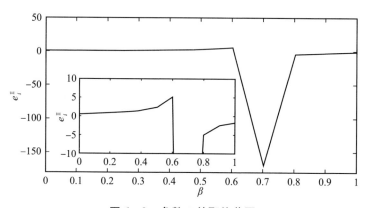

图 6 - 2　参数 β 的取值范围

　　以情形 II 共性技术研究投入水平 e_i^{I} 为例，由图 6 - 2 可知，随着共性技术被模仿难度 β 的增加，研究投入水平 e_i^{I} 相应增加，这是由于被模仿难度越大企业研究共性技术的知识外溢现象越轻微，预期收益的独占性就越强，企业越有动力投入研究；而 $\beta=0.6$ 时，e_i^{I} 迅速减少直至小于 0，由图 6 - 2（内嵌图）可更清晰地看到这一点，而作为研究投入水平的 e_i^{I} 不可能小于 0，因此，在下面数值分析中取 $\beta \in [0, 0.6]$。

以 β 为横坐标，分别以双寡头企业共性技术研究投入、基于共性技术产品产量、双寡头企业产品总产量及相关市场利润为纵坐标进行数值分析，具体如图 6-3 所示。

由图 6-3 所示，双寡头企业供给阶段结成 RJV（情形Ⅲ）总是优于独立研究（情形Ⅰ）获取共性技术，且与 β 无关，即 $e_i^{\mathrm{III}} > e_i^{\mathrm{I}}$，$q_i^{\mathrm{III}} > q_i^{\mathrm{I}}$，$Q^{\mathrm{III}} > Q^{\mathrm{I}}$，$\pi_i^{\mathrm{III}} > \pi_i^{\mathrm{I}}$，此时寡头企业应通过结成 RJV 供给共

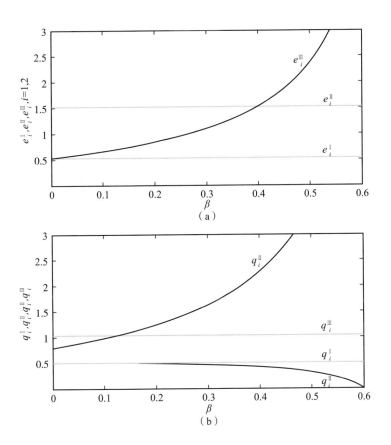

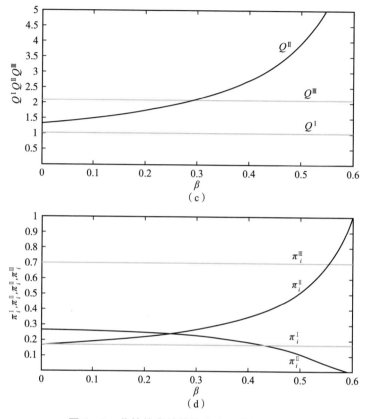

图 6 - 3　共性技术被模仿难度 β 变化的影响

性技术。在情形Ⅱ下，被模仿企业的共性技术研究投入水平 e_i^{II}、基于共性技术的产品产量 q_i^{II}、市场利润 π_i^{II} 及总产量 Q^{I} 均随 β 的增加而增加且优于情形 Ⅰ，当 β 增加到一定值时又优于情形Ⅲ，以图 6 - 3 （d）为例，当 $\beta > 0.55$ 时有 $\pi_i^{\mathrm{II}} > \pi_i^{\mathrm{III}}$，此时寡头企业应通过自主研究供给共性技术；而模仿企业产量 q_j^{II} 及市场利润 π_j^{II} 随着 β 的增加而减少，如图 6 - 3 （d）所示，当 $\beta \in [0, 0.25]$ 时，有 $\pi_i^{\mathrm{II}} < \pi_j^{\mathrm{II}}$，共性技术研究承担企业由于其他企业的模仿行为而受损，模仿企业的利润高于研究企业，随着 β 的增大 π_j^{II} 逐渐减小，当超过 0.44 时有 $\pi_j^{\mathrm{II}} <$

π_i^{I}。合理的解释是共性技术被模仿难度通过正向影响研究企业的收益独占性对寡头企业供给决策产生影响,模仿难度越大模仿企业试图通过模仿获得共性技术越无利可图。由此可得如下结论:

结论 6.1 双寡头企业通过结成 RJV(情形Ⅲ)整体优于通过双方自主研究(情形Ⅰ)获取共性技术,与共性技术被模仿难度 β 无关。

结论 6.2 情形Ⅱ中,被模仿企业共性技术研究投入水平、基于共性技术产品产量及市场利润均优于情形Ⅰ,并随模仿难度 β 的增加而增加;而模仿企业的产品产量及市场利润随 β 的增加而下降,在 β 较小时其利润高于被模仿企业,β 越大越无利可图。

结论 6.3 研究协同度 ε 既定,当模仿难度 β 增加到一定值时情形Ⅱ优于情形Ⅲ。

那么,情形Ⅲ整体一定优于情形Ⅰ吗?情形Ⅱ(仅针对研究企业)与情形Ⅲ的优劣受到研究协同度 ε 的怎样影响呢?下面以图 6-3(d)为基准($\varepsilon=0.7$),其他参数既定,考察双寡头企业结成 RJV 时研究协同度 ε 分别取 0.1、0.6 和 0.8 时的影响,如图 6-4 所示。

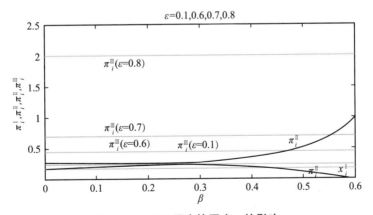

图 6-4 RJV 研究协同度 ε 的影响

如图 6-4 所示，与图 6-3（d）相比，当 ε 逐步减少至 0.8 进而减少至 0.1 时，情形Ⅲ的市场利润 $\pi_i^{\text{Ⅲ}}$ 依然优于情形Ⅰ，类似可得 $e_i^{\text{Ⅲ}} > e_i^{\text{Ⅰ}}$，$q_i^{\text{Ⅲ}} > q_i^{\text{Ⅰ}}$ 及 $Q^{\text{Ⅲ}} > Q^{\text{Ⅰ}}$，可能的原因是情形Ⅰ双寡头企业通过各自独立研究共性技术，与结成 RJV 相比造成创新资源浪费，双方通过结成 RJV 一定程度上进行了资源互补和优化配置，这也再次强化了结论 6.1。进一步地，当 ε 由 0.7 增加至 0.8 时，$\pi_i^{\text{Ⅲ}} > \pi_i^{\text{Ⅱ}}$，类似地，有 $e_i^{\text{Ⅲ}} > e_i^{\text{Ⅱ}}$，$q_i^{\text{Ⅲ}} > q_i^{\text{Ⅱ}}$ 及 $Q^{\text{Ⅲ}} > Q^{\text{Ⅱ}}$，由此可知，当 RJV 的研究协同度 ε 较大时，双寡头企业结成 RJV 供给共性技术是寡头企业供给共性技术的占优决策。可得如下结论：

结论 6.4　寡头企业结成 RJV（情形Ⅲ）供给共性技术效率依赖于双方研究协同度 ε，当研究协同度 ε 较大时，通过 RJV 供给共性技术整体优于情形Ⅱ的供给方式。

下面考察共性技术的市场化开发难度 A、市场容量 a 及研究成本系数 γ 的影响。仍以图 6-3（d）为基准进行分析，如图 6-5 所示。

与图 6-3（d）相比，当市场开发难度由 $A=5$ 降为 $A=5.5$ 时，如图 6-5（b）所示，三种共性技术供给情形下最优市场利润整体

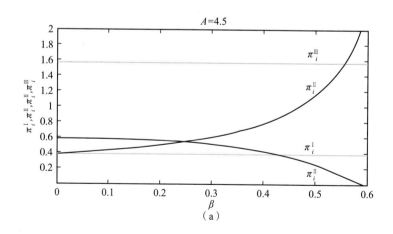

（a）

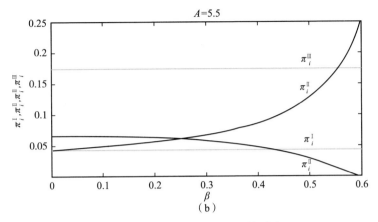

图 6-5 市场化开发难度 A 的影响

下降，如 π_i^{III} 由图 6-3（d）中的 0.695 降为图 6-5（b）中的 0.175，较大的市场化开发难度挫伤了寡头企业研究共性技术的积极性；进一步当共性技术的市场化开发难度由 $A=5$ 降为 $A=4.5$ 时，如图 6-5（a）所示，三种共性技术供给情形下的最优市场利润得到整体提升，如 π_i^{III} 在图 6-3（d）中仅为 0.695，而在图 6-5（a）中上升为 1.8，这意味着市场化开发难度降低 10%，市场利润提升了 158.99%，降低共性技术市场开发难度利于提高寡头企业研究的积极性。此外，企业共性技术研究投入、基于共性技术产品产量及双寡头企业产品总产量与市场化开发难度的降低时市场利润变化情况类似，而市场容量 a 增加及研究成本系数 γ 越小时各种情形下共性技术供给状况均得到改善亦与市场化开发难度 A 降低时的影响类似，这里不再赘述。由此可得如下结论：

结论 6.5 共性技术市场化开发难度降低、共性技术研究成本系数减少以及市场容量的增大均有利于共性技术研发状况的改善，激励寡头企业做出供给共性技术的决策。

除共性技术的市场化开发难度、市场容量及研究成本系数之外，政府支持在共性技术供给中也具有不可忽略的作用，具体如图 6-6 所示。

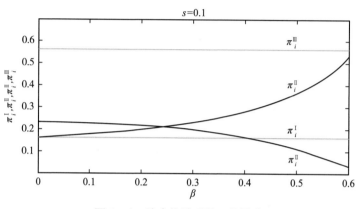

图 6-6 政府补贴系数 s 的影响

如图 6-6 可知，随着政府补贴系数 s 由 0.2 降低至 0.1，与图 6-3（d）相比，各种共性技术供给情形下的最优市场利润得到了整体减少，如 $\pi_i^{\text{Ⅲ}}$ 在图 6-3（d）中为 0.695，而在图 6-6 中下降为 0.56，这意味着市场化开发难度降低 50%，市场利润下降了 6.47%，需要注意的是此时双寡头企业结成 RJV 的利润高于其他情形，企业共性技术研究投入、基于共性技术产品产量及双寡头企业产品总产量与政府补贴增加时市场利润变化情况类似，这里不再赘述。由此可见，增加政府补贴有利于提高寡头企业研究共性技术积极性，更能激发寡头企业结成 RJV 供给共性技术的动机，可能的原因在于通过结成 RJV 获得更多的政府补贴支持，加之双寡头企业自身资源整合，助力共性技术整体研究实力的提升，可高效地完成共性技术供给阶段的工作，进而利于推高市场开发阶段的市场利润。由此可得如下结论：

结论 6.6 随着政府补贴系数的增加，共性技术研发状况得到改善，且更有利于激发寡头企业做出结成 RJV 供给共性技术的决策。

综上所述，情形 I（独立研究）的共性技术供给方式劣于情形 II（研究/模仿，仅针对共性技术研究企业）与情形 III（结成 RJV），情形 II 与情形 III 供给方式的优劣取决于共性技术被模仿难度、研究协同度及政府补贴等参数，若研究协同度及政府补贴等参数既定，随着共性技术被模仿难度增大，情形 II 中尽管存在其他企业模仿而削弱收益独占性，但还是逐渐占优于情形 III；若共性技术被模仿难度等参数既定，研究协同度的增强或政府补贴的增加使得情形 III 逐渐优于情形 II。在共性技术供给实践中，补贴是政府采取的常用共性技术研发支持方式，如我国高技术研究发展计划（863 计划）以及日本政府以产业关键共性技术为主的下一代制造技术（NCM）项目，政府均采取以承担所有研究资金为主的支持，促进了共性技术供给乃至整个共性技术研发状况的改善。此外，政府通过补贴等方式引导企业等主体结成共性技术研发联合体供给共性技术也得到如欧盟、美国及我国的重视，如我国在 2012 年上半年正式启动的"数控一代"机械产品创新应用示范工程，其成功归因于数控技术巨大的市场需求（市场容量），成熟稳定、质量可靠的数控技术供给，中央和地方的配套政策引导企业、大学、科研机构及其他相关组织协同实现了供给与市场化开发阶段的有效衔接，以及用有限财政投入撬动企业和金融机构等大量社会资本投入，放大了政府补贴支持力度，缓解了市场化开发难度，稀释了共性技术研究成本，提升了联合研究的协同度，通过协同合作也避免了共性技术被模仿带来的负面影响，使"数控一代"示范工程得以顺利实施，开创了"产学研用金政"联合研发数控技术的成功典范。本节的研究揭示共性技术（结成 RVJ）供给的更多微观细节，为企业共性技术供给决策及政府制定相关政策提供参考。

6.2.5　结论与建议

将共性技术研发分为供给和市场化开发两个阶段，通过建立双寡头企业在市场化阶段进行古诺竞争而在供给阶段进行共性技术供给决策的两阶段博弈模型，分析了双寡头企业共性技术供给决策问题。研究表明：①双寡头企业通过结成 RJV（情形Ⅲ）整体优于通过双方自主研究（情形Ⅰ）获取共性技术；②在情形Ⅱ中，被模仿企业共性技术研究投入水平、基于共性技术的产品产量及市场利润均优于情形Ⅰ，并随着共性技术被模仿难度的增加而增加；而模仿企业的产品产量及市场利润随着共性技术被模仿难度的增加而下降，在模仿难度较小时模仿企业的利润高于被模仿企业；③寡头企业结成 RJV（情形Ⅲ）供给共性技术效率依赖于双方研究的协同度，当协同度较大时，通过 RJV（情形Ⅲ）供给共性技术整体优于情形Ⅱ；④共性技术的市场化开发难度越低、研究成本系数越小、政府补贴系数及市场容量越大，越有利于激发寡头企业供给共性技术的积极性，且政府补贴越大越能激励寡头企业做出结成 RJV 供给共性技术的决策。

根据研究结论，促进共性技术供给可从以下几方面发力：

首先，提升双寡头企业间的合作研究协同度。研究表明只要研究协同度足够大，双寡头企业结成 RJV 供给共性技术整体优于其他情形，为提升双寡头企业间合作研究协同度，一是改善合作研究共性技术的法律环境，借鉴美国 1984 年通过的《国家合作研究法案》关于企业联合从事"竞争前技术"研究开发不构成垄断的规定，极大地促进了美国企业合作研究及产业技术进步，我国也应建立相关法律法规，促进共性技术合作研究；二是增强合作双方的相互信任，RJV 的高效运转是以信任为前提的，更有利于合作走向更深和更广，实现知识共享及创新资源优化配置；三是建立有约束力的契约，通过建立尽可能详尽的契约保证双方的创新利益，契约应至少包含资源投入比例、研究过程监管、冲突沟通及研究成果共享机制等内容，此外，契约也可从制度上促进信任的产生。

其次，促进共性技术供给及市场化顺利进行。研究表明政府补贴有利于促进共性技术供给及双寡头企业结成 RJV，而较大的供给成本及市场化开发难度阻碍了共性技术供给及市场化收益的实现，为促进共性技术研发过程的顺利进行：一方面应增加政府补贴力度，降低企业研究共性技术成本，在双寡头企业难以结成 RJV 情形下，尽管存在模仿行为，但政府补贴也能够激发寡头企业研究共性技术的积极性；另一方面为共性技术市场化开发提供多元支持，作为竞争前技术，共性技术的市场化开发直接关系到企业最关心的基于共性技术的产品收益实现，为此，一是保障所供给共性技术具有较高的技术特性，如可靠性、适合性及成熟性等，二是给予市场化开发资金及知识技术上的支持，在提供资金保障的基础上，给予共性技术从竞争前技术向商业应用转化的知识技术支持。

最后，培育基于共性技术市场化的产品市场。研究表明基于共性技术产品的市场容量越大越能激发寡头企业供给共性技术的积极性，作为竞争前技术，共性技术供给出来后还须经过市场化开发才能实现其潜在价值，那么基于共性技术的产品、工艺及技术的市场容量直接影响共性技术市场收益预期，进而影响寡头企业供给共性技术积极性。为培育基于共性技术产品的市场，管理部门在共性技术供给前就应做好统筹规划，对于有明确用途和市场前景明朗的共性技术，应做好共性技术应用前景宣讲，以寡头企业为主体，积极鼓励其他中小企业参与，在产业中更大范围结成 RJV，实现共性技术更有效的供给，而对于市场前景不太明朗的共性技术，管理部门应该委托权威机构适时发布共性技术市场化前景，激发寡头企业供给共性技术的积极性，进而带动整个产业转型升级。

　　尽管本节通过建立两阶段博弈模型，分析了对双寡头企业在市场化阶段进行古诺竞争而在供给阶段进行供给决策问题，得出了寡头企业供给共性决策的影响因素，提出了一些促进共性技术供给的政策建议，有一定的理论和实践价值。然而，作为初步研究，本节仅考虑寡头企业供给共性决策依赖于基于共性技术产品市场利润等方面，而为考虑共性技术的社会效益，这也应成为寡头企业供给决策及政府政策引导的重要考虑，未来可在本节研究范式的基础上，考虑共性技术市场化开发的社会收益，更全面地分析寡头企业供给共性技术的决策问题及政府政策引导，将是一个很有价值的研究拓展。

6.3　产业共性技术扩散行为演化及动力机制研究

　　从研发过程的视角揭示了共性技术扩散行为及影响机理，指出共性技术扩散行为是跨产业或整个产业中有潜在需求企业采纳共性技术的决策行为，受到研发过程其他环节的交织影响；据此，运用演化博弈论对共性技术扩散行为演化动态进行了分析，研究发现共性技术扩散是具有潜在需求企业基于采纳与不采纳共性技术收益权衡的动态演化结果，共性技术预期市场收益、不采纳引致损失的增加及投资替代收益的降低均利于共性技术扩散；知识产权共享程度越低越利于共性技术扩散，而供给企业较弱的分享意愿阻碍了扩散；政府支持有利于共性技术扩散，且越精准于预期收益获得概率的提升越利于扩散，相对于补贴而言，知识技术支持更有利于共性技术扩散。根据上述结论，构建以政府支持为推动力、以企业采纳为牵引力、以技术供给及其收益为源动力的共性技术扩散动力机制。

6.3.1 背景及研究述评

在党的十九大报告中，习近平总书记指出创新是引领发展的第一动力，是建设现代化经济体系的战略支撑，并突出强调关键共性技术创新的支撑作用。然而，由于既不是纯粹经济学意义上的公共物品，也不具备商业上的独占性，作为一种竞争前技术，共性技术被供给出来以后，还需进一步商业开发才可能到达市场收益实现阶段，比如纳米技术通过后续开发应用于医学、化学、制造业及国防等领域才实现了其潜在市场价值，共性技术研发的这种长周期性、持续投入性及研发收益难以独占性，使共性技术面对技术开发与市场化的双重不确定性（刘满凤等，2007；Kokshagina et al.，2017），易导致共性技术供给的"市场失灵""组织失灵"（陈静等，2007；李纪珍等，2011），即使共性技术被成功地供给出来，还可能面临扩散的"制度失灵"和"市场失灵"（李纪珍等，2011），导致共性技术的潜在价值难以发挥。为此，研究以企业为研发主体的共性技术扩散及其动力机制，对于发挥共性技术潜在价值具有重要的理论和实践意义，更符合我国建设现代化经济体系的内在要求。

共性技术扩散问题一直是学界关注的热点，目前学者们的研究主要涉及：①对共性技术扩散影响因素的研究，学者托马斯（2008）的研究认为影响共性技术扩散的因素包括新技术的优势、采用成本、网络效应及信息和不确定性等，并以 Echelon 公司为例进行了分析；韩元建等（2017）从共性技术扩散的供给方、需求方、扩散环境以及共性技术性能等方面对共性技术扩散影响因素进行了实证研究，并提出了相应的对策建议；周源（2018）通过实证研究发现，共性技术就绪度、预期经济收益度、政策干预扶持度、开发服务协同度等均对共性使能技术扩散有显著正向影响。②对共性技术扩散失灵及政府作用的研究，学者李纪珍等（2011）着重研究了市场机制下存在共性技术供给的"组织失灵"和"市场失灵"及扩散的"制度失灵"和"市场失灵"，且学者们普遍认为政府支持能够有效缓解共性技术供给和扩散失灵（李纪珍等，2011；邹樵，2008；Czarnitzki et al.，2011；张治栋等，2013；Smit et al.，2014；马晓楠等，2014；Pilinkiene，2015；郑月龙等，2016，2017）。③部分学者还对共性技术扩散后商业化问题进行了研究，例如迈纳等（2006）以材料企业为例探讨了共性技术商业化问题；鲁斯蒂凯利（2015）系统地研究了基于共性技术的发射器技术开发与实施问题。④学者们还对共性技术扩散效应、渠道及模式进行了探讨，学者邹樵等（2011）提出共性技术扩散的人际网络效应、锁入效应、极效应以及共性技术创新知识扩散的外溢效应；邓衢文（2010）提出通过技术创新服务平台要推动共性技术从被动溢出转变为主动溢出、共性技术应实行有偿扩散等观点，余（2011，2012）对装备制造业共性技术扩散渠道及扩散模式进行了研究。由上可知，学者们对共性技术扩散影响因素、失灵及其缓解等问题进行了研究，并指出政府支持在共性技术扩散中的积极作用。

然而，现有文献尚未对共性技术扩散行为演化动态及其动力机制进行专门研究，若不进行专门而深入的研究，则会因缺乏理论指导而导致共性技术对产业转型升级的支撑作用难以发挥。为此，本章通过系统分析和研究，旨在充实这一尚需深入研究的领域，本章研究的主要创新之处在于：从产业共性技术研发过程的视角剖析了共性技术扩散机理；据此，通过建立演化博弈模型对共性技术扩散行为演化动态进行了分析；最后，以企业采纳共性技术为牵引力、以共性技术供给及预期市场收益为源动力、以政府支持为推动力构建了共性技术扩散的动力机制，并给出促进动力机制有效运行的政策建议。本章的研究对于理解共性技术扩散演化机理提供指导，通过共性技术扩散动力机制的构建也为促进共性技术扩散政策制定提供实践参考，同时也丰富了共性技术相关领域的研究。

6.3.2　产业共性技术扩散行为及其影响机理

产业共性技术扩散实质上是将共性技术知识在关联网络中扩散和分享的过程（邹樵，2011），是共性技术从供给、扩散、后续商业开发直至基于共性技术市场收益实现的这一研发过程的一个环节，供给是指通过研究将产业发展所需的共性技术供给出来，即从无到有的过程，扩散作为共性技术供给的后续环节，连接着其他环节，企业获得共性技术本身并不是目的，实现市场收益才是其根本目的（也即共性技术价值释放的过程），从研发阶段看共性技术研究跨越应用研究和竞争前实验两个阶段，是一项竞争前技术（郑月龙等，2018），因此还需对共性技术进行后续商业开发，才能最终形成企业可独占收益的专用技术、工艺或产品，进而实现基于共性技术的市场收益，具体如图 6 - 7 所示。

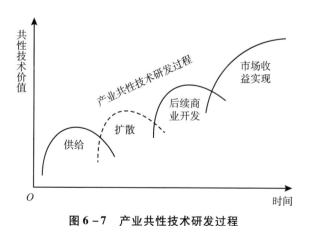

图 6 - 7　产业共性技术研发过程

从共性技术研发过程的视角，可将共性技术扩散定义为：跨产业或整个产业中的企业根据自身需求采纳已供给共性技术的过程，即产业共性技术扩散就是被众多有潜在需求的企业采纳的过程，扩散行为可看作企业采纳共性技术的决策行为，这又必然受到共性技术研发过程其他环节的影响。下面结合图 6-7 对共性技术扩散行为的影响机理进行剖析。

从共性技术供给环节来看，已供给的共性技术的技术性能（如可靠性、先进性等）势必对具有潜在需求企业的采纳意愿产生影响；而若供给主体愿意分享，则扩散过程将比较顺利和有效，若不愿意分享，由于共性技术的基础性、潜在价值性、准公共品性和高风险性等特性（李纪珍等，2011；郑月龙，2017），也会引发不愿投入资源研究但对共性技术有需求企业的学习与模仿行为，客观上促进了共性技术共享和扩散，这又受知识产权保护（或共享）状况的影响；此外，共性技术作为产业转型升级基础和技术源头，政府也会采取相关支持政策促进其扩散。

从共性技术后续开发环节来看，作为一项竞争前技术，企业（包含技术供给企业和通过学习、模仿或购买获得该项技术的企业）获得共性技术后还需对共性技术进行后续开发，才能形成企业可独占收益的基于共性技术的专用技术、工艺或产品，因此，共性技术后续商业开发难度直接影响企业预期市场收益的实现，对共性技术扩散产生消极影响；而政府作为共性技术扩散的积极推动力量，若能给予恰当的诸如鼓励多主体协同参与后续开发、给予补贴及知识技术等支持，势必对共性技术有效扩散产生积极影响。

从市场收益实现环节来看，基于共性技术产品（技术、工艺等）的市场收益是企业采纳共性技术的根本动机，企业投资共性技术的预期回报状况（如共性技术投资回收期、对企业市场份额及产品质量的提升等）从根本上影响着企业采纳共性技术的决策行为；

因此，基于共性技术产品（技术、工艺等）的良好市场预期对企业采纳共性技术形成正向激励，有利于共性技术扩散，政府通过有针对性的市场培育等政策实施将是有益的。

由上可知，共性技术扩散过程就是企业采纳共性技术的决策过程，共性扩散行为也就是企业采纳与不采纳共性技术的决策行为，受到研发过程其他各环节的影响，比如所供给共性技术的技术性能会影响共性技术后续商业开发难度，后续商业开发难易程度又影响着市场收益实现情况，反过来又影响着具有潜在需求企业采纳共性技术的决策行为等，研发过程各环节对共性技术扩散行为的这种交织影响决定了共性技术的扩散过程。

6.3.3　不同情形下的演化稳定均衡

将企业采纳共性技术的决策行为看作一个学习、试错和模仿的动态演化过程，根据共性技术扩散机理，运用演化博弈论，分别在不同知识产权共享程度和政府支持方式下系统分析了共性技术扩散行为演化动态及演化均衡。

1. 基本假设

考虑某产业共性技术已被供给出来并为企业周知的情形。于是，供给企业面临着是否将共性技术在整个产业或多个产业分享的决策，假设其分享意愿为 $s \geq 1$，s 越大表示供给企业的分享意愿越弱。同样，对共性技术有潜在需求的企业基于自身创新资源等的考虑，也面临着采纳与不采纳共性技术的策略选择，设企业采纳共性技术的预期市场收益为 $w(\pi_t)$，π_t 为企业获得基于共性技术产品（技术、工艺等）的市场平均收益，$w'(\pi_t) > 0$，令 $w(\pi_t) = \theta \pi_t$，$\theta > 1$ 表示需求系数，越大表示企业对共性技术的需求越迫切。

企业采纳共性技术后还需要支付 $c_h(\tau)$ 的后续商业开发成本，τ 用以衡量共性技术的技术性能，且 $c_h'(\tau) < 0$，令 $c_h(\tau) = (1-\tau)c_h$，c_h 为后续商业开发单位成本，表示共性技术后续商业开发难度，企业付出 $c_h(\tau)$ 可以 p_s 的概率实现收益 $w(\pi_t)$，p_s 在一定程度上反映了企业的技术实力，用 m 表示基于共性技术产品（工艺、技术等）的市场前景系数，越大表示企业对共性技术市场收益预期越乐观，满足 $0 < \tau$，m，$p_s < 1$，c_h，$\pi_z > 0$。

此外，企业具有采纳与不采纳共性技术的自由，若选择不采纳则策略可通过投资替代获得 π_o 的收益，但会遭受由于技术过时等的引致损失 $\overline{\pi}$，π_o，$\overline{\pi} > 0$。进一步地，假设企业选择采纳共性技术的概率为 x，不采纳的概率为 $1-x$，$0 \leqslant x \leqslant 1$。

2. 不同知识产权共享程度下共性技术扩散行为演化稳定均衡

尽管共性技术具有较强的外部性，但其他企业通过跟踪模仿和研究以获得该项技术也是有难度的，在知识产权难以共享下可能会付出更大的代价，如产权纠纷等。因此，企业采纳共性技术需要付出相应的成本，假设在公平市场条件下企业采纳共性技术转移给供给企业的知识产权费 π_z，$\lambda(0 \leqslant \lambda \leqslant 1)$ 为企业采纳共性技术支付的成本系数，也表示共性技术的共享程度，其中，$\lambda = 0$ 表示企业不需任何成本就可获得共性技术，此时共性技术表现为一种纯公共科技产品；$0 < \lambda < 1$ 表示共性技术难以申请产权保护或产权保护制度不很健全的情形，企业付出一定成本可获得共性技术，随着 λ 的增大企业付出获取共性技术支付的成本增加，共性技术的共享程度降低，当 $\lambda = 1$ 表示共性技术知识产权保护制度健全，企业获得共性技术需要支付知识产权费用，共性技术共享程度最低。据此，若两个企业均选择采纳共性技术获得收益 $mp_s\theta\pi_t - c_h(\tau) - \lambda s\pi_z$，若只有一家企业选择采纳共性技术，则采纳企业获得收益 $mp_s\theta\pi_t - c_h(\tau) -$

$\lambda s\pi_z$，不采纳企业的收益为 $\pi_o - \overline{\pi}$；若两个企业都选择不采纳共性技术，则收益为 π_o。假设博弈收益满足 $\pi_o - \overline{\pi} < mp_s\theta\pi_t - c_h(\tau) - \lambda s\pi_z < \pi_o$，则共性技术扩散演化均衡为要么企业都采纳共性技术要么都不采纳共性技术。据此，企业采纳（C）和不采纳（D）共性技术期望收益分别为：

$$f_C = x(mp_s\theta\pi_t - c_h(\tau) - \lambda s\pi_z) + (1-x)(mp_s\theta\pi_t - c_h(\tau) - \lambda s\pi_z)$$

$$(6.25)$$

$$f_D = x(\pi_o - \overline{\pi}) + (1-x)\pi_o \qquad (6.26)$$

于是，企业研发共性技术的平均收益：

$$\overline{f} = xf_C + (1-x)f_D \qquad (6.27)$$

根据泰勒和琼克（1978）及黎曼（2001）关于复制者动态（replicator dynamics）的研究，企业采纳共性技术概率的变化率可用复制者动态方程表示为：

$$\dot{x} = x(f_C - \overline{f}) \qquad (6.28)$$

式（6.28）表明，若企业采纳共性技术所得收益比平均收益高，则企业采纳共性技术的概率增加，反之则减少。将式（6.25）、式（6.26）和式（6.27）代入式（6.28），可得企业选择采纳共性技术策略的复制者动态方程（系统）：

$$\dot{x} = x(1-x)(\overline{\pi}x + mp_s\theta\pi_t - c_h(\tau) - \lambda s\pi_z - \pi_o) \qquad (6.29)$$

易得式（6.29）有 0、1 和 $\dfrac{\pi_o + c_h(\tau) + \lambda s\pi_z - mp_s\theta\pi_t}{\overline{\pi}}$ 三个平衡点，根据一阶微分方程平衡点稳定性的相关研究（郑月龙，2017），可得定理 6.1。

定理 6.1　对于式（6.29），平衡点 0 和 1 为系统的演化稳定平衡点，点 $x = \dfrac{\pi_o + c_h(\tau) + \lambda s\pi_z - mp_s\theta\pi_t}{\overline{\pi}}$ 为系统演化不稳定的鞍点。

证明：令 $f(x) = x(1-x)(\overline{\pi}x + \Delta)$，其中 $\Delta = mp_s\theta\pi_t - c_h(\tau) -$

$\lambda s\pi_z - \pi_o$，且 $f(x^0) = 0$，即 x^0 为 $f(x)$ 的平衡点，将 $f(x)$ 在点 x^0 处做泰勒展开，并仅取一次项，式（6.29）可近似为 $\dot{x} = f'(x^0)(x - x^0)$，其中 $f'(x^0) = (1 - 2x^0)(\overline{\pi}x^0 + \Delta) + x^0(1 - x^0)\overline{\pi}$。易得式（6.29）三个平衡点的演化稳定性：

当 $x^0 = 0$ 时，$f'(0) = \Delta < 0$，可知 $x^0 = 0$ 为是式（6.29）的稳定平衡点；

当 $x^0 = 1$ 时，$f'(1) = -(\overline{\pi} + \Delta)$，由于 $\overline{\pi} + \Delta > 0$，有 $f'(1) < 0$，因此 $x^0 = 1$ 为系统的稳定平衡点；

当 $x^0 = \dfrac{\Delta}{\overline{\pi}}$ 时，$f'\left(\dfrac{\Delta}{\overline{\pi}}\right) = \Delta\left(1 - \dfrac{\Delta}{\overline{\pi}}\right)$，由于 $\overline{\pi} > \Delta > 0$，有 $f'\left(\dfrac{\Delta}{\overline{\pi}}\right) > 0$，又由于平衡点 $\dfrac{\Delta}{\overline{\pi}}$ 处于 0 和 1 之间，因此 $\dfrac{\Delta}{\overline{\pi}}$ 为系统不稳定平衡点。证毕。

由于定理 6.1 可知，在不同知识产权共享程度情形下，共性技术扩散系统最终演化稳定于平衡点 0 或 1，这又取决于系统的初始状态，进而取决于共性技术扩散行为初始状态所依赖的 s、θ、π_t、τ、c_h、π_z、λ、p_s、m 及 π_o 和 $\overline{\pi}$ 等参数。

3. 不同政府支持方式下共性技术扩散演化稳定均衡

鉴于共性技术对产业转型升级的重要作用，假设政府对共性技术扩散过程给予支持，即对共性技术分享行为和采纳行为给予支持，有两种方式：一是给予补贴支持，用 b 表示补贴支持的货币量；二是给予知识技术支持，通过提供先进技术设备、技术专家及研发团队等方式实现，用 d 衡量知识技术支持的货币量，知识支持对共性技术后续开发成功率的提升为 $\Delta p = \tau_{d,y}p_s$，并令 $\tau_{d,y} = \dfrac{a}{d}(1 - y)$ 为知识技术支持对实现 $w(\pi_t)$ 的贡献，表示知识技术支持对共性技术后续商业开发成功率的贡献率是边际递减的，a 为正常数，$d > 1$，$0 < \tau_{d,y} < 1$，y 为政府将预算分配于补贴支持方式的比例，则 $1 - y$ 表示政府知识技术支持比例，$0 < y < 1$，表示对共性技术支持方式的偏好或侧重点，满足 $yb + (1 - y)d \leq G$，G 为政府预算约束。据此，若两个企业均选择采纳共性技术获得的收益为 $m(p_s + \Delta p_s)\theta\pi_t - c_h(\tau) - \lambda s\pi_z + yb + (1 - y)d$，若只有一家企业采纳共性技术，则采纳企业的收益为 $m(p_s + \Delta p_s)\theta\pi_t - c_h(\tau) - \lambda s\pi_z + yb + (1 - y)d$，不采纳企业的收益为 $\pi_o - \tilde{\pi}$，这里 $\tilde{\pi} > \overline{\pi}$ 表示企业由于技术过时及错失政府支持所引致的损失；若两个企业都选择不采纳共性技术，则均获得 π_o 的收益。类似地假设博弈收益满足 $\pi_o - \tilde{\pi} < m(p_s + \Delta p_s)\theta\pi_t - c_h(\tau) - \lambda s\pi_z + yb + (1 - y)d < \pi_o$。据此，企业采纳和不采纳共性技术期望收益分别为：

$$f_C = x\left[m(p_s + \Delta p_s)\theta\pi_t - c_h(\tau) - \lambda s\pi_z + yb + (1 - y)d\right]$$
$$+ (1 - x)\left[m(p_s + \Delta p_s)\theta\pi_t - c_h(\tau) - \lambda s\pi_z + yb + (1 - y)d\right]$$

$$(6.30)$$

$$f_D = x(\pi_o - \tilde{\pi}) + (1 - x)\pi_o \qquad (6.31)$$

同理，可得企业选择采纳共性技术策略的复制者动态方程：

$$\dot{x} = x(1 - x)\left[\tilde{\pi}x + m(p_s + \Delta p_s)\theta\pi_t - c_h(\tau) - \lambda s\pi_z + yb + (1 - y)d - \pi_o\right]$$

$$(6.32)$$

易得式（6.32）有 0、1 和 $\dfrac{\pi_o + c_h(\tau) + \lambda s\pi_z - \left[yb + (1 - y)d\right] - m(p_s + \Delta p_s)\theta\pi_t}{\tilde{\pi}}$

三个平衡点，同理可得定理 6.2。

定理 6.2　对于式（6.32），平衡点 0 和 1 为系统的演化稳定平衡点，点 $x = \dfrac{\pi_o + c_h(\tau) + \lambda s\pi_z - \left[yb + (1 - y)d\right] - m(p_s + \Delta p_s)\theta\pi_t}{\tilde{\pi}}$ 为系统演化不稳定的鞍点。

证明：与定理 6.1 证明类似，略去。

由定理6.2可知，不同政府支持方式下，共性技术扩散系统演化除受初始状态参数及获得共性技术成本的影响外，还受到政府支持相关参数的影响。

6.3.4　产业共性技术扩散演化模型分析

下面运用MATLAB对式（6.29）和式（6.32）进行分析以揭示共性技术扩散行为演化动态。本小节图中横轴t表示系统演化的时间，纵轴x表示企业采纳共性技术的概率。

（1）针对式（6.29）的相关参数取值$\pi_o = 2.6$，$\tau = 0.6$，$c_h = 0.65$，$s = 1$，$\pi_z = 1.2$，$m = 0.8$，$p_s = 0.7$，$\lambda = 0.5$，$\theta = 0.6$及$\overline{\pi} = 2.5$，考察预期市场收益π_t变化对系统演化的影响，具体如图6－8所示。

由图6－8可知，随着共性技术预期市场收益由$\pi_t = 3.5$增加至$\pi_t = 4.2$，共性技术扩散系统演化至不同稳定均衡的临界阈值由88.67%降至81.95%，这意味最初至少需要有88.67%的企业选择

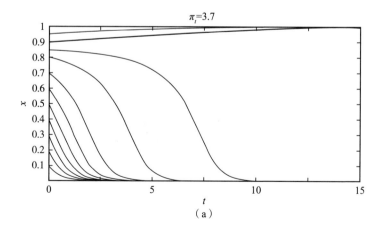

（a）

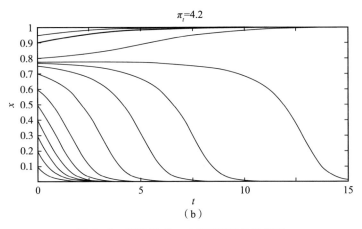

图 6 - 8　预期收益 π_t 对系统演化的影响

采纳共性技术时系统才能演化至稳定均衡 1，而现在只需有 81.95% 的企业选择采纳共性技术，系统就可演化至稳定均衡 1，这意味着扩散系统演化至稳定均衡 1 的要求有所降低，由加粗的演化线位置的变化也易得出上述结果。类似地，随着 π_o、π_z 的减少及 $\overline{\pi}$ 的增加亦可提高系统演化至稳定均衡 1 的概率，这里不再赘述。由此可得如下结论。

结论 6.7　共性技术预期市场收益、不采纳共性技术引致损失的增加以及替代投资收益的降低均对企业采纳共性技术产生正向激励，进而促进共性技术扩散。

接下来，以图 6 - 8（a）中 $x = 0.9$ 的演化线为分析参照，在分析某一参数影响时保持其他参数与图 6 - 8（a）参数设定相同，考察 λ 和 s 对系统演化的影响，具体如图 6 - 9 所示。

由图 6 - 9 可知，企业采纳共性技术支付的成本系数 λ 由 0.5 增加至 0.6 时，系统演化稳定均衡就由 1 演化为 0，当成本系数 λ 由 0.5 减少至 0.45 时，则系统以更快的速度演化至稳定均衡 1，进一步地，当供给企业分享意愿减弱至 $s = 1.2$，如图 6 - 9（内嵌图）所示，共性技术扩散系统毫无意外地演化至稳定均衡 0，随着 λ 增大演化至 0 的速度变快。由此可得如下结论。

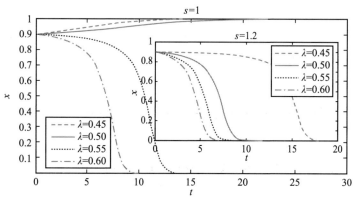

图 6 - 9　λ 和 s 对共性技术扩散系统演化的影响

结论 6.8　共性技术知识产权共享程度越低，越有利于共性技术扩散，而供给企业较弱的分享意愿阻碍了共性技术扩散。

仍以图 6 - 8（a）中 $x = 0.9$ 的演化线为分析参照，保持其他参数与图 6 - 8（a）设定相同，考察参数 τ 对系统演化的影响，具体如图 6 - 10 所示。

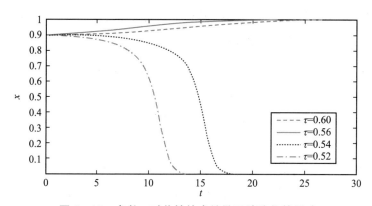

图 6 - 10　参数 τ 对共性技术扩散系统演化的影响

由图 6 - 10 所示，共性技术的技术性能 τ 从 $\tau = 0.60$ 降低至 $\tau = 0.52$，共性技术扩散系统由演化至稳定均衡 1 逐渐转变为演化至稳定均衡 0，采纳共性技术企业逐渐减少至 0，共性技术不能在企业中有效扩散。可见，企业供给共性技术的技术性能越高，相应后续商业开发成本 $c_h(\tau)$ 越低，提供了企业采纳共性技术的激励，进而促进共性技术扩散。类似地，θ、m 及 p_s 增加及 c_h 减少均有助于共性技术扩散系统演化至稳定均衡 1，这里不再赘述。由此可得出如下结论：

结论 6.9　共性技术的技术性能越高、企业对共性技术需求系数越大、基于共性技术的市场前景系数越大、基于共性技术收益的实现概率越高以及单位后续商业开发成本越低，越有利于共性技术扩散。

（2）针对式（6.29），保持其他参数与图 6 - 8（a）相同，考察不同政府支持方式对共性技术扩散系统演化的影响，取 $G = 5$，$\tilde{\pi} = 2.8$，$y = 0.5$，$b = d = 0.5$，$a = 0.05$，于是 $\Delta p = \tau_{d,y} p_s = 0.0125$，具体如图 6 - 11 所示。

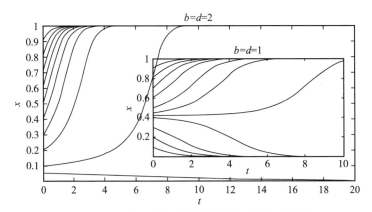

图 6 - 11　考虑政府支持的共性技术扩散系统演化

与图 6-8（a）相比，共性技术扩散系统演化至不同稳定均衡的临界阈值由 $x=88.67\%$ 变为 $x=6.95\%$，这意味着系统演化至稳定均衡 1 变得更容易了，此时，采纳共性技术企业概率只需超过 6.95%，系统就可演化稳定于均衡 1，进一步与图 6-10 内嵌图相比，当政府支持从 $b=d=2$ 变为 $b=d=1$ 时，系统演化至不同稳定均衡的临界阈值由 $x=6.95\%$ 变为 $x=41.87\%$，系统演化至稳定均衡 1 变得更难了，此时，采纳共性技术企业概率只要不超过 58.92%，系统就不可避免地演化至稳定均衡 0。由此可得出如下结论。

结论 6.10 政府支持提供企业采纳共性技术的激励，进而有利于促进共性技术扩散。

其他参数保持不变，当参数 y 由 $y=0.5$ 变为 $y=0.2$，即政府对共性技术扩散支持的侧重点更倾斜于知识技术支持，具体如图 6-12 所示。

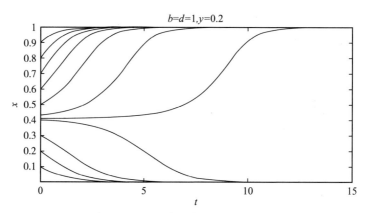

图 6-12 政府更侧重知识技术支持下共性技术扩散系统演化

与图 6-11 内嵌图相比较，随着政府对知识技术支持力度的增加，系统演化至不同稳定均衡的临界阈值由 $x=41.87\%$ 降低为 $x=40.92\%$，共性技术扩散系统演化至演化均衡 1 的概率增加。反过来，若 γ 从 0.2 增加至 0.5，共性技术扩散系统演化至 1 的概率降低。由此可得如下结论。

结论 6.11　相对于补贴支持而言，政府的知识技术支持更有利于共性技术扩散。

进一步地，考察政府知识技术支持对基于共性技术收益获得概率的影响参数由 a＝0.05 增加至 a＝0.2 时系统的演化动态，如图 6 − 13 所示。

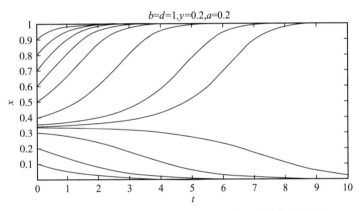

图 6 − 13　参数 a 变化对共性技术扩散系统演化的影响

由图 6 − 13 可知，共性技术扩散系统演化至不同稳定均衡的临界阈值变为 x ＝33.31%，相比图 6 − 12 的 x ＝40.92% 而言，采纳共性技术企业的概率只需超过 33.31%，系统就可演化稳定于均衡态 1，参数 a 的提高促进了共性技术扩散。由此可得如下结论。

结论 6.12　政府知识技术支持越是精准于基于共性技术收益获得概率的提升，越有利于共性技术扩散。

6.3.5　产业共性技术扩散的动力机制构建与分析

根据前面研究，产业共性技术扩散是对共性技术有潜在需求企业基于采纳与不采纳共性技术收益权衡的动态演化的结果，根据结论6.7～结论6.12，通过对影响共性技术扩散各因素的归纳整理，以共性技术供给及其预期市场收益为源动力、以企业采纳为牵引力、以政府支持为推动力构建了共性技术扩散的动力机制，如图6－14所示。

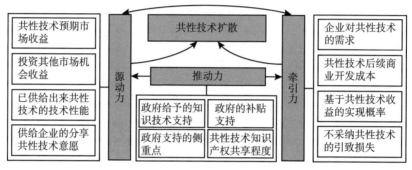

图6－14　产业共性技术扩散的动力机制

根据图6－14，共性技术扩散动力机制是由推动力、牵引力及源动力构成，三种力量共同作用促进了共性技术扩散，具体而言：

（1）源动力是共性技术扩散根源，包含共性技术供给及其预期市场收益两方面，已供给出来的共性技术的技术性能 τ，如可靠性、先进性等，可通过影响共性技术后续开发难度 c_h 对扩散产生影响，而供给企业的分享意愿 s 也从源头上影响着共性技术扩散，若供给企业不愿分享，将不利于共性技术扩散，尤其在知识产权制度比较健全（$\lambda=1$）情况下更是如此；毋庸置疑，获取预期市场收益 π_t 是企业采纳共性技术的根本动机，若 π_t 较小或者实现的概率 p_s 较低，则企业会通过投资替代以获取更好收益 π_o。

（2）牵引力是指共性技术扩散得以发生的动力在于采纳企业基于潜在需求而对共性技术的学习、模仿或购买，也即共性技术是通过采纳企业的学习、模仿及购买的牵引而得以扩散的，潜在需求是牵引力发生的基础，共性技术扩散牵引力的大小随着企业对共性技术需求系数 θ、基于共性技术收益的实现概率 p_s、不采纳共性技术引致损失 $\bar{\pi}$ 的增加及后续商业开发成本 c_h 的减小而增大，即 θ、p_s、$\bar{\pi}$ 越大及 c_h 越小越利于共性技术扩散。因此，若要牵引力有效发挥作用，需从上述方面出发有针对性地采取相应策略。

（3）推动力是基于政府支持产生并通过源动力和牵引力发挥作用的力量，政府通过知识技术支持 d，增加预期收益 π_t 实现的概率 p_s，激发企业共性技术需求 θ，增加不采纳成本 $\bar{\pi}$，减少投资替代行为（π_o 相对变小），进而促进共性技术扩散，而补贴支持又可通过降低成本 c_h 促进共性技术扩散，为此，政府应对支持侧重 y 做出权衡。此外，知识产权制度越完善（λ 越大）就越不利于扩散，政府通过共享机制构建，可提高供给企业分享意愿（s 变小），也为企业采纳共性技术提供激励，进而推动共性技术扩散。

综上所述，共性技术扩散的源动力与牵引力相互交织地促进共性技术扩散，而推动力通过源动力和牵引力促进共性技术发散，构成作为有机整体的动力机制。

6.3.6　结论与讨论

从共性技术研发过程的视角剖析了共性技术扩散机理，据此，运用演化博弈论分析了产业共性技术扩散的演化动态，研究结果表明：①共性技术预期收益增加、不采纳共性技术的引致损失的增加及替代投资收益降低均利于共性技术扩散；②共性技术知识产权保护程度越低越有利于共性技术扩散，而供给企业较弱的分享意愿阻碍了共性技术扩散；③政府支持有利于共性技术扩散，相对于补贴支持而言，政府知识技术支持更有利于共性技术扩散；④政府知识技术支持越是精准于基于共性技术收益获得概率的提升，越有利于共性技术扩散。根据上述研究结论，通过对影响共性技术扩散各因素的归纳整合，构建了以政府支持为推动力、以企业采纳共性技术为牵引力、以共性技术供给及其预期市场收益为源动力的共性技术扩散动力机制，并对动力机制的内在机理进行了剖析。

根据共性技术扩散动力机制，可从以下几方面努力促进共性技术有效扩散：首先，从源动力来看，通过干预共性技术供给过程提高共性技术的技术性能，通过建立共性技术共享机制提高供给企业分享意愿，通过制定有针对性的相关政策营造共性技术预期市场收益实现的良好预期，减弱企业进行替代投资的动机，进而释放共性技术扩散的源动力；其次，从牵引力来看，通过知识技术、补贴等支持提升共性技术后续商业研发效率，提高基于共性技术的预期收益实现概率，使企业对共性技术需求的满足有更好的预期，从而增加不采纳共性技术的引致成本，进而增强企业采纳共性技术的动机，强化共性技术扩散的牵引力；最后，从推动力来看，通过支持政策的制定与实施，提高牵引力和源动力对共性技术扩散的驱动，这就要求政府对采纳企业权变地给予各种支持，相对补贴支持应更多地关注知识技术支持，如派遣技术专家帮助采纳企业进行共性技术后续商业开发等，还应在适合的领域建立共性技术知识产权保护制度的同时，须建立共性技术知识产权共享机制，最终通过三种力量共同作用促进共性技术有效扩散，释放共性技术对产业转型升级的重要价值。

本节剖析了共性技术扩散机理，分析了共性技术扩散演化动态，构建了共性技术扩散动力机制，提出了促进共性技术动力机制有效运行建议，对相关学术研究及共性技术扩散实践有一定的启迪意义。然而，本节在分析共性技术扩散演化动态时，仅仅将供给企业供给意愿及其所供给共性技术属性纳入分析，未考虑基于共性技术的市场预期收益在受到分享共性技术后市场竞争加剧的影响等问题，进一步可建立供给企业与采纳企业间的博弈模型，考察供给企业与采纳企业互动演化动态及对共性技术扩散的影响。

6.4 本 章 小 结

本章基于的主要理论为完全信息动态博弈理论和演化博弈理论，基于完全信息动态博弈理论研究了考虑市场化开发的产业共性技术供给决策问题；基于演化博弈理论研究了产业共性技术扩散行为演化及动力机制，将共性技术供给与扩散两个环节分别进行了研究，考虑两个环节的衔接问题，并提出了相应的政策建议。

第7章 考虑市场化的产业共性技术研发博弈研究

7.1 研究基础理论概述

本章的主要理论基础为完全信息动态博弈理论（dynamic games of complete information）。与完全信息静态理论（static games of complete information）中参与人同时选择行动或虽非同时但后行者并不知道先行者采取了什么具体行动，且每一参与人特征、策略空间及收益函数在所有参与者之间是共同认识（common knowledge）不同，在完全信息动态博弈理论中，每一参与人特征、策略空间及收益函数在所有参与者之间是共同知识（即完全信息），但参与人行动有先后顺序，若博弈进行的每一步当中，要选择行动的参与者都知道这一步之前博弈进行的整个过程，称之为完全且完美信息动态博弈（dynamic games of complete and perfect information），若在博弈的某些阶段，要选择行动的参与人并不知道在这一步之前博弈进行的整个过程，则称之为完全但不完美信息动态博弈（dynamic games of complete and imperfect information），本章主要运用完全且完美信息动态博弈对产业共性技术研发问题展开建模与分析研究的。

子博弈精炼纳什均衡（subgame perfect Nash equilibrium）是完全信息动态博弈的基本均衡概念。完全信息静态博弈下的纳什均衡（Nash equilibrium）概念承认了不可置信的威胁，于是将不合理的纳什均衡也包含进均衡集中。这就引出了泽尔腾（Selten，1965）的贡献，泽尔腾通过对动态博弈的分析完善了纳什均衡的概念，定义了子博弈精炼纳什均衡，这一概念的核心是将纳什均衡中包含的不可置信的威胁剔除出去，也即是说，均衡战略不在包含不可置信的威胁，由于剔除了不可置信的威胁战略，在许多情况下，精炼纳什均衡也缩小了纳什均衡的个数，增加了预测的合理性。

与习惯于用标准式（或战略式）表述描述和分析静态博弈一样，在动态博弈中习惯于用扩展式表述（extensive form representation）进行描述和分析，下面给出如下定义：

定义 7.1　一个扩展式博弈表述包括：①博弈中的参与人；②每一参与人在何时行动；③每次轮到某一参与人行动时，可供他选择的行动；④每次轮到某一参与人行动时，他所了解的信息；⑤与参与人可能选择的每一个行动组合相对应的各个参与人的收益。

通过博弈树表示和分析扩展式博弈具有很大的便利性，博弈树的基本构造包含结（node）、枝（branches）和信息集（information set），其中：结包括决策结（decision node）和终点结（terminal node）两类，决策结是采取行动的时点，终点结是博弈行动路径的终点；枝是博弈树上从一个决策结到它的直接后续结的连线，每一个枝代表参与人的一个行动选择；信息集是博弈树上所有决策结分割形成的，每一个信息集是决策结集合的一个子集，该子集包括所有满足下列条件的决策结：①每一个决策结都是统一参与人的决策结；②该参与人知道博弈进入该集合的某个决策结，但不知道子集究竟处于哪一个决策结。为便于理解，下面给出一个例子，如图 7-1 所示。

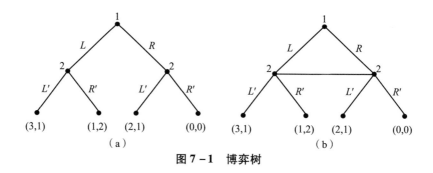

图 7 - 1　博弈树

在图 7 - 1（a）中，这一个博弈树始于参与人 1 的决策结，这时 1 要从 L 和 R 中做出选择，如果参与人 1 选择 L，连着参与人 1 和参与人 2 决策结的线即为博弈树的枝，代表参与人 1 选择行动 L，其后达到参与人 2 的一个决策结，这时 2 要从 L′ 和 R′ 中选择行动；如果参与人 1 选择 R，其后达到参与人 2 的另一个决策结，这时 2 要从 L′ 和 R′ 中选择行动。无论参与人 2 如何选择，都将到达终点结，博弈结束，两个参与人分别得到相应终点结下面的收益（左为参与人 1 的收益，右为参与人 2 的收益）。

进一步地，我们分析一下信息集，若只包含一个决策结的信息集为单结（singleton）信息集，如果博弈树的所有信息集都是单结的，该博弈称为完美信息博弈（game of perfect information），如图 7 - 1（a）所示，这意味着博弈中没有任何两个参与人同时行动，且后行动者能够确切地知道前行动者选择了什么行动；若博弈中要选择行动的参与人并不知道在这一步之前博弈进行的整个过程，即博弈中有一些信息集包含的决策结多于一个，此时的博弈称为不完美信息博弈（game of imperfect information），如图 7 - 1（b）所示，这里参与人 2 的信息集包含两个决策结，分别对应参与人 1 的选择 L 和 R。此外，信息集的存在也直接影响着子博弈的存在性。

定义 7.2　一个扩展式表述博弈的子博弈 G 由一个决策结 x 和所有该决策节的后续结 T(x) 组成（包括终点结），它满足下列条件：（1）x 为一个单节信息集，$h(x) = \{x\}$；（2）对于所有的 $x' \in T(x)$，如果 $x'' \in h(x')$，那么 $x'' \in T(x)$。

上述定义中，条件（1）说的是一个子博弈必须从一个单结信息集开始；条件（2）说的是子博弈的信息集和支付函数都直接继承于原博弈，当且仅当 x' 和 x'' 在原博弈中属于同一信息集时，他们在子博弈中才属于同一信息集，子博弈的支付函数只是原博弈支付函数留存在子博弈上的一部分，条件（1）和条件（2）意味着子博弈不能切割原博弈的信息集。在图 7 - 1 中，（a）中除了原博弈外，有两个子博弈，而（b）中则没有。

下面给出泽尔腾（Selten，1965）给出的关于子博弈精炼纳什均衡的定义：

定义 7.3　如果参与人的战略在每一个子博弈中都构成了纳什均衡，则称纳什均衡是子博弈精炼的。

逆向归纳法（backward induction）是求解完全且完美信息动态博弈的最简便而实用的方法，将该博弈的基本思想介绍如下：

下面给出一个简单的三阶段完全且完美信息动态博弈：

（1）参与人 1 从可行集 A_1 中选择一个行动 a_1；

（2）参与人 2 观察到 a_1，之后从可行集 A_2 中选择一个行动 a_2；

（3）两参与人分别获得收益 $u_1(a_1, a_2)$ 和 $u_2(a_1, a_2)$。

针对上述博弈，为保证第三阶段两参与人获得的收益 $u_1(a_1, a_2)$ 和 $u_2(a_1, a_2)$ 为最大化的收益，运用逆向归纳法求解。在博弈的第二阶段参与人 2 行动时，由于其前参与人 1 已选行动 a_1，他面临的决策问题可用下式表示：$\max\limits_{a_2 \in A_2} u_2(a_1, a_2)$。

假设对 A_1 中的每一个 a_1，参与人 2 的最优化问题只有唯一解，用 $R_2(a_1)$ 表示，即参与人 2 对参与人 1 的行动的最优反应。由于参与人 1 能够和参与人 2 一样解出 2 的问题，参与人 1 可以预测到参与人 2 对 1 每一个可能行动 a_1 的所做出的最优反应，这样参与者 1 在第一阶段要解决的问题可归结为：

$$\max_{a_1 \in A_1} u_1(a_1, R_2(a_1))$$

假定参与人 1 的这一最优化问题同样有唯一解，表示为 a_1^*，称 $(a_1^*, R_2(a_1^*))$ 为这一个博弈的逆向归纳解，逆向归纳解中不含有不可置信的威胁，即参与人 1 可以预测到参与人 2 对 1 每一个可能行动 a_1 的所做出的最优反应，选择行动 $R_2(a_1)$，这一预测排除了参与人 2 不可置信的威胁：参与人 2 将在第二阶段到来时做出不符合自身利益的反应。

由于参与人的一个战略是关于行动的一个完整计划，逆向归纳解 $(a_1^*, R_2(a_1^*))$ 中的 $R_2(a_1^*)$ 只是针对 a_1^* 的最优反应，是一个行动而非战略，参与人 2 的最优反应函数 $R_2(a_1)$ 才是其一个战略，为此上述博弈的子博弈精炼纳什均衡为 $(a_1^*, R_2(a_1))$。对于完全非完美信息动态博弈的子博弈精炼纳什均衡求解须结合逆向归纳法和精炼贝叶斯均衡，考虑到本章对产业共性技术研发的研究仅涉及完全且完美信息动态博弈，在此不做详细介绍。

7.2 背景及研究述评

《中国制造 2025》明确指出打造具有国际竞争力的制造业，是我国提升综合国力、保障国家安全、建设世界强国的必由之路（国务院，2015）。在全球产业链的背景下，中国制造业能否在世界竞争中占据优势地位，关键在于能否掌握产业链上的核心共性技术（马晓楠等，2014）。产业共性技术研发具有高度不确定性、研发周期长、研发的投入多等特征，并且具有显著的知识外溢性（刘洪民等，2016），企业的理性选择结果必然是对共性技术"投资不足"（Tassey，2005，2008），政府理应在推动产业共性技术发展中发挥积极作用（张治栋等，2013）。然而，诸如供给的低效率、强制性搭便车及寻租行为等公共品政府供给困境的存在（闫龙飞，2012），单纯依赖政府供给共性技术也是不科学的。因此，研究以企业为研发创新主体并发挥政府支持作用的产业共性技术供给问题，是我国创新驱动发展战略和走向制造强国内在要求，具有重要理论和实践价值。

对产业共性技术的研究始于 20 世纪 80～90 年代美国经济学家对技术黑箱理论的剖析（王先亮，2014），共性技术概念最早由美国国家标准与技术研究院（NIST）于 1988 年阐述，随后 NIST 经济学家塔西（1992，1996，1997，2005，2008）的系列研究成果成为学者们研究共性技术的重要参考。国内学者对共性技术也进行了大量的研究，在政府支持与共性技术研发的研究上主要聚焦于：①政府支持共性技术的必要性方面（刘满凤等，2007；李纪珍，2011），认为"失灵"现象（如市场失灵、组织失灵、制度失灵和政府干预失灵等）是政府支持共性技术研发必要性的基本切入点；②共性技术供给与扩散中政府的支持作用（薛捷等，2006；李纪珍，2005，2011；程永波等，2015），认为政府部门在共性技术供给、扩散与转化中发挥着关键的作用，尤其是在共性技术供给组织模式及创新平台建设中政府定位的研究较丰富，具有重要参考价值；③在政府支持共性技术发展的政策方面，操龙灿等（2015）则从设立产业共性技术研究开发计划专项的角度提出了促进共性技术供给和扩散的政策措施；周国林（2005）提出了完善产业共性技术政策的对策，特别是从知识产权制度及产业共性技术研究创新基金的建立方面提出了具体措施。此外，马晓楠等（2014）通过企业与企业、企业与高校间共性技术的研发博弈的研究，指出政府补贴是促进共性技术研发的有效方式；郑月龙（2017）运用演化博弈研究了共性技术合作研发形成机制，指出以企业为主体的共性技术合作研发模式是现有模式的重要补充；韩元建和陈强（2015）研究了美国政府支持共性技术研发的政策演进，并从共性技术理论研究和政策设计的角度，提出对我国的启示；刘洪民等（2016）构建了有利于共性技术协同研发的知识管理流程绩效评价的指标体系。

由上可知，现有国内相关研究多数停留在理论探讨和政府直接补贴的博弈建模分析，然而，共性技术作为准公共科技产品，尤其是关键共性技术，面临共性技术研发失灵问题，政府具有主导共性技术研发的动力。与以往的研究相比，本节的创新之处主要在于站在政府的视角，突出企业的共性技术研发主体地位，研究政府的决策——共性技术支持合同最优设计，考虑以政府为主导方，区分考虑市场化和不考虑市场化两种情形，对以企业研发投入最大化为目标的共性技术支持合同问题进行系统研究。

7.3 不考虑市场化的共性技术研发博弈

通过建立产业共性技术研发三阶段博弈模型，站在政府视角研究以企业研发投入最大化为目标的共性技术支持合同最优设计问题，并对合同性质进行了分析。研究发现，足够的政府预算是共性技术最优研发合同存在的前提，企业最优研发投入随着政府预算的增大而增大，且其增长速度较政府支持投入更快；企业最优研发投入与共性技术市场化预期收益、与企业及政府投入对共性技术研发成功影响系数正相关，与双方单位投入成本负相关。

7.3.1 问题描述与模型假设

假设某产业中存在一家在技术发展的领导企业（以下简称"企

业"),企业是理性的,具有对基础性前沿性技术研究以保持其产业领导地位的动机。本节主要关注政府支持对产业共性技术研发的作用机制。因此,假设该企业拥有将研发的共性技术商业化的能力,且市场拥有较完整共性技术的扩散机制。出于产业转型升级的考虑,政府在坚持企业研发主体地位的基础上,对产业发展具有战略意义的共性技术给予知识技术方面的支持。

产业共性技术研发具有高度不确定性、研发周期长、研发的投入多,并具有显著的知识外溢性特征,为了鼓励企业积极地增大共性技术研发投入力度 e,政府支持共性技术研发不应是简单的补贴,而应是给企业更多的知识技术方面的支持 g,于是共性技术项目研发成功率受到企业和政府技术投入的影响,假设企业研发成功的概率为 $r(e, g) = e^{\alpha} g^{\beta}$,其中,$\alpha$ 和 β 分别为企业和政府对共性技术研发成功的影响系数,且满足 $\dfrac{\partial r(e, g)}{\partial e} > 0$,$\dfrac{\partial r(e, g)}{\partial g} > 0$,$\dfrac{\partial r^2(e, g)}{\partial e} < 0$,$\dfrac{\partial r^2(e, g)}{\partial g} < 0$,其含义为随着 e 或 g 的增加项目研发成功率增大,但增加速度递减,其中 $0 < \alpha$,$\beta < 1$。参照学者但斌等(2010)和程平等(2016)假设企业共性技术投入的成本函数为 $\dfrac{\delta_e e^2}{2}$,政府技术支持的成本函数为 $\dfrac{\delta_g g^2}{2}$,其中 δ_e 和 δ_g 是各自的单位投入成本系数。假设企业共性技术研发的保留收益为 U,$U \geqslant 0$。

政府针对具有战略意义的共性技术研发项目给予技术支持,为了鼓励企业积极地增大共性技术研发投入力度,向企业提供支持合同 (e, g),假设对制造产业具有战略意义的关键共性技术通过政府相关机构面向社会完全披露,对于披露中的共性技术研发项目,政府给予 $g > 0$ 的技术支持,政府对此总预算为 $G > 0$。

本节将运用三阶段的博弈模型刻画共性技术研发的政府支持决

策：第一阶段为合同签订，政府首先给出研发支持合同，企业根据合同计算期望收入，若大于保留效用，则接受合同，博弈进入第二阶段，否则拒绝合同；第二阶段为研发阶段，企业决策在共性技术研发中的知识技术投入；第三阶段是共性技术市场化推广，企业和政府实现各自目标。

7.3.2 模型建立

整个共性技术研发过程实际上是一个三阶段博弈：第一阶段是政府设计共性技术支持合同；第二阶段是企业进行共性技术研发的技术投入决策；第三阶段是共性技术市场化。按照三阶段博弈逆向解法，首先假定政府支持合同（e，g）给定及企业进行共性技术研发并取得成功，首先考察共性技术市场化问题。

鉴于本节主要关注政府支持对产业共性技术研发的作用机制，加之共性技术市场化的复杂性，作为初步研究，将共性技术市场化给企业带来的预期收益设定为 ω，$\omega > 0$。

那么，企业进行共性技术研发的期望收益为：

$$E\pi_c = \omega e^\alpha g^\beta - \frac{\delta_e e^2}{2}$$

第二阶段为共性技术研发阶段，企业通过选择共性技术研发投入 I，以实现期望收益最大化，$E\pi_c = \omega e^\alpha g^\beta - \dfrac{\delta_e e^2}{2}$ 对 e 进行求导，并令其等于 0，可得最大化企业预期收益的一阶条件：

$$\frac{\partial E\pi_e}{\partial e} = \omega \alpha e^{\alpha-1} g^\beta - \delta_e e = 0$$

于是可得出博弈第一阶段政府支持合同设计，可用如下优化问题 P1 描述：

$$\text{P1} \quad \max_{e,g} E\pi_g = e \tag{7.1}$$

$$\text{s. t.} \quad \frac{\delta_g g^2}{2} \leqslant G \tag{7.2}$$

$$\omega \alpha e^{\alpha-1} g^\beta - \delta_e e = 0 \tag{7.3}$$

$$\omega e^\alpha g^\beta - \frac{\delta_e e^2}{2} \geqslant U \tag{7.4}$$

上述优化问题中，式（7.1）是政府效用最大化目标函数；式（7.2）是政府预算约束，表示政府在 G 预算约束下追求产业共性技术投入最大化；式（7.3）是企业激励相容约束，表示企业对政府合同的知识技术投入的最优反应函数；式（7.4）为企业的参与约束。

7.3.3　模型求解与分析

1. 模型求解

为了对优化问题 P1 进行求解，首先给出如下命题。

命题 7.1　根据最优化问题 P1 的约束条件，记 $g_0(e) = \sqrt{\dfrac{2G}{\delta_g}}$，$g_1(e) = \left(\dfrac{\delta_e}{\omega \alpha} e^{2-\alpha}\right)^{\frac{1}{\beta}}$，$g_2(e) = \left(\dfrac{2U + \delta_e e^2}{2\omega e^\alpha}\right)^{\frac{1}{\beta}}$。易得如下性质：

（1）$g_0(e)$ 为直线函数，$g_1(e)$ 为严格单调增的凸函数，$g_0(e)$ 和 $g_1(e)$ 存在唯一交点（记为 K），K 的坐标为 $\left[\dfrac{\omega \alpha}{\delta_e}\left(\dfrac{2G}{\delta_g}\right)^{\frac{\beta}{2(2-\alpha)}}, \sqrt{\dfrac{2G}{\delta_g}}\right]$。

（2）当 $e > \sqrt{\dfrac{2\alpha U}{(2-\alpha)\delta_e}}$ 时，$g_2(e)$ 为单调增函数，当 $e < \sqrt{\dfrac{2\alpha U}{(2-\alpha)\delta_e}}$ 时，$g_2(e)$ 为单调减函数，在 $e = \sqrt{\dfrac{2\alpha U}{(2-\alpha)\delta_e}}$ 处，$g_2(e)$ 达到最小值。

（3）当 $e \geq \sqrt{\dfrac{2\alpha U}{(2-\alpha)\delta_e}}$ 时，有 $g_1(e) \geq g_2(e)$；反之，有 $g_1(e) < g_2(e)$。

证明：

（1）由 $\dfrac{\partial g_0(e)}{\partial e} = 0$，$\dfrac{\partial g_1(e)}{\partial e} = \dfrac{2-\alpha}{\beta}\left(\dfrac{\delta_e}{\omega\alpha}\right)^{\frac{1}{\beta}} e^{\frac{(2-\alpha)(1-\beta)+(1-\alpha)\beta}{\beta}} > 0$ 及

$\dfrac{\partial g_1^2(e)}{\partial e^2} = \dfrac{[2(1-\beta)+\beta-\alpha](2-\alpha)}{\beta^2}\left(\dfrac{\delta_e}{\omega\alpha}\right)^{\frac{1}{\beta}} e^{\frac{2(1-\beta)-\alpha}{\beta}} > 0$，易得 $g_0(e)$ 为

直线函数，$g_1(e)$ 为严格单调增的凸函数。易知，$g_1(0) = 0 < \sqrt{\dfrac{2G}{\delta_g}} = $

$g_0(e)$，则 $g_0(e)$ 和 $g_1(e)$ 存在唯一交点 K。

（2）由 $\dfrac{\partial g_2(e)}{\partial e} = \dfrac{1}{\beta}\left(\dfrac{2U+\delta_e e^2}{2\omega e^\alpha}\right)^{\frac{1-\beta}{\beta}}\dfrac{2\omega(2-\alpha)\delta_e e^{\alpha+1} - 4U\omega\alpha e^{\alpha-1}}{(2\omega e^\alpha)^2}$ 可

知，其符号取决于算式 $2\omega(2-\alpha)\ \delta_e e^{\alpha+1} - 4U\omega\alpha e^{\alpha-1}$，令其为零的

有 $e = \sqrt{\dfrac{2\alpha U}{(2-\alpha)\delta_e}}$，易得：

$$\dfrac{\partial g_2(e)}{\partial e} \begin{cases} > 0 & \text{if}\quad e > \sqrt{\dfrac{2\alpha U}{(2-\alpha)\delta_e}} \\[3mm] < 0 & \text{if}\quad e < \sqrt{\dfrac{2\alpha U}{(2-\alpha)\delta_e}} \end{cases}$$

由上式可知，在 $e = \sqrt{\dfrac{2\alpha U}{(2-\alpha)\ \delta_e}}$ 处，$g_2(e)$ 达到最小值。

（3）记 $g(e) = [g_1(e)]^\beta - [g_2(e)]^\beta$，则 $\dfrac{\partial g(e)}{\partial e} = \dfrac{U\alpha}{\omega e^{(1+\alpha)}} + $

$\dfrac{\delta_e(2-\alpha)^2 e^{(1-\alpha)}}{2\alpha\omega} > 0$，因此 $g(e)$ 单调递增，注意到 $e = \sqrt{\dfrac{2\alpha U}{(2-\alpha)\delta_e}}$

时有 $g(e) = 0$，因此当 $e \geq \sqrt{\dfrac{2\alpha U}{(2-\alpha)\delta_e}}$ 时，有 $g(e) = [g_1(e)]^\beta - [g_2$

$(e)]^\beta \geq 0$，即 $g_1(e) \geq g_2(e)$；反之有 $g_1(e) < g_2(e)$。证毕。

根据命题 7.1 可得定理 7.1，亦是本节的主要结论。为了便于

表述，下面定义符号：

$$e_1 = \frac{\omega\alpha}{\delta_e}\left[\frac{2G}{\delta_g}\right]^{\frac{\beta}{2(2-\alpha)}}, \quad e_2 = \sqrt{\frac{2\alpha U}{(2-\alpha)\delta_e}}$$

定理7.1 当政府预算满足 $G \geqslant \frac{\delta_g}{2}\left[\frac{2U\delta_e}{(2-\alpha)\alpha\omega^2}\right]^{\frac{2-\alpha}{\beta}}$ 时最优合同

才存在，最优合同条款为：$e^* = e_1(=e_2)$，$g^* = g_0(e)$。

证明：根据命题7.1，P1 最优解可用图7-2和图7-3表示。由

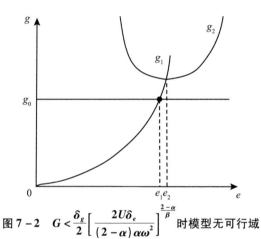

图7-2 $G < \frac{\delta_g}{2}\left[\frac{2U\delta_e}{(2-\alpha)\alpha\omega^2}\right]^{\frac{2-\alpha}{\beta}}$ 时模型无可行域

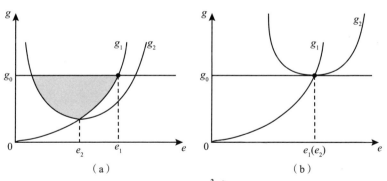

（a）　　　　　　（b）

图7-3 $G \geqslant \frac{\delta_g}{2}\left[\frac{2U\delta_e}{(2-\alpha)\alpha\omega^2}\right]^{\frac{2-\alpha}{\beta}}$ 模型可行域及最优解

图 7 - 2 可知，当 $G < \dfrac{\delta_g}{2}\left[\dfrac{2U\delta_e}{(2-\alpha)\alpha\omega^2}\right]^{\frac{2-\alpha}{\beta}}$ 时，最优化问题 P1 不存在

可行域，此时也没有最优解；当 $G \geqslant \dfrac{\delta_g}{2}\left[\dfrac{2U\delta_e}{(2-\alpha)\alpha\omega^2}\right]^{\frac{2-\alpha}{\beta}}$ 时（e_1 和 e_2

重合时取等号），存在可行域（如图 7 - 3 (a) 阴影部分，e_1 和 e_2

重合时变为一点），易得 $e_1(e_2)$ 为问题 P1 的最优解。

从定理 7.1 可以看出，最优合同依赖于 G，ω，α，β，δ_e，δ_g 等

参数，进一步地，当 e_1 和 e_2 重合时（$e^* = e_1 = e_2$），最优合同还依

赖于 U。此外，最优合同存在还依赖于足够大的政府预算。

2. 模型分析

在上节模型求解的基础上，本节分析相关参数对最优合同的影

响，进而得到有关政府最优共性技术支持合同性质的相关结论。

根据定理 7.1 易知，当且仅当 $G \geqslant \dfrac{\delta_g}{2}\left[\dfrac{2U\delta_e}{(2-\alpha)\alpha\omega^2}\right]^{\frac{2-\alpha}{\beta}}$ 时（即 $e_2 \leqslant$

e_1，如图 7 - 4 所示），最优合同才存在。进一步有 $\dfrac{\partial e^*}{\partial G} = \dfrac{\omega\alpha\beta}{(2-\alpha)\delta_e\delta_g}$

$\left[\dfrac{2G}{\delta_g}\right]^{\frac{\beta-2(2-\alpha)}{2(2-\alpha)}} > 0$，$\dfrac{\partial g^*}{\partial G} = \dfrac{1}{\sqrt{2G\delta_g}} > 0$。由此可得结论 7.1。

结论 7.1 最优研发合同是以预算 G 足够大为存在前提，最优

合同条款之企业投入 e^* 随着 G 的增大而增大。

结论 7.1 说明，政府部门若要激发企业增加共性技术研发投资，

要求政府共性技术研发预算应足够大，并应给予企业的共性技术研

发行为更多支持。此结论得到各界的一致支持，例如学者张治栋和

张淑欣（2013）指出由于共性技术固有的公共品特性，政府理应在

推动产业共性技术研发创新中发挥积极作用；记者伊西科和王强

（2009）指出科技型央企应承担更多共性技术研发责任；此外，记

者伊西科（2009）专访国家科技部政策法规司梅永红时指出，政府

支持共性技术研发责无旁贷，是缓解共性技术供给不足或供给失灵的重要前提。此外，企业较大的保留效用 U 也是倒逼政府增加对共性技术支持预算的重要因素。

给定其他参数，根据最优合同有 $\dfrac{\partial e}{\partial \omega} = \dfrac{\alpha}{\delta_e}\left(\dfrac{2G}{\delta_g}\right)^{\frac{\beta}{2(2-\alpha)}} > 0$，$\dfrac{\partial e}{\partial \delta_e} =$

$-\dfrac{\omega\alpha}{\delta_e^2}\left(\dfrac{2G}{\delta_g}\right)^{\frac{\beta}{2(2-\alpha)}} < 0$ 以及 $\dfrac{\partial e}{\partial \delta_g} = -\dfrac{\omega\alpha\beta}{2\delta_e\delta_g(2-\alpha)}\left[\dfrac{2G}{\delta_g}\right]^{\frac{\beta}{2(2-\alpha)}} < 0$，据此可

得结论 7.2。

结论 7.2 企业最优投入 e^* 与共性技术市场化给企业带来的预期收益 ω 正相关，与企业和政府部门的单位投入成本系数 δ_e 和 δ_g 负相关。

结论 7.2 说明，共性技术市场化给企业带来的预期收益 ω 越大以及企业和政府部门的单位投入成本系数 δ_e 和 δ_g 越小，均对企业共性技术研发投入产生正向激励。由此可知，共性技术市场化问题是企业进行共性技术研发投入的重要影响因素，因此，促进共性技术市场化是政府部门政策制定应重点考虑的方面；共性技术研发较大的单位投入成本 δ_e 也是影响企业进行共性技术研发投入决策重要因素，由于政府预算的约束，政府对企业共性技术支持的单位成本 δ_g 较大也对企业共性技术研发投入积极性产生负面影响。

其他参数给定情形下，根据最优合同有一阶条件：

$$\frac{\partial e}{\partial \alpha} = \frac{\omega}{\delta_e}\left(\frac{2G}{\delta_g}\right)^{\frac{\beta}{2(2-\alpha)}} + \frac{\omega\alpha\beta}{2\delta_e(2-\alpha)^2}\left(\frac{2G}{\delta_g}\right)^{\frac{\beta}{2(2-\alpha)}}\ln\left(\frac{2G}{\delta_g}\right) > 0$$

$$\frac{\partial e}{\partial \beta} = \frac{\omega\alpha}{2\delta_e(2-\alpha)}\left(\frac{2G}{\delta_g}\right)^{\frac{\beta}{2(2-\alpha)}}\ln\left(\frac{2G}{\delta_g}\right)，\text{考虑到条件 } 0 < \alpha < 1，\text{易得}$$

$\dfrac{\partial e}{\partial \beta} > 0$，由此可得结论 7.3。

结论 7.3 企业最优投入 e^* 与企业投入对共性技术研发成功的影响系数 α 正相关，与政府投入对共性技术研发成功的影响系数 β

也正相关。

结论7.3说明，企业在最优共性技术投入决策时还需考虑企业和政府投入知识技术对共性技术研发成功的影响系数 α 和 β，影响系数 α 和 β 增大均有利于增大企业最优共性技术研发投入，若共性技术研发中 α 大于 β，说明共性技术研发成功与否更多地依赖于企业自身拥有的知识技术，此时政府应给予配合性支持即可；反之，若 β 大于 α，说明企业自身拥有的知识技术不足以主导共性技术研发的成功，此时政府应给予更多的知识技术支持，如此会激励企业加大共性技术研发投入力度。

7.3.4 数值例子

本小节通过数值例子展示预算与最优合同（e^*, g^*）及其条款的影响变量，其中最优合同的影响变量最优考察 e^* 的影响因素。

（1）预算与最优合同（e^*, g^*）的算例。为此，设定 $\omega = 4$，$\alpha = 0.5$，$\beta = 0.5$，$\delta_e = 2$，$\delta_g = 2.5$ 以及 $U = 0$，$G \in [0, 90]$。数值结果如图7−4所示。

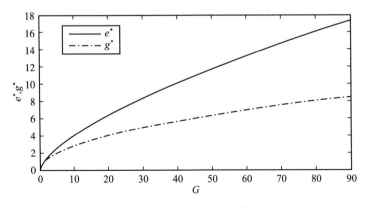

图7−4　预算与最优合同条款关系

从图 7-4 可以看到，最优合同条款均随着政府预算的增大而增大，企业共性技术研发投入力度大于政府对共性技术研发的支持力度。正如结论 7.3 所指出的，最优合同条款 e^* 和 g^* 随着 G 的增大而增大，在此进一步发现 e^* 增大的速度较 g^* 更大。

（2）最优合同（e^*，g^*）影响变量的算例。假设其他参数不变，进一步取 $G = 4$，$\omega \in [0, 10]$ 及 $\delta_g \in [0, 10]$，数值结果如图 7-5 所示。从图 7-5 可以看到，最优合同条款 e^* 随着将共性技术市场化给企业带来的预期收益 ω 的增大而增大，随着政府单位投入

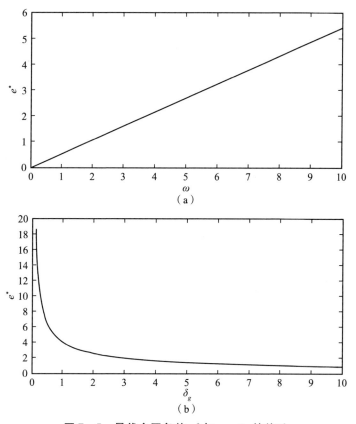

图 7-5　最优合同条款 e^* 与 ω、δ_g 的关系

成本系数 δ_g 的增加而减少。参数 α 和 β 对 e^* 的影响与参数 ω 类似，δ_e 对 e^* 的影响与参数 δ_g。此外，参数 δ_g 对最优合同条款 g^* 的影响与对 e^* 的影响类似，这里不再赘述。上述算例进一步验证了结论 7.2 和结论 7.3 所述。

7.3.5　结论与讨论

本节通过建立产业共性技术研发的三阶段博弈模型来揭示政府技术支持政策的作用机理，并站在政府的视角，讨论了以企业共性技术研发投入最大化为目标的技术支持合同最优设计，并对合同性质进行了分析。研究发现：①足够大的政府预算是共性技术最优合同存在的前提，最优合同随着预算的增大而增大，且企业最优努力程度增大的速度较政府支持投入力度更大。②企业最优投入与共性技术市场化的预期收益、与企业投入对共性技术研发成功的影响系数及与政府投入对共性技术研发成功的影响系数正相关。③企业最优投入与企业和政府部门的单位投入成本系数负相关。作为初步研究，本节还可从如下两个方面进行扩展：一是考虑共性技术市场化预期收益过程变量；二是进一步考虑政府其他支持形式及环节，例如直接补贴以及共性技术市场化过程中政府的支持问题。

7.4　考虑市场化的共性技术研发博弈

作为 7.3 节的拓展，站在政府视角设计了以企业研发投入最大化为目标并考虑共性技术市场化过程的最优研发支持合同，并对影响合同的因素进行了分析。研究进一步发现，考虑市场化过程后，企业最优投入与基于共性技术的产品市场容量正相关，与共性技术外部性程度、后续开发难度、价格敏感系数及单位销售成本负相关。

7.4.1　基本假设与模型建立

1. 基本假设

在满足 7.3.1 模型假设的基础上，进一步假设基于该共性技术的产品市场需求函数为 $q = a - bp$，该函数为经济学一般需求函数，a 为产品市场容量，b 表示价格敏感系数；另假设产品的单位销售成本为 c。从研发阶段来看，产业共性技术研究处于竞争前阶段，共性技术研发成功之后，还要进一步进行后续的商业开发才能实现共性技术市场化，假设后续商业开发的难度系数 θ，而由于共性技术固有的外部性会引发基于共性技术的产品市场竞争等情形也会影响企业的市场化收益，用 ϕ 表示共性技术外部性强弱程度，ϕ 越大表示共性技术外部性越强，也即共性技术越容易被其他企业学习与模仿，$0 < \theta$，$\phi < 1$。此外，假设企业共性技术研发的保留收益为 U，$U \geqslant 0$。

类似地运用三阶段的博弈模型刻画共性技术研发的政府支持决策：第一阶段为合同签订，政府首先给出研发支持合同，企业根据合同计算期望收入，若大于保留效用，则接受合同，博弈进入第二阶段，否则拒绝合同；第二阶段为研发阶段，企业决策在共性技术研发中的知识技术投入；第三阶段为共性技术市场化推广，企业和政府实现各自目标。

2. 模型建立

产业共性技术研发过程实际上是一个三阶段博弈：第一阶段是政府设计共性技术支持合同；第二阶段是企业进行共性技术研发的技术投入决策；第三阶段为共性技术市场化。按照三阶段博弈逆向解法，首先假定政府支持合同（e，g）给定及企业进行共性技术研发并取得成功，考察共性技术市场化问题。

基于共性技术的市场化预期收益：

$$R_s = (1 - \theta)(1 - \phi)(p - c)(a - bp)$$

为了获得最大收益，企业在市场定价时，将选择使自己收益最大化的产品价格，由一阶条件易知共性技术市场化的最优定价为 $p^* = \dfrac{a + cb}{2b}$，将 p^* 代入 R_s 表达式可得，共性技术研发成功并经历后续开发和市场推广后，企业的市场最优收益为：

$$R_s^* = \frac{(1 - \theta)(1 - \phi)(a - cb)^2}{4b}$$

那么，企业进行共性技术研发的期望收益为：

$$E\pi_c = \frac{(1 - \theta)(1 - \phi)(a - cb)^2}{4b}e^\alpha g^\beta - \frac{\delta_e e^2}{2}$$

第二阶段为共性技术研发阶段，企业通过选择共性技术研发投入 e，以实现期望收益最大化，$E\pi_c = \dfrac{(1 - \theta)(1 - \phi)(a - cb)^2}{4b}e^\alpha g^\beta - \dfrac{\delta_e e^2}{2}$ 对 e 进行求导，并令其等于 0，可得最大化企业预期收益的一阶条件：

$$\frac{\partial E\pi_c}{\partial e} = \frac{(1 - \theta)(1 - \phi)(a - cb)^2}{4b}\alpha e^{\alpha - 1} g^\beta - \delta_e e$$

于是可得出博弈第一阶段政府支持合同设计，可用如下优化问题 P1 描述：

$$P1 \quad \max_{e,g} E\pi_g = e \tag{7.5}$$

$$\text{s. t.} \quad \frac{\delta_g g^2}{2} \leq G \tag{7.6}$$

$$\frac{(1 - \theta)(1 - \phi)(a - cb)^2}{4b}\alpha e^{\alpha - 1} g^\beta - \delta_e e = 0 \tag{7.7}$$

$$\frac{(1-\theta)(1-\phi)(a-cb)^2}{4b}e^{\alpha}g^{\beta} - \frac{\delta_e e^2}{2} \geqslant U \qquad (7.8)$$

上述优化问题中，式（7.5）是政府效用最大化目标函数；式（7.6）是政府预算约束，表示政府在 G 预算约束下追求产业共性技术投入最大化；式（7.7）是企业激励相容约束，表示企业对政府合同的知识技术投入的最优反应函数；式（7.8）为企业的参与约束。

7.4.2 模型求解与合同性质分析

1. 模型求解

为了对优化问题 P1 进行求解，首先给出如下命题。

命题 7.2 根据最优化问题 P1 约束条件，令 $g_0(e) = \sqrt{\dfrac{2G}{\delta_g}}$，

$g_1(e) = \left[\dfrac{4b\delta_e}{(1-\theta)(1-\phi)(a-cb)^2\alpha}e^{2-\alpha}\right]^{\frac{1}{\beta}}$，$g_2(e) = \left[\dfrac{2b(2U+\delta_e e^2)}{(1-\theta)(1-\phi)(a-cb)^2 e^{\alpha}}\right]^{\frac{1}{\beta}}$。

易得如下性质：

（1）$g_0(e)$ 为直线函数，$g_1(e)$ 为严格单调增的凸函数，$g_0(e)$ 和 $g_1(e)$ 存在唯一交点（记为 K），K 的坐标为 $\left(\dfrac{(1-\theta)(1-\phi)(a-cb)^2\alpha}{4b\delta_e}\right.$

$\left.\left[\dfrac{2G}{\delta_g}\right]^{\frac{\beta}{2(2-\alpha)}}, \sqrt{\dfrac{2G}{\delta_g}}\right)$。

（2）当 $e > \left[\dfrac{2\alpha U}{(2-\alpha)\delta_e}\right]^{\frac{1}{2}}$ 时，$g_2(e)$ 为单调增函数，当 $e < \left[\dfrac{2\alpha U}{(2-\alpha)\delta_e}\right]^{\frac{1}{2}}$ 时，$g_2(e)$ 为单调减函数，在 $e = \left[\dfrac{2\alpha U}{(2-\alpha)\delta_e}\right]^{\frac{1}{2}}$ 处，$g_2(e)$ 达到最小值。

（3）当 $e \geqslant \left[\dfrac{2\alpha U}{(2-\alpha)\delta_e} \right]^{\frac{1}{2}}$ 时，有 $g_1(e) \geqslant g_2(e)$；反之 $g_1(e) < g_2(e)$。

证明：（1）由 $\dfrac{\partial g_0(e)}{\partial e} = 0$，$\dfrac{\partial g_1(e)}{\partial e} = \dfrac{2-\alpha}{\beta} \left[\dfrac{4b\delta_e}{(1-\theta)(1-\phi)(a-cb)^2\alpha} \right]^{\frac{1}{\beta}}$

$e^{\frac{(2-\alpha)(1-\beta)+(1-\alpha)\beta}{\beta}} > 0$，以及 $\dfrac{\partial g_1^2(e)}{\partial e} = \dfrac{2(1-\beta)+(\beta-\alpha)(2-\alpha)}{\beta^2}$

$\left[\dfrac{4b\delta_e}{(1-\theta)(1-\phi)(a-cb)^2\alpha} \right]^{\frac{1}{\beta}} e^{\frac{2(1-\beta)-\alpha}{\beta}} > 0$，易得 $g_0(e)$ 为直线函数，

$g_1(e)$ 为严格单调增的凸函数。易知，$g_1(0) = 0 < \sqrt{\dfrac{2G}{\delta_g}} = g_0(e)$，

则 $g_0(e)$ 和 $g_1(e)$ 存在唯一交点 K。

（2）由 $\dfrac{\partial g_2(e)}{\partial e} = \dfrac{1}{\beta} \left[\dfrac{2b(2U+\delta_e e^2)}{(1-\theta)(1-\phi)(a-cb)^2 e^\alpha} \right]^{\frac{1-\beta}{\beta}} \dfrac{2b\left[(2-\alpha)\delta_e e^{\alpha+1} - 2U\alpha e^{\alpha-1} \right]}{(1-\theta)(1-\phi)(a-cb)^2 e^{2\alpha}}$

可知，其符号取决于算式 $(2-\alpha)\delta_e e^{\alpha+1} - 2U\alpha e^{\alpha-1}$，令其为零的有

$e = \left[\dfrac{2\alpha U}{(2-\alpha)\delta_e} \right]^{\frac{1}{2}}$，易得：

$$\dfrac{\partial g_2(e)}{\partial e} \begin{cases} > 0 & \text{if } e > \left[\dfrac{2\alpha U}{(2-\alpha)\delta_e} \right]^{\frac{1}{2}} \\[4mm] < 0 & \text{if } e < \left[\dfrac{2\alpha U}{(2-\alpha)\delta_e} \right]^{\frac{1}{2}} \end{cases}$$

由上式可知，在 $e = \left[\dfrac{2\alpha U}{(2-\alpha)\delta_e} \right]^{\frac{1}{2}}$ 处，$g_2(e)$ 达到最小值。

（3）记 $g(e) = [g_1(e)]^\alpha - [g_2(e)]^\beta$，则 $\dfrac{\partial g(e)}{\partial e} =$

$\dfrac{4bU\alpha}{(1-\theta)(1-\phi)(a-cb)^2 e^{(1+\alpha)}} + \dfrac{4b\delta_e(2-\alpha)^2 e^{(1-\alpha)}}{2\alpha(1-\theta)(1-\phi)(a-cb)^2} > 0$，

因此 $g(e)$ 单调递增，注意到 $e = \left[\dfrac{2\alpha U}{(2-\alpha)\delta_e} \right]^{\frac{1}{2}}$ 时有 $g(e) = 0$，因此

当 $e \geqslant \left[\dfrac{2\alpha U}{(2-\alpha)\delta_e}\right]^{\frac{1}{2}}$ 时，有 $g(e)=[g_1(e)]^\alpha-[g_2(e)^\beta]\geqslant 0$，即 $[g_1(e)]^\alpha \geqslant [g_2(e)]^\beta$；反之 $[g_1(e)]^\alpha < [g_2(e)]^\beta$。证毕。

根据命题 7.2 可得定理 7.2，亦是本节的主要结论。为了便于表述，下面定义符号：

$$e_1=\frac{(1-\theta)(1-\phi)(a-cb)^2\alpha}{4b\delta_e}\left[\frac{2G}{\delta_g}\right]^{\frac{\beta}{2(2-\alpha)}},\quad e_2=\left[\frac{2\alpha U}{(2-\alpha)\delta_e}\right]^{\frac{1}{2}}$$

定理7.2 当政府预算满足 $G\geqslant\dfrac{\delta_g}{2}\left\{\dfrac{32b\delta_e}{(2-\alpha)\alpha[(1-\theta)(1-\phi)]^2(a-cb)^4}\right\}^{\frac{2-\alpha}{\beta}}$ 时最优合同才存在，最优合同条款为：$e^*=e_1(=e_2)$，$g^*=g_0(e)$。

证明：根据命题 7.2，P1 最优解可用图 7-6 表示。

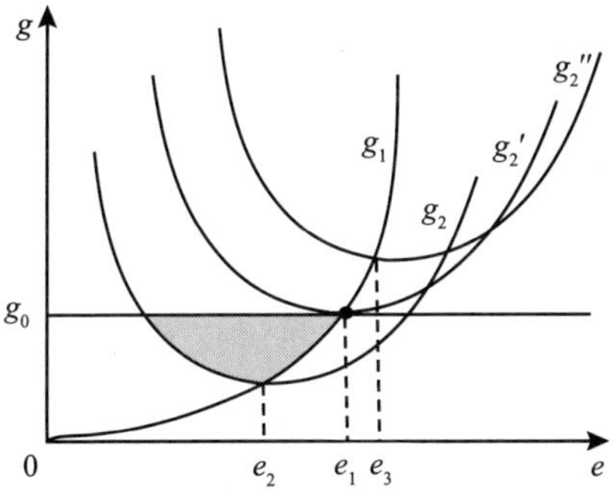

图7-6 P1 可行域变化及最优解

由图 7-6 可知，当 $G\geqslant\dfrac{\delta_g}{2}\left[\dfrac{32b\delta_e}{(2-\alpha)\alpha[(1-\theta)(1-\phi)]^2(a-cb)^4}\right]^{\frac{2-\alpha}{\beta}}$ 时，最优化问题 P1 存在可行域（如图 7-6$g_0g_1g_2$ 阴影部分），当 g_2 增加至 g_2' 时，e_1 和 e_2 重合可行域变为一点，易得 $e_1(e_2)$ 为问题 P1 的最优解；当 $G<\dfrac{\delta_g}{2}\left\{\dfrac{32b\delta_e}{(2-\alpha)\alpha[(1-\theta)(1-\phi)]^2(a-cb)^4}\right\}^{\frac{2-\alpha}{\beta}}$ 时，g_2 进一步增加至 g_2'' 时最优化问题 P1 不存在可行域，此时也没有最

优解。

从定理 7.2 易知，最优合同依赖于 G，b，θ，ϕ，a，c，α，β，δ_e 和 δ_g 等参数，当 e_1 和 e_2 重合时（$e^* = e_1 = e_2$），最优合同还依赖于 U。

2. 合同性质分析

在上节模型求解的基础上，本节分析相关参数对最优合同的影响，进而得到有关政府最优共性技术支持合同性质的相关结论。

根据定理 7.2 易知，当且仅当 $G \geqslant \dfrac{\delta_g}{2} \left\{ \dfrac{32bU\delta_e}{(2-\alpha)\alpha[(1-\theta)(1-\phi)]^2(a-cb)^4} \right\}^{\frac{2-\alpha}{\beta}}$

时（即 $e_2 \leqslant e_1$，如图 7-6 所示），最优合同才存在。进一步有 $\dfrac{\partial e^*}{\partial G} = \dfrac{(1-\theta)(1-\phi)(a-cb)^2\alpha\beta}{4b(2-\alpha)\delta_e\delta_g} \left(\dfrac{2G}{\delta_g}\right)^{\frac{1}{\beta}} e^{\frac{\beta-2(2-\alpha)}{2(2-\alpha)}} > 0$，$\dfrac{\partial g^*}{\partial G} = \dfrac{1}{\sqrt{2G\delta_g}} > 0$。由此可得结论 7.4。

结论 7.4　最优研发合同是以预算 G 足够大为存在前提，最优合同条款之企业投入 e^* 以及政府知识技术支持 g^* 均随着 G 的增大而增大。

结论 7.4 说明，政府部门若要激发企业加大共性技术研发投入力度，政府的共性技术研发专项预算应该足够大，并应给予企业共性技术研发行为更多的支持，以扩大图 7-9 中所示的可行域范围及最优企业共性技术研发投入。此结论得到学术界（薛捷和张振刚，2006；Wang et al.，2012；李纪珍，2005，2011；程永波等，2015；韩元建和陈强，2015）和各国共性技术研发实践（伊西科，2009；郑月龙，2015；韩元建和陈强，2015；朱建民和金祖晨，2016）的一致支持，如学者郑月龙（2015）系统梳理和分析了现有相关文献，指出美、日、欧盟及中国等世界各国政府在共性技术研发中均扮演着重要角色。总之，政府支持成为缓解共性技术供给不足或供给失灵的重要前提（伊西科，2009）。此外，企业较大的保留效用 U 也会倒逼政府增加对共性技术研发的支持力度。

给定其他参数，根据最优合同有：

$$\frac{\partial e^*}{\partial \delta_e} = -\frac{(1-\theta)(1-\phi)(a-cb)^2\alpha}{4b\delta_e^2}\left(\frac{2G}{\delta_g}\right)^{\frac{\beta}{2(2-\alpha)}} < 0;$$

$$\frac{\partial e^*}{\partial \delta_g} = -\frac{(1-\theta)(1-\phi)(a-cb)^2\alpha\beta G}{4b\delta_e\delta_g^2(2-\alpha)}\left(\frac{2G}{\delta_g}\right)^{\frac{\beta}{2(2-\alpha)}-1} < 0;$$

$$\frac{\partial e^*}{\partial \alpha} = \frac{(1-\theta)(1-\phi)(a-cb)^2}{4b\delta_e}\left(\frac{2G}{\delta_g}\right)^{\frac{\beta}{2(2-\alpha)}} + \frac{(1-\theta)(1-\phi)(a-cb)^2\alpha\beta}{8b\delta_e(2-\alpha)^2}$$

$$\left(\frac{2G}{\delta_g}\right)^{\frac{\beta}{2(2-\alpha)}}\ln\left(\frac{2G}{\delta_g}\right) > 0;$$

$$\frac{\partial e^*}{\partial \beta} = \frac{(1-\theta)(1-\phi)(a-cb)^2\alpha}{8b\delta_e(2-\alpha)}\left(\frac{2G}{\delta_g}\right)^{\frac{\beta}{2(2-\alpha)}}\ln\left(\frac{2G}{\delta_g}\right), \text{由于 } 0 < \alpha < 1,$$

易得 $\frac{\partial e^*}{\partial \beta} > 0$，据此可得结论 7.5。

结论 7.5　企业最优投入 e^* 与企业和政府部门的单位投入成本系数 δ_e 和 δ_g 负相关；与双方投入对共性技术研发成功影响系数 α 和 β 也正相关。

结论 7.5 说明，较小的企业和政府部门的单位投入成本系数 δ_e 和 δ_g 对企业共性技术研发投入产生负向激励。可知，共性技术研发较大的单位投入成本 δ_e 是影响企业进行共性技术研发投入决策重要因素，由于政府预算的约束，政府对企业共性技术支持的单位成本 δ_g 较大也对企业共性技术研发投入积极性产生负面影响。此外，企业在最优共性技术投入决策时还需考虑企业和政府投入知识技术对共性技术研发成功的影响系数 α 和 β，影响系数 α 和 β 增大均有利于增大企业最优共性技术研发投入，这是由于共性技术研发成功率 $e^\alpha g^\beta$ 得到提升所致，若共性技术研发中 α 大于 β，说明共性技术研发成功与否更多地依赖于企业自身拥有的知识技术，此时政府应给予配合性支持即可；反之，若 β 大于 α，说明企业自身拥有的知识技术不足以主导共性技术研发的成功，此时政府应给予更多的知识技术支持，如此会激励企业加大共性技术研发投入力度。

其他参数给定情形下，根据最优合同有一阶条件：

$$\frac{\partial e^*}{\partial \theta} = -\frac{(1-\phi)(a-cb)^2\alpha}{4b\delta_e}\left(\frac{2G}{\delta_g}\right)^{\frac{\beta}{2(2-\alpha)}} < 0;$$

$$\frac{\partial e^*}{\partial b} = -\frac{2(1-\theta)(1-\phi)(a-cb)(a+cb)\alpha}{4b^2\delta_e}\left(\frac{2G}{\delta_g}\right)^{\frac{\beta}{2(2-\alpha)}} < 0;$$

$$\frac{\partial e^*}{\partial \phi} = -\frac{(1-\theta)(a-cb)^2\alpha}{4b\delta_e}\left(\frac{2G}{\delta_g}\right)^{\frac{\beta}{2(2-\alpha)}} < 0;$$

$$\frac{\partial e^*}{\partial c} = -\frac{(1-\theta)(1-\phi)(a-cb)\alpha}{2\delta_e}\left(\frac{2G}{\delta_g}\right)^{\frac{\beta}{2(2-\alpha)}} < 0;$$

$$\frac{\partial e^*}{\partial a} = \frac{2(1-\theta)(1-\phi)(a-cb)\alpha}{4b\delta_e}\left(\frac{2G}{\delta_g}\right)^{\frac{\beta}{2(2-\alpha)}} > 0;\quad 由此可得结论 7.6。$$

结论 7.6   企业最优投入 e^* 与基于共性技术的产品的市场容量 a 正相关，与共性技术成果后续开发难度 θ、外部性程度 ϕ、产品价格敏感系数 b 及单位销售成本 c 负相关。

结论 7.6 说明，考虑共性技术市场化后，若市场容量 a 较大，说明基于共性技术的产品市场前景乐观，会激发企业更大力度的共性技术研发投入，但企业这种研发投资积极性受到共性技术后续商业化开发难度系数 θ 的影响，系数 θ 越大企业研发投入积极性越弱，反之则越强，较强的外部性 ϕ 弱化了企业共性技术研发投入的积极性。此外，较大的产品价格敏感系数 b 和单位销售成本 c 都不利于企业共性技术研发，这是因为较大的价格敏感系数和单位销售成本增加了企业共性技术研发预期收益的不确定性，挫伤了企业共性技术研发的积极性。因此，援助共性技术后续商业化开发是促使企业积极投入共性技术研发的重要着眼点，同时应对产品市场进行培育，针对不同产品及推向市场的难度有选择的给予支持，可更大限度地激发企业共性技术研发的积极性。

7.4.3　算例

假设 A 公司为某产业中的高新技术企业，政府相关机构将具有战略意义产业关键共性技术对社会进行了完全披露，并表明对披露清单中的共性技术政府给予知识技术支持，为了维持领导地位，A 公司选择清单中的共性技术，并成功获得政府的支持。于是，在政府支持下企业 A 展开共性技术研发活动。

下面基于以上背景给出算例。主要分析和验证结论 7.4 中合同条款 (e^*, g^*) 与政府预算 G 的关系以及结论 7.5 和结论 7.6 中企业最优投入 e^* 与企业和政府双方单位投入成本系数 δ_e 和 δ_g 负相关、与双方投入对共性技术研发成功影响系数 α 和 β 正相关、与产品市场容量 a 正相关以及与共性技术后续开发难度 θ、技术外部性程度 ϕ、产品价格敏感系数 b 及单位销售成本 c 负相关。

为了验证结论 7.4，首先取 $b=2$，$\theta=0.2$，$\phi=0.5$，$a=3$，$c=1$，$\alpha=0.5$，$\beta=0.5$，$\delta_e=2$，$\delta_g=2.5$ 以及 $U=0$，$G\in[0, 10]$，以分析 G 的不同取值对最优合同 (e^*, g^*) 的影响，容易验证上述参数取值满足最优合同存在条件 $G \geq \dfrac{\delta_g}{2}\left\{\dfrac{32bU\delta_e}{(2-\alpha)\alpha[(1-\theta)(1-\phi)]^2(a-cb)^4}\right\}^{\frac{2-\alpha}{\beta}}$，为了分析比较，将最优合同 (e^*, g^*) 与政府预算 G 的关系绘制在一张图上呈现，且 G 取值间隔为 0.5。如图 7-7 所示，最优合同条款 e^* 与 g^* 均随着政府预算 G 的增大而增大，在政府预算下的共性技术研发之初，单位预算能够更大地激发企业研发投入和政府支持行为，后期逐渐减缓，政府支持减缓的速度明显小于企业研发投入

行为，随着政府专项预算的增加企业共性技术研发投入力度大于政府对共性技术研发的支持力度现象越来越明显，这是因为到后期企业投入资源研发共性技术，后期加大投资才是理性的选择，政府支持到共性技术研发后期演变为辅助性。这验证结论7.4的论点，在此进一步发现 e^* 增大的速度较 g^* 更大，政府专项预算支持尤其是初期能够有效激发企业共性技术研发投入的积极性。

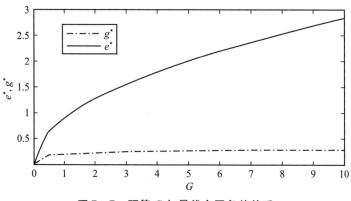

图7-7　预算 G 与最优合同条款关系

为了验证结论7.5，进一步取 $b=2$，$\theta=0.2$，$\phi=0.5$，$a=3$，$c=1$，$\alpha=0.5$，$\beta=0.5$，$U=0$ 以及 $G=4$，因为数 δ_e，δ_g 不可能为0，因此取 δ_e，$\delta_g \in [1, 4]$，如图7-8（a）所示，随着成本系数 δ_e 和 δ_g 的增大，企业共性技术研发最优投入 e^* 降低，相比而言，企业投入成本系数 δ_e 的增大使企业研发投入下降更快，这是因为 δ_e 直接影响企业共性技术研发预期收益，而成本系数 δ_g 是通过增加政府支持成本而间接地影响企业研发投入。进一步取 $b=2$，$\theta=0.2$，$\phi=0.5$，$a=3$，$c=1$，$U=0$ 以及 $G=4$，$\delta_e=2$，$\delta_g=2.5$ 及 α，$\beta \in (0, 1)$ 以验证企业和政府双方投入对共性技术研发成功影响系数 α 和 β 对最优投入 e^* 的影响，如图7-8（b）可以看出，随着 α 和 β 的增

加，企业最优投入 e^* 也相应增加，这是因为随着 e 或 g 的增加共性技术研发成功率增大，企业共性技术研发的收益增加，当 α 和 β 均接近 1 时 e^* 达到最大，以上分析验证了结论 7.5。

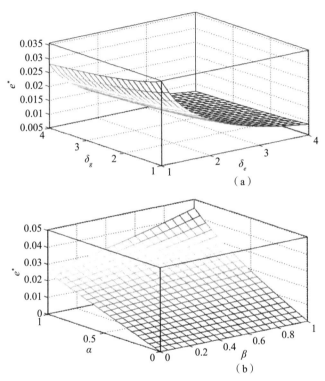

图 7 - 8　参数 δ_e，δ_g 及 α，β 对 e^* 的影响

为验证结论 7.6，首先固定 $\theta = 0.2$，$\phi = 0.5$，$c = 1$，$\alpha = 0.5$，$\beta = 0.5$，$\delta_e = 2$，$\delta_g = 2.5$，$U = 0$ 以及 $G = 4$，分别在 $a = 3$ 时分析参数 b 和 a 对企业最优研发投入 e^* 的影响，以及 $b = 2$ 时 a 对最优研发投入 e^* 的影响，考虑到条件 $a \geqslant cb$，这里取 $a \in [2, 10]$，如图 7 - 9 可知，产品市场容量 a 对企业最优研发投入 e^* 具有正向影响，而产品价格敏感系数 b 对企业研发投入 e^* 具有负向影响，这是因为市场

容量 a 通过增加预期收益而增加企业最优研发投入 e^* 的信心，而产品价格敏感系数 b 产生的效果正好相反；类似地可验证共性技术成果后续开发难度 θ、外部性程度 ϕ 及单位销售成本 c 对最优研发投入 e^* 的影响与价格敏感系数 b 类似，具有负向影响，与前面结论 7.6 描述内容一致。

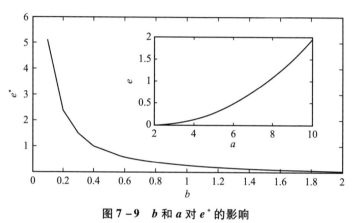

图 7-9 b 和 a 对 e^* 的影响

7.4.4 结论与讨论

本节通过建立产业共性技术研发的三阶段博弈模型，站在政府的视角，进一步讨论了考虑共性技术市场化的以企业研发投入最大化为目标的技术支持合同最优设计。研究结果表明：（1）足够大的政府预算是共性技术最优合同存在的前提，最优合同随着预算的增大而增大，且企业最优努力程度增大的速度较政府支持投入力度更大；（2）企业最优投入与企业和政府投入对共性技术研发成功影响系数正相关，与双方单位投入成本系数负相关；（3）企业最优投入与基于共性技术的产品市场容量正相关，与共性技术后续开发难度、产品价格敏感系数、外部性强弱程度及单位销售成本负相关。

　　根据以上研究结论，可从以下几方面努力以提高企业共性技术研发投入力度：一是充足的政府共性技术支持专项预算是必要前提，并应该给予更切实的支持，比如政府部门派遣相关技术专家参与研发；二是援助共性技术后续商业化开发，从扩大市场容量、销售渠道及价格稳定等入手，培育和完善基于共性技术的产品市场，以提高企业共性技术研发的预期收益的可获得性，增强企业共性技术研发投入的信心；三是鼓励对共性技术有需要的企业合作研发在一定程度上实现外部性的内部化，同时探索在研发企业之外的共性技术扩散机制，如对于关键性的共性技术可通过政府购买然后有组织地向整个产业扩散的方式。

　　当然，本节考虑共性技术市场化过程中转化难度及产品市场问题，并采用经济学中一般市场需求函数进行刻画，并考虑共性技术市场化过程相关参数的影响，但本节仅关注政府知识技术方面的支持，未考虑政府经济补贴支持的作用机理，进一步的研究可比较分析政府知识技术和补贴支持对共性技术研发政府支持合同的影响及差异。

7.5　本 章 小 结

　　本章研究主要是基于完全且完美信息动态博弈，在对完全信息动态博弈理论进行概述的基础上，通过构建产业共性技术政府支持研发三阶段博弈模型，采用逆向归纳法求解产业共性技术研发博弈的纳什均衡。分别建立不考虑和考虑市场化的共性技术研发博弈模型，对共性技术政府支持研发问题进行建模研究。

第8章　产业共性技术政府
支持性研发外包
博弈研究

8.1　研究基础理论概述

本章运用的博弈理论是完全信息动态博弈中的完美信息动态博弈理论，在第5章中已有介绍，考虑到本章借鉴外包理论，设计一种政府主导的共性技术研发外包合同，下面对资源外包理论（outsourcing theory）进行简单的概述。

20世纪90年代，资源外包业务在世界范围内获得了迅速发展（Bryce et al.，1998；Useem，1998），资源外包最先是源于实践的，为了突破资源限制，很多组织通过资源外包以获取企业竞争优势，如耐克（Nike）、清华紫光集团等都在大力推行外包模式，受到实践发展对理论需求的驱动，资源外包理论逐渐发展和建立起来。

资源外包（outsourcing），英译是"外部寻源"，是"out source using"的简称，目前对资源外包使用较多的是定义为企业内部资源有限的情况下，为取得更大的竞争优势，仅保留其最具竞争优势的核心资源，而把其他资源借助于外部最优秀的专业化资源予以整合，达到降低成本、提高绩效、提升企业核心竞争力和增强企业对环境应变能力的一种管理模式。

根据不同的标准，可将资源外包分为不同类型，如根据业务活动的完整性可以将业务外包分为整体外包和部分外包；根据业务职能可以将业务外包划分为生产外包、销售外包、供应外包、人力资源外包、信息技术服务外包及研发外包；根据合作伙伴间的组织形式可以将业务外包分为无中介的外包和利用中介服务的外包。

根据阿诺德·乌利（Arnold Ulli，2000）提出的资源外包结构模型，如图8-1所示，据此对资源对外包内涵、决策及目标等做进一步的阐述。

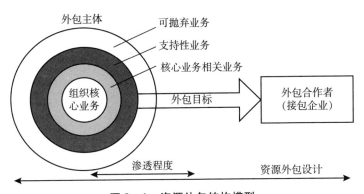

图8-1　资源外包结构模型

由图8-1可知，阿诺德·乌利将组织活动分为：（1）企业核心业务；（2）与核心业务密切相关的业务；（3）支持性业务；（4）可抛弃性业务，在上述4项活动中，核心业务必须保留在组织内部，而支持性业务活动则可以通过外包来处理。具体而言，组织在做出外包决策时需要着重考虑以下三方面的问题（尹建华等，2003）：一是否为组织核心业务，从战略上看，核心业务应该保留在组织内部，而支持性资源或业务则可以通过外包获取；二是成本效率因素，在通常情况下，资源外包是一种成本效率更高的活动，成本效率可通过高生产率和具备高核心能力的产品获得；三是财务因素，如果组织财务充裕，可更多从战略出发制定外包策略，反之若面临财务问题，它就需要通过一定程度的外包分化企业的业务活动。

有关资源外包的目标，有两种视角进行阐述（Arnold Ulli，2000）：一是从交易成本的视角看，如果没有巨大的交易附加成本，具有高度专用性的产品或服务将不能用在其他交易中，应留在组织内部，而具有较低专有性产品则可通过资源外包进行控制；二是从核心能力视角来看，具备企业核心能力的产品和服务应该在企业内部制造（insourcing），其余则应外包（outsourcing）给那些更具核心能力的企业（Prahalad and Hamel，1990）。在外包主体通过资源外包实现外包目标的过程中，根据具体情况在外包业务开展过程中给予一定程度的渗透，与接包企业协同以实现外包目标。

作为一类准公共科技产品，产业共性技术研发可能出现无企业研发或研发供给不足的多重失灵问题，由于健全的共性技术研发的机制尚未有效建立，探索新模式以缓解共性技术研发多重失灵问题具有积极意义。本章借鉴资源外包理论，从组织核心业务、成本效率因素、财务因素及外包目标分析，共性技术通过政府主导的研发外包模式进行有效供给具有可行性，是适当且值得倡导的共性技术研发模式选择。

首先，共性技术研发外包目标。由于公共科技产品属性，共性技术研发成果可共享并对整个产业或多个产业及其企业产生深度影响，考虑到产业共性技术研发存在供给与扩散的多重失灵发生的可能性，如何有效地将可靠稳定的共性技术供给出来并顺利扩散是一个亟须解答的问题。为此，以政府为主导的共性技术研发外包目标是将共性技术研发项目外包给有实力的企业研发，更利于将共性技术研发成果进行市场化推广和扩散。

其次，共性技术研发活动本身并非政府的核心业务。尽管促进经济可持续发展并具备国际竞争力是政府主要职能之一，但政府并不善于从事直接的技术研发活动。然而，考虑到共性技术对传统产业转型升级及战略性新兴产业培育具有重要意义，研发共性技术是政府促进经济发展进而向全球价值链顶端移动的重要举措，为此，充分发挥政府资源整合优势，将产业升级发展的关键共性技术外包给有实力的企业研发具有可行性。

再次，通过外包方式研发共性技术符合成本效率原则。将共性技术通过外包方式转移至有实力懂市场的企业进行研发，一方面利于发挥企业共性技术研发优势，同时也可鼓励学研方参与，充分发挥产学研协同研发优势；另一方面利于政府即刻将需要的共性技术适时地研发出来，更利于政府将重心放在经济建设等整体发展上面。如此一来，发挥了政府和企业各自优势，也促进处理好政府与市场的关系。

最后，政府专项计划为研发外包提供了财务保障。世界各国政府对共性技术都制定了专项支持计划，例如美国的先进技术计划（ATP）、日本的超大规模集成电路技术研究联合体（VLSI）及欧盟的尤里卡计划（EUREKA）等，我国政府制定了共性技术发展专项计划，如高技术研究发展计划（"863"计划）、国家重点基础研究发展计划（"973"计划）等，其中"973"计划以重大工艺技术及共性技术研发与产业化应用为重点支持领域。由此可见，通过外包方式研发共性技术具有财务保障和战略支持的灵活性。

8.2　背景及研究述评

产业共性技术是指在诸多领域内已经或未来可能被普遍使用，其研发成果可共享并对整个产业或多个产业及其企业产生深度影响的一类技术（李纪珍，2002），比如纳米技术、计算机辅助设计（CAD）技术以及数控技术等，由于既不是纯粹经济学意义上的公共物品，也不具备商业上的独占性，共性技术被供给出来以后，还需进一步商业开发才可能到达商业应用阶段，比如通过后续开发应用于医学、化学、制造业以及国防等领域才实现了纳米技术的潜在市场价值，共性技术研发的这种长周期性、持续投入性以及研发收益难以独占的特征，使企业缺乏研发共性技术的足够动力。于是，依赖政府支持自然地成为共性技术研发的重要思路，而供给低效率、强制搭便车及寻租行为等困境的存在，又容易导致"政府干预失灵"和"制度失灵"（陈静等，2007；李纪珍等，2011；贺正楚等，2014），单纯"依赖政府"的思路显然也是不科学的。为此，开拓新思路，研究以企业为研发主体的共性技术政府支持性研发外包合同，对于缓解共性技术研发失灵具有重要意义。

产业共性技术研究受到国内外学者的广泛关注，如何有效缓解共性技术研发失灵成为学者们研究共性技术的基本出发点（薛捷等，2006；卓丽洪等，2017；盛永祥等，2017；周潇等，2017；Kokshagina et al.，2017；高宏伟等，2018），学者们主要从两方面进行了研究，一方面，学者们探讨了何种组织模式更适合共性技术研发（李纪珍等，2011；薛捷等，2006；陈宝明，2007；Yu et al.，2012；王敏等，2013；Hooge et al.，2014；Ławniczuk et al.，2015；樊霞等，2018），例如薛捷等（2006）认为建立"官产学研"的组织模式是在我国进行共性技术研发的有效组织形式；李纪珍（2011）认为技术联盟是最适合共性技术研发的组织模式；豪格等（2015）指出多主体参与模式对于能源研究中共性技术设计问题的重要性；劳尼克等（2015）对光子集成电路产业共性技术平台的开发、组织模式选择及复杂性进行了研究；樊霞等（2018）实证研究发现产学研合作模式对生物技术领域的共性技术创新具有显著的正向影响。另一方面，学者们普遍认为政府支持可有效缓解共性技术研发失灵，学者查尔尼茨基等（Czarnitzki et al.，2011）、斯密特等（Smit et al.，2014）及皮林基尼（Pilinkiene，2015）的研究均指出政府支持可有效缓解共性技术研发的"囚徒困境"；相比而言，国内学者从缓解共性技术研发失灵视角阐述政府支持的必要性（李纪珍等，2011；刘满凤等，2007；刘新同等，2012）、从共性技术供给与扩散环节研究政府支持的重要性（李纪珍等，2011；薛捷等，2006；于斌斌等，2012）及从共性技术研发政策制定方面探讨政府支持的有效性（操龙灿等，2005；周国林，2010；程永波等，2012；郑月龙，2017），也有学者如韩元建等（2015）和朱建民等（2016）通过归纳国外经验提出对我国共性技术研发的启示。近年来，运用博弈模型研究共性技术研发问题得到了学者们的青睐，如马晓楠等（2014）探讨了考虑政府补贴的共性技术研发问题，盛永祥等（2017）和周潇等（2017）探讨了不同类型政府和企业对共性技术的投资比例和策略；郑月龙（2017）运用演化博弈论系统地分析了企业共性技术合作研发形成机制；郑月龙等（2016，2017）还对供应商选择研发共性技术还是专用技术的决策问题进行了分析；张健等（2017）运用演化博弈对战略性新兴产业共性技术协同创新问题进行了研究。此外，如斯维尼（Svein，1996）、布鲁门贝格（Blumenberg et al.，2008）、但斌等（2010）、程平等（2012）、宋寒等（2016）以及鲁芳等（2016）等学者对研发外包问题的探讨以及学者郑月龙等（2016，2017）对产业共性技术研发政府支持合同的研究，均对本章研究有重要启迪。

由上可知，现有文献通过研发组织模式和政府支持性两方面对共性技术研发失灵问题进行了探讨，鲜有学者对政府支持下共性技术研发组织模式的内在运行机理进行研究，对产业共性技术政府支持性研发外包合同的研究处于空白状态，但相关文献为本章研究提供了丰富的基础资料和启迪。与以往研究相比，本章创新之处在于借鉴研发外包的思想，站在政府的视角，突出企业共性技术研发主体地位，研究以共性技术产出最大化为目标的政府研发外包决策，即共性技术政府支持性研发外包合同最优设计，通过研究发现足够的政府预算、政府知识技术投入及其对共性技术研发成功的贡献系数对企业共性技术研发投入具有正向激励作用，而政府支付过多的固定研发费用却产生了消极作用。本章旨在倡导一种共性技术研发新模式，即通过政府支持性研发外包合同实现共性技术研发，为缓解共性技术失灵政策制定提供参考，也利于增强企业自主创新能力进而推动产业转型升级。

8.3　产业共性技术研发外包博弈模型构建

根据第7章的建模思路，站在政府的视角研究以共性技术产出最大化为目标的支持性研发外包合同最优设计问题，并对外包合同性质进行了分析。研究发现，足够大的政府预算是共性技术最优支持性研发外包合同存在的前提，最优合同条款随政府预算的增大而增大，企业保留收益的增大倒逼着政府增大预算；企业最优知识技术投入与共性技术价值系数及从研发中分享的收益份额呈正相关，与政府支付的固定研发费用呈负相关，政府最优支持性知识技术投入与固定研发费用及单位投入成本系数呈负相关；企业最优投入与政府投入成本系数呈负相关，与政府投入对研发成功的贡献系数呈正相关，且最优投入随企业研发能力的增强而加大。

8.3.1　基本假设

为了缓解共性技术供给多重"失灵"，对于产业转型升级具有重大战略意义的某项共性技术，政府采用支持性外包合同的模式实现供给，即政府作为发包方，将共性技术研发任务外包给经过遴选的某企业，企业作为接包方是该项共性技术研发主体，在技术研发中，政府不但要提供研发资金，还要提供与共性技术研发相关的知识技术支持，以提升研发项目的提升率，此项研发活动实质上是一个特殊的委托代理问题。

　　共性技术研发活动可分为三个阶段：（1）合同签订阶段，政府首先设计并给出研发外包合同，企业依据合同权衡收益，若大于其保留收益，则双方签订合同；（2）技术研发阶段，政府以共性技术产出最大化为目标投入支持性资源，企业以自身利益最大化为目标进行共性技术研发；（3）收益实现阶段，研发活动结束，政府支付研发费用，共性技术成果的市场化推广及收益实现，企业除获研发费用外，也可获得共性技术推广产生的收益，具体如图8-2所示。

图8-2　共性技术研发外包过程

　　根据学者程平等（2012）、但斌等（2010）和宋寒等（2016）的相关研究，假定共性技术项目产出函数为 $\pi(e, g) = \kappa e^{\alpha} g^{\beta} + \varepsilon$，其中 e 为企业 E 在研发中投入的知识技术，g 为政府在研发过程中投入的支持性知识技术，α 和 β 分别表示企业与政府对共性技术研发成功的贡献系数，$e^{\alpha} g^{\beta}$ 为共性技术研发项目的成功率，系数 κ 表征共性技术项目的价值，κ 越大项目产生的经济价值越大，与共性技术本身属性有关，且满足 $\dfrac{\partial \pi(e, g)}{\partial e} > 0$，$\dfrac{\partial \pi(e, g)}{\partial g} > 0$，$\dfrac{\partial^2 \pi(e, g)}{\partial e^2} < 0$，

$\dfrac{\partial^2 \pi(e,\ g)}{\partial g^2}<0$，进一步假设 $0<\alpha$，$\beta<1$，$\varepsilon \sim N(0,\ \sigma^2)$ 为共性技术研发产出的随机扰动项。进一步假设，企业知识技术投入的成本函数为 $\dfrac{\delta_e e^2}{2}$，政府投入知识技术支持的成本函数为 $\dfrac{\delta_g g^2}{2}$，其中，δ_e 和 δ_g 是企业和政府投入的单位成本系数。

假定企业接包共性技术研发项目的支付函数为 $W(\pi)=F+b\pi(e,\ g)$，其中 F 为政府支付给企业的固定研发费用，b 为企业可从共性技术产出中分享的份额，与项目价值 κ 在一定程度上反映了企业对共性技术需求迫切程度，$\kappa>0$ 值的大小与企业自身研发实力相关，$0<b<1$，根据孟卫东和代建生（2013）的相关研究，用 $p=\dfrac{\alpha}{\delta_e}$ 表征接包企业的研发实力。此外，企业有接包与否的自由，若不接包可获得保留收益 U，$U \geqslant 0$。

8.3.2　模型建立

整个产业共性技术研发外包过程实质上是一个三阶段动态博弈，第一阶段政府设计支持性外包研发合同；第二阶段企业做出知识技术投入的决策；第三阶段是产业共性技术市场化及收益实现。按照三阶段博弈逆向解法，首先应考察共性技术市场化问题。

作为初步研究，考虑共性技术市场化过程的复杂性，这里将共性技术市场化及实现的收益仅用价值系数 κ。于是，企业获得的期望收益为：

$$E\pi_e = b\kappa e^{\alpha} g^{\beta} - \dfrac{\delta_e e^2}{2} + F \qquad (8.1)$$

第二阶段为共性技术协同研发阶段，企业选择知识技术投入 e，以期实现期望收益最大化，对式（8.1）关于 e 求一阶导数并令之为零，可得：

$$bκαe^{α-1}g^β - δ_e e = 0 \tag{8.2}$$

于是，第一阶段政府支持性研发外包合同设计的优化问题可由如下模型（记为 IP）进行描述：

$$\max_{e,g} Eπ = κe^α g^β \tag{8.3}$$

$$\text{s. t.} \quad \frac{δ_g g^2}{2} + F ≤ G \tag{8.4}$$

$$bκαe^{α-1}g^β - δ_e e = 0 \tag{8.5}$$

$$bκe^α g^β - \frac{δ_e e^2}{2} + F ≥ U \tag{8.6}$$

上述优化问题 IP 中，式（8.3）为政府支持共性技术研发收益最大化的目标函数，体现了政府支持性特征；式（8.4）为支付预算约束，表示政府在预算约束 G 下实现共性技术研发支持的预期收益最大化；式（8.5）为 IC 约束，表示企业对城府支持的最优反应函数；式（8.6）为 IR 约束，表示企业接包共性技术研发比不接包对自身来说更好。

8.4　模型求解与分析

8.4.1　模型求解

为了对优化问题 IP 进行求解，首先给出如下命题：

命题 8.1　根据模型 IP 的约束条件，令 $g_1(e) = \sqrt{\dfrac{2(G-F)}{δ_g}}$，

$g_2(e) = \left(\dfrac{δ_e}{bακ}e^{2-α}\right)^{\frac{1}{β}}$，$g_3(e) = \left[\dfrac{1}{bκe^α}\left(U + \dfrac{δ_e e^2}{2} - F\right)\right]^{\frac{1}{β}}$，则有：

（1）$g_1(e)$ 为直线函数，$g_2(e)$ 为严格单调递增额凸函数，$g_1(e)$ 和 $g_2(e)$ 存在唯一的交点 K，K 的坐标为 $\left[\left(\dfrac{b\kappa\alpha}{\delta_e}\right)^{\frac{1}{2-\alpha}}\times\left(\dfrac{2(G-F)}{\delta_g}\right)^{\frac{\beta}{2(2-\alpha)}}\right.$,

$\left.\sqrt{\dfrac{2(G-F)}{\delta_g}}\right]$；

（2）当 $e>\sqrt{\dfrac{2(U-F)\alpha}{(2-\alpha)\delta_e}}$ 时，$g_3(e)$ 单调递增；当 $e<\sqrt{\dfrac{2(U-F)\alpha}{(2-\alpha)\delta_e}}$ 时，$g_3(e)$ 单调递减；当 $e=\sqrt{\dfrac{2(U-F)\alpha}{(2-\alpha)\delta_e}}$ 时，$g_3(e)$ 达到最小值；

（3）当 $e\geqslant\sqrt{\dfrac{2(U-F)\alpha}{(2-\alpha)\delta_e}}$ 时，有 $g_2(e)\geqslant g_3(e)$；当 $e<\sqrt{\dfrac{2(U-F)\alpha}{(2-\alpha)\delta_e}}$ 时，有 $g_2(e)<g_3(e)$。

证明：下面依次对命题中的（1）、（2）及（3）进行证明。

（1）由 $\dfrac{\partial g_1(e)}{\partial e}=0$，$\dfrac{\partial g_2(e)}{\partial e}=\dfrac{2-\alpha}{\beta}\left(\dfrac{\delta_e}{b\alpha\kappa}\right)^{\frac{1}{\beta}}e^{\frac{(1-\beta)(2-\alpha)+(1-\alpha)\beta}{\beta}}>0$ 以及 $\dfrac{\partial^2 g_2(e)}{\partial e^2}=\dfrac{(2-\alpha)(2-\alpha-\beta)}{\beta}\left(\dfrac{\delta_e}{b\alpha\kappa}\right)^{\frac{1}{\beta}}e^{\frac{2(1-\beta)-\alpha}{\beta}}>0$ 可得：$g_1(e)$ 为直线函数，$g_2(e)$ 为严格单调递增额凸函数；又由 $g_2(0)=0<g_1(0)=\sqrt{\dfrac{2(U-F)}{\delta_g}}$ 知，$g_1(e)$ 和 $g_2(e)$ 存在唯一的交点 K；

（2）由 $\dfrac{\partial g_3(e)}{\partial e}=\dfrac{1}{\beta}\left[\dfrac{1}{b\alpha\kappa^\alpha}\left(U+\dfrac{\delta_e e^2}{2}-F\right)\right]^{\frac{1-\beta}{\beta}}\dfrac{\left[\delta_e b\kappa e^{\alpha+1}-\left(U+\dfrac{\delta_e e^2}{2}-F\right)b\kappa\alpha e^{\alpha-1}\right]}{(b\kappa e^\alpha)^2}$

可知，其符号决定于 $\delta_e b\kappa e^{\alpha+1}-\left(U+\dfrac{\delta_e e^2}{2}-F\right)b\kappa\alpha e^{\alpha-1}$，据此式可得：

$$\dfrac{\partial g_3(e)}{\partial e}\begin{cases}>0 & \text{if}\quad e>\sqrt{\dfrac{2(U-F)\alpha}{(2-\alpha)\delta_e}}\\[4mm]<0 & \text{if}\quad e<\sqrt{\dfrac{2(U-F)\alpha}{(2-\alpha)\delta_e}}\end{cases}$$

据上式，在 $e = \sqrt{\dfrac{2(U-F)\alpha}{(2-\alpha)\delta_e}}$ 处，$g_3(e)$ 达到最小值；

（3）记 $g(e) = [g_2(e)]^{\beta} - [g_3(e)]^{\beta}$，则有 $\dfrac{\partial g(e)}{\partial e} = \dfrac{(U-F)\alpha}{b\kappa^{1+\alpha}} +$

$\dfrac{\delta_e(2-\alpha)^2}{2\alpha b\kappa}e^{1-\alpha} > 0$，由此可知 $g(e)$ 单调递增，易得 $e = \sqrt{\dfrac{2(U-F)\alpha}{(2-\alpha)\delta_e}}$

时，$g(e) = 0$；$e \geqslant \sqrt{\dfrac{2(U-F)\alpha}{(2-\alpha)\delta_e}}$ 时，有 $g_2(e) \geqslant g_3(e)$；$e < \sqrt{\dfrac{2(U-F)\alpha}{(2-\alpha)\delta_e}}$

时，有 $g_2(e) < g_3(e)$。证毕。

根据命题 8.1 可得定理 8.1，为便于表达，定义如下符号：

$$e_1 = \left(\frac{b\kappa\alpha}{\delta_e}\right)^{\frac{1}{2-\alpha}} \times \left[\frac{2(G-F)}{\delta_g}\right]^{\frac{\beta}{2(2-\alpha)}}, \quad e_2 = \sqrt{\frac{2(U-F)\alpha}{(2-\alpha)\delta_e}}$$

定理 8.1　仅当政府预算 $G \geqslant F + \dfrac{\delta_g}{2}\left\{\left(\dfrac{\delta_e}{b\kappa\alpha}\right)^2\left[\dfrac{2(U-F)\alpha}{(2-\alpha)\delta_e}\right]^{2-\alpha}\right\}^{\frac{1}{\beta}}$

时，产业共性技术政府支持性最优研发外包合同才存在，最优合同为：

$$e^* = e_1 = e_2, \quad g^* = g_1(e)$$

证明：根据命题 8.1，优化问题 IP 的最优解可用图 8-3 加以描述。

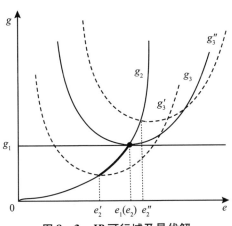

图 8-3　IP 可行域及最优解

由图 8 - 3 可知，当 $G < F + \dfrac{\delta_g}{2}\left\{\left(\dfrac{\delta_e}{b\kappa\alpha}\right)^2\left[\dfrac{2(U-F)\alpha}{(2-\alpha)\delta_e}\right]^{2-\alpha}\right\}^{\frac{1}{\beta}}$ 时，$g_2(e)$

与 $g_3(e)$ 交点如图 8 - 3 中横轴的 e_2''，易知优化问题 IP 不存在解的可行

域，当然此时也不存在最优解；当 $G \geqslant F + \dfrac{\delta_g}{2}\left\{\left(\dfrac{\delta_e}{b\kappa\alpha}\right)^2\left[\dfrac{2(U-F)\alpha}{(2-\alpha)\delta_e}\right]^{2-\alpha}\right\}^{\frac{1}{\beta}}$

时，$g_2(e)$ 与 $g_3(e)$ 交点如图 8 - 3 中横轴的 $e_2'(e_2''$ 移动到 $e_2')$ 或

$e_1(e_2)$（此时，e_2'' 移动至 e_2 与横轴上的点 e_1 重合），在 e_2' 处存在由

$g_1(e)$、$g_2(e)$ 及 $g_3(e)$ 的公共部分即为解的可行域（即图中的加

粗曲线段），由图 8 - 3 可以看出，当 $g_1(e) = g_2(e) = g_3(e)$ 时，交

点 $(e_1(e_2), g_1(e))$ 为优化问题 IP 的最优解。证毕。

由定理 8.1 可知，最优支持性研发外包合同依赖于 G、F、b、

κ、α、β、δ_e 及 δ_g 等合同参数。进一步地，当 e_1 与 e_2 重合时，最优

合同还依赖于 U，这些参数共同影响产业共性技术支持性研发外包

合同的制定和调整。

8.4.2　模型分析

本节分析相关参数对最优研发外包合同的影响，借以得出产业

共性技术支持性研发外包合同性质的相关结论。

根据定理 8.1 知，仅当 $G \geqslant F + \dfrac{\delta_g}{2}\left\{\left(\dfrac{\delta_e}{b\kappa\alpha}\right)^2\left[\dfrac{2(U-F)\alpha}{(2-\alpha)\delta_e}\right]^{2-\alpha}\right\}^{\frac{1}{\beta}}$ 时

最优研发外包合同才存在，易知 U 越大要求 G 也越大，又根据一阶

条件 $\dfrac{\partial e^*}{\partial U} = \dfrac{1}{\sqrt{2\alpha(2-\alpha)(U-F)\delta_e}} > 0$，$\dfrac{\partial e^*}{\partial G} = \left(\dfrac{b\kappa\alpha}{\delta_e}\right)^{\frac{1}{2-\alpha}} \times \dfrac{\beta}{\delta_g(2-\alpha)}$

$\left[\dfrac{2(G-F)}{\delta_g}\right]^{\frac{\beta}{2(2-\alpha)}-1} > 0$ 及 $\dfrac{\partial g^*}{\partial G} = \dfrac{1}{\sqrt{2(G-F)\delta_g}} > 0$，可得到以下结论 8.1。

结论 8.1　产业共性技术最优研发外包支持性合同以政府预算 G

的足够大为前提，最优外包合同条款随着 G 的增大而增大，保留收益 U 的增大倒逼政府增大预算 G。

结论 8.1 表明了共性技术研发外包合同基本性质——政府支持性，足够大的政府支持预算保证外包合同存在，并对企业增加知识技术投入产生正向激励，从图中也可以看出，随着 G 的增加 g_1 和 g_3 上移，政府的支持力度加大，企业的支持技术投入也增大，该结论也得到了各界的一致支持（盛永祥等，2017；樊霞等，2018；Czarnitzki et al.，2011；Smit et al.，2014；朱建民等，2016；马晓楠等，2014；郑月龙等，2016，2017；张健等，2017）。此外，较大的保留收益 U 有助于企业增加最优知识技术投入 e^*，这是企业基于研发共性技术的收益至少不低于不研发时的情况的考虑，较大 U 又倒逼着政府增大共性技术研发支持预算。

其他参数既定，根据定理 8.1 有：

$$\frac{\partial e^*}{\partial b} = \frac{1}{2-\alpha}\left(\frac{b\kappa\alpha}{\delta_e}\right)^{\frac{\alpha-1}{2-\alpha}} \times \frac{\kappa\alpha}{\delta_e} \times \left[\frac{2(G-F)}{\delta_g}\right]^{\frac{\beta}{2(2-\alpha)}} > 0$$

$$\frac{\partial e^*}{\partial \kappa} = \frac{1}{2-\alpha}\left(\frac{b\kappa\alpha}{\delta_e}\right)^{\frac{\alpha-1}{2-\alpha}} \times \frac{b\alpha}{\delta_e} \times \left[\frac{2(G-F)}{\delta_g}\right]^{\frac{\beta}{2(2-\alpha)}} > 0$$

$$\frac{\partial e^*}{\partial F} = \left(\frac{b\kappa\alpha}{\delta_e}\right)^{\frac{1}{2-\alpha}} \times \frac{\beta}{2(2-\alpha)}\left[\frac{2(G-F)}{\delta_g}\right]^{\frac{\beta}{2(2-\alpha)}-1} \times \left(-\frac{2}{\delta_g}\right) < 0$$

$$\frac{\partial g^*}{\partial F} = -\sqrt{\frac{1}{2(G-F)\delta_g}} < 0, \quad \frac{\partial g^*}{\partial F} = -\frac{1}{\delta_g}\sqrt{\frac{G-F}{2\delta_g}} < 0,$$ 由此可得结论 8.2。

结论 8.2　在最优研发支持性外包合同中，企业最优知识技术投入 e^* 与共性技术项目价值 κ 及企业从研发中分享的收益份额 b 正相关，与政府支持的固定研发费用 F 负相关；政府最优支持性知识技术投入 g^* 与固定研发费用 F 及单位投入成本系数 δ_g 负相关。

结论 8.2 说明，产业共性技术研发项目的价值 κ 越大以及企业从接包项目中获得的收益分享份额 b 越大，对企业知识技术投入产生正向激励。无可置疑，追求利润最大化是企业参与共性技术研发的根本动机，通过共性技术研发项目以期在未来市场竞争中获得技术优势，而不是简单地获得研发共性技术带来的转移支付。为此，政府发包具有市场前景的共性技术研发项目的同时，不仅需要选择合适的对共性技术有需求的企业接包共性技术研发项目，还需要为共性技术项目市场前景营造良好预期，如此可更大地激发企业的共性技术研发行为。

研发外包活动结束后，政府收回共性技术并向市场扩散，于是，企业与市场上其他企业展开基于共性技术的竞争，以期获取更多份额的市场竞争性收益，而企业从共性技术研发市场竞争性收益的分享份额 b 又取决于企业的实力及企业对项目的需求程度，同时也取决于所研发共性技术项目本身的属性，例如后续开发难度的大小、基于该技术产品（工艺、技术）的市场培育难度大小等。因此，增强企业获取更多基于共性技术的收益分享份额 b 的预期，应成为激励企业接包共性技术研发的重要考量。

此外，固定研发费用 F 及单位投入成本 δ_g 对政府支持性知识技术投入决策产生消极影响，这说明了专项预算对于政府行为的约束，也说明政府支付的固定研发费用，其主要作用是作为研发支持资金支付给企业以保证其获得保留收益，即保证企业至少愿意接包共性技术研发项目，但政府所支付给企业的固定研发费用 F 不宜过多，只需要占有政府专项预算 G 的一个合适比例，F 的具体数额由最优外包合同条款 $e^* = e_1 = e_2$ 确定。

其他参数既定，根据最优外包合同，有：

$$\frac{\partial e^*}{\partial \delta_g} = -\frac{1}{\delta_g}\sqrt{\frac{G-F}{2\delta_g}} < 0$$

$$\frac{\partial e^*}{\partial \beta} = \left(\frac{b\kappa\alpha}{\delta_e}\right)^{\frac{1}{2-\alpha}} \times \frac{1}{2(2-\alpha)} \left[\frac{2(G-F)}{\delta_g}\right]^{\frac{\beta}{2(2-\alpha)}} \times \ln\left[\frac{2(G-F)}{\delta_g}\right] > 0$$

进一步，用 $p = \frac{\alpha}{\delta_e}$ 重新写 e^* 可得：$e^* = (b\kappa p)^{\frac{1}{2-\alpha}} \times \left[\frac{2(G-F)}{\delta_g}\right]^{\frac{\beta}{2(2-\alpha)}}$，

易得其一阶条件为：$\frac{\partial e^*}{\partial p} = \frac{b\kappa}{2-\alpha}(b\kappa p)^{\frac{\alpha-1}{2-\alpha}} \times \left[\frac{2(G-F)}{\delta_g}\right]^{\frac{\beta}{2(2-\alpha)}} > 0$，由

此可得结论 8.3。

结论 8.3 在最优研发外包合同中，企业最优知识技术投入 e^* 随着企业研发能力的增强而加大，且最优投入 e^* 与政府知识技术投入成本系数 δ_g 负相关，与政府投入对研发成功率的贡献系数 β 正相关。

由结论 8.3 可知，企业最优知识技术投入受到发包方政府支持性投入的成本系数 δ_g 及对项目成功的贡献系数 β 的影响，δ_g 减少或 β 增大均有利于激发企业研发投入水平；接包方企业自身较大的研发实力也利于加大对研发项目的投入。因此，选择有研发实力及对项目需求的接包方是必要的，同时为保证研发成功及接包方投入的积极性，互补性的知识技术支持应该是支持行为应考虑的基点。

8.5 算例分析

本节通过算例考察政府预算 G 与最优合同（e^*，g^*）的关系以及最优合同条款 e^* 和 g^* 的影响因素，其中最优合同条款重点考察 e^* 的影响因素。

算例 1：政府预算 G 与最优合同（e^*，g^*）的关系。为此，设定 $F = 1.2$，$\alpha = 0.5$，$\beta = 0.5$，$\delta_e = 1.5$，$\delta_g = 2$，$b = 0.4$，$k = 1.5$ 以及 $U = 1.5$，考虑到最优合同存在时有关 G 的条件，令 $G \in [3, 10]$，

为了比较分析，将 G 对 e^* 和 g^* 的影响放在同一个图形中考察，算例分析结果具体如图 8 - 4 所示。

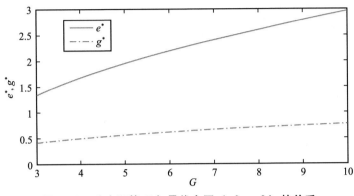

图 8 - 4　政府预算 G 与最优合同（e^*，g^*）的关系

由图 8 - 4 可知，正如结论 8.1 所描述的那样，最优合同条款 e^* 和 g^* 均随着政府预算 G 的增大而增大，保留收益 U 对最优合同的影响可做类似分析；在此进一步发现 e^* 增大速度较 g^* 更慢，可见，在其他参数既定的情况下，政府最优知识技术支持 g^* 会带动企业更多的研发投入 e^*，但效果不太明显，需要分析其他的参数对企业最优投入 e^* 的影响，以促进企业对共性技术的研发投资。

算例 2：考察结论 8.2 中相关参数对最优外包合同（e^*，g^*）的影响。为此，保持其他参数与算例 1 相同，分别取 $b \in [0.4, 1)$、$\kappa \in [0, 1.5]$ 以及 $\delta_g \in (0, 2]$，具体如图 8 - 5 所示。

从图 8 - 5 中可以看到，最优合同条款 e^* 随着共性技术项目价值 κ 及企业从研发中分享的收益份额 b 的增大而增大，最优合同条款 g^* 随着政府单位投入成本系数 δ_g 的增加而减少，参数 F 对合同条款 e^* 和 g^* 的影响与参数 δ_g 对 g^* 的影响类似，这里不再赘述。上述算例进一步验证了结论 8.2 的相关内容。

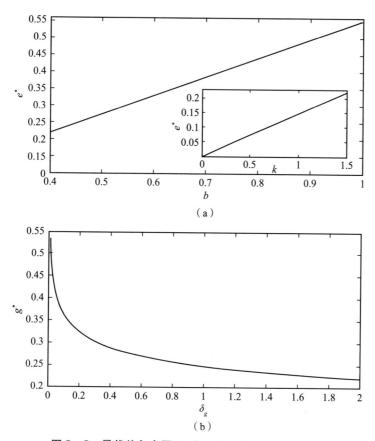

图 8 - 5 最优外包合同 (e^*, g^*) 的影响因素分析

算例 3：考察结论 8.3 中相关参数对最优外包合同条款 e^* 的影响。为此，保持其他参数与算例 1 相同，分别取 $\beta \in (0, 1)$、$\delta_g \in (0, 2]$ 以及 $p \in [1, 5]$，根据对 p 的定义，取值时保持 α 不变，只需令 $\delta_e \in [0.1, 0.5]$ 即可，算例结果具体如图 8 - 6 所示。

从图 8 - 6 可以看到，最优合同条款 e^* 随企业研发能力 p 的增强、政府知识技术投入成本系数 δ_g 减少及政府投入对研发成功率的贡献系数 β 的增大而增大。由此可知，选择研发实力强的接包企业有助于共性技术的研发，同时政府支持的贡献及成本情况也对其支持力度有重要影响。上述算例进一步验证了结论 8.3 的相关内容。

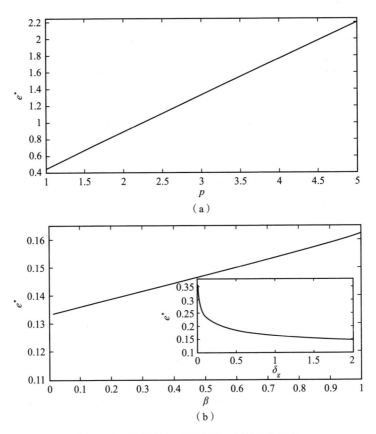

图 8-6　最优外包合同条款 e^* 的影响因素

8.6　结论与讨论

通过建立产业共性技术研发的三阶段博弈模型，从政府视角对共性技术支持性研发外包合同及其影响因素进行了分析，研究表明：①产业共性技术研发最优支持性外包合同的存在是以足够大的政府预算为前提的，最优合同条款随政府预算的增大而增大，接包企业较大的保留收益倒逼着政府增大预算；②企业最优知识技术投入与共性技术研发项目价值系数及从研发中所获得的收益份额呈正相关，与政府支付的固定研发费用呈负相关，政府最优支持性知识技术投入与固定研发费用及单位投入成本系数皆呈负相关；③企业最优知识技术投入与政府投入的成本系数呈负相关，与政府投入对研发成功的贡献系数呈正相关，且企业最优知识技术研发投入随企业自身研发能力的增强而加大。

根据研究结论，产业共性技术最优研发外包合同受到多种因素的影响，为更好的在实践中运用研发外包模式研发共性技术，需从以下几方面努力：首先，政府需要为共性技术研发外包模式做足够多的专项预算，如此可激励企业知识技术投入进而提高共性技术产出，确保共性技术政府支持性研发外包模式的有效运行，若政府预算既定，还需权衡产业共性技术研发接包企业的保留收益状况；其次，政府发包的共性技术研发项目应该是经过论证的具有广阔市场前景的项目，同时寻找的接包企业应对该共性技术具有迫切需求且具有一定的研发实力和市场势力，如此可保证接包企业能够从共性技术项目产出中获得更多的收益份额，进而激发接包企业对共性技术研发的兴趣；最后，政府支持性研发投入的资源应倾向于配置在共性技术研发项目的研发过程，而不应过多地支付固定研发费用，也即政府支持应该表现为一种技术或研发力量的支持，如研发设备、技术专家及研发团队等支持，其中研发团队可以政府支持的名义引入学研方或相关专家团队。

本章提出了通过研发外包方式实现共性技术研发的思路，并对政府支持性研发外包合同进行了研究，改变了现有研究关注不足的缺憾，开拓了共性技术研发供给模式的新思路。然而，作为初步研究，还可从以下两方面进行拓展：一是考虑共性技术项目价值实现问题，也即考虑共性技术市场化预期收益实现的过程变量实现对模型的拓展和完善；二是具体化企业的研发收益分享系数，该系数既与企业自身研发实力有关，更与企业对所研发共性技术需求程度有关，这又进一步与共性技术项目价值相关，可通过考虑这些因素来具体化企业研发收益分享系数，从而实现对模型的改进和完善。

8.7 本 章 小 结

本章对资源外包理论进行了概述，并从外包目标、核心业务、成本效率和财务支持四个方面分析了共性技术通过研发外包模式进行研发的适用性。在此基础上，通过建立产业共性技术三阶段完全且完美信息动态博弈模型，对共性技术政府支持性研发外包合同进行了最优设计，结合算例分析对最优合同影响因素进行探讨。最后，提出保障共性技术政府支持性研发外包合同有效实施的政策建议。

第9章 产业共性技术合作研发利益分配博弈研究

9.1 研究基础理论概述

本章研究认为企业间结成研发联合体（RJV）是共性技术研发的有效模式，在此基础上研究共性技术合作研发利益分配机制，前者研究的理论基础是完全信息动态博弈，在第5章已进行了相关阐述，而共性技术合作研发利益分配机制的理论基础为合作博弈理论，在此主要对合作博弈理论进行概述。

博弈论可划分为合作博弈（cooperative game）和非合作博弈（non-cooperative），纳什、泽尔腾和海萨尼的贡献主要在非合作博弈方面，现在经济学家谈到博弈论，一般指的是非合作博弈。而合作博弈与非合作博弈的主要区别在于博弈参与方相互作用时，当事人能否达成一个具有约束力的协议（binding agreement），如果有就是合作博弈，由此易知，本书前几个章节用到的博弈理论大多为非合作博弈，合作博弈强调的团体理性（collective rationality），是效率、公平、公正。20世纪50年代时合作博弈发展到鼎盛，包括纳什（Nash）和沙普利（Shapley）分别于1950年和1953年提出的"核"

(core) 的概念以及"沙普利值""沙普利—舒比克权力指数"等，下面主要介绍本章研究相关的纳什讨价还价（谈判）问题。

为此，假设谈判双方有一个谈判的现状点（status-quo point）或违约点（default point）$d = (u^o, v^o)$，表示两个参与人未达成协议的情形下的收益配置，即 A 得到支付 u^o，B 得支付 v^o。用 S 表示参与人 A 和 B 经讨价还价可能得到的全部支付向量 (u, v) 的集合，即 S 为可行集，易知 $(u^o, v^o) \in S$，并且需要以下假设。

（1）可行集 S 为 R^2 的闭且凸的子集；

（2）集合 $S \cap \{(u', v') \in R^2: u' \geq u^o; v' \geq v^o\}$ 被假设为非空且有界的。

参与人 A 和 B 双方从现状点（status-quo point）d 出发，经过谈判或讨价还价，所得到的双方都愿接受的支付对 $(u^*, v^*) \in S$ 称为讨价还价（谈判）问题的解。博弈双方经由讨价还价（谈判）最后得到解的过程可被理解为一个映射：$f(S, d) = (u^*, v^*)$。如何求解支付对 (u^*, v^*) 呢？需要理解和满足下述公理：

公理 9.1 强帕累托有效，即不存在任何其他支付对 $(u', v') \in S$ 使得 $u' \geq u^*$；$v' \geq v^*$ 且 u' 或 $v' \geq u^*$ 或 v^* 对至少 $i \in \{1, 2\}$ 成立。这意味着不存在任何其他可行配置 $x = (x_1, x_2) \in S$ 使得 x 优于一个参与人的解且不劣于另外一个参与人的解。

公理 9.2 个体理性，$f(S, d) \geq d$，意味着 $u^* \geq u^o$，$v^* \geq v^o$。

公理 9.1 和公理 9.2 可用图 9-1 表示如下。

公理 9.3 协变，即设区域 T 是 S 经过如下正仿射变换得到的

$$\begin{cases} u' = au + b(a > 0) \\ v' = cv + d(c > 0) \end{cases}$$

如果 $f(S, u^o, v^o) = (u^*, v^*)$，则必有：

$$f(T, au^o + b, cv^o + d) = (au^* + b, cv^* + d)$$

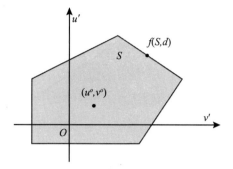

图 9 - 1 强帕累托有效和个体理性

公理 9.3 可以用图 9 - 2 表示。

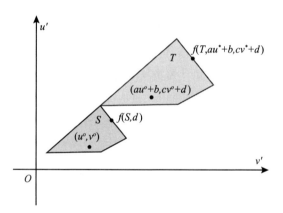

图 9 - 2 协变公理

公理 9.4 无关方案的独立性，若 $(u^*, v^*) \in T \subseteq S$，且 $(u^*, v^*) = f(S, u^o, v^o)$，则 $(u^*, v^*) = f(T, u^o, v^o)$。这意味着去掉参与人不会选择的可行方案（不能去掉现状点），不会影响谈判解，换句话说，扩大的可行集中新增加的方案与谈判解无关，如图 9 - 3 所示。

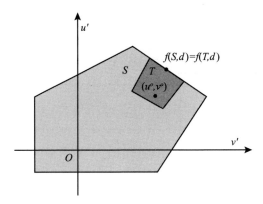

图 9 - 3　不相关方案的相对独立性

公理 9.5　对称性，即如果 S 满足：① $(u, v) \in S$，则有 $(v, u) \in S$；② $u^o = v^o$，$f(S, u^o, v^o) = (u^*, v^*)$，则 $u^* = v^*$。这意味着若双方地位、实力相同，策略相同，谈判现状点相同，则最后所得到的谈判结果也相同，如图 9 - 4 所示。

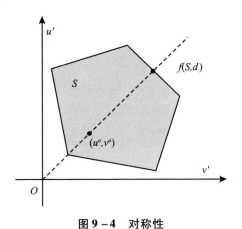

图 9 - 4　对称性

根据以上公理，纳什给出了以下定理：

定理 9.1　纳什定理 $f(S, d) = (u^*, v^*)$ 满足公理 9.1 ~ 公理 9.5 的充要条件是，(u^*, v^*) 是下述最大化问题的解：

$$\max(u - u^o)(v - v^o)$$

$$\text{s. t. } u \geqslant u^o, \ v \geqslant v^o, \ (u, v) \in S$$

证明：参考内拉哈里（Narahari，2017）的相关研究。

满足定理 9.1 中优化问题的解称为纳什讨价还价（谈判）解，由纳什定理可以看到，参与人最大化的并不是自己的支付函数，而是包括两个人的效用在内的一种公共福利函数。根据定理 9.1，还可进一步给出不对称纳什讨价还价（谈判）解（于维生，2007）。

定理 9.2　对每一个 $\tau \in (0, 1)$，一个不对称或一般化的纳什讨价还价解是一个函数 $f_\tau(S, d) = (u^*, v^*)$。$(u^*, v^*)$ 是以下最大化问题的唯一解：

$$\max(u - u^o)^\tau (v - v^o)^{1-\tau}$$

$$\text{s. t. } u \geqslant u^o, \ v \geqslant v^o, \ (u, v) \in S$$

特别当 $\tau = \dfrac{1}{2}$ 时，一般的讨价还价解为对称的讨价还价解。本章主要采用不对称纳什讨价还价（谈判）解进行建模和分析的。

9.2　背景及研究述评

产业共性技术研发须面对技术和市场的双重不确定性（Kokshagina et al.，2017），加之产业共性技术研发具有高度不确定性、研发周期长、投入多及显著知识外溢性等特征（刘洪民等，2015），企业理性选择必然是对共性技术"投资不足"（Tassay，2005，2008），两个或多个主体合作研发成为各界推崇的共性技术研发模式（薛捷和张振刚，2006；李纪珍，2011；郑月龙，2015），这也顺应企业技术战略的主流趋势（Parkerhe，1993；Hagedoorn，1993；Sakakibara，2002）。然而，"偷懒""搭便车"等机会主义行为又会导致合作双方研发投入不足，利益分配作为一种激励机制，可作为缓解机会主义危害进而提升合作研发效率的一种重要选择（孟卫东和代建生，2013）。因此，针对我国传统产业结构升级和战略性新兴产业培育对产业共性技术的迫切需求（李纪珍和邓衢文，2011）与产业共性技术供给"失灵"（刘满凤和石光宁，2007；李纪珍，2011）的矛盾，研究产业共性技术合作研发中利益分配最优合同设计问题具有重要理论和现实意义。

学界就合作研发中的利益分配和机会主义行为话题从不同视角展开了充分的研究（孟卫东等，2013；Bhattacharya et al.，2014；范波等，2015；Wu et al.，2016；代建生等，2017）；部分学者也对合作研发中的机会主义行为进行了专门研究（易余胤等，2005；Kalaignanam et al.，2007；Bhaskaran et al.，2009）。然而，上述文献鲜有针对产业共性技术合作研发中利益分配问题的研究，现有相关共性技术的研究主要聚焦于共性技术供给"失灵"现象的剖析（刘满凤和石光宁，2007；李纪珍，2011）、共性技术合作研发组织模式及研发平台建设（薛捷和张振刚，2006；李纪珍，2011；王宇露，2016）以及共性技术研发成果扩散（李纪珍，2011；Wang，2012）等领域，也有部分学者如韩元建等（2015）和朱建民等（2016）对国外共性技术研发经验进行了归纳并得出对我国共性技术研发的启示。近年来，运用博弈建模来分析共性技术研发问题也得到学者们的关注，如马晓楠等（2014）及郑月龙等（2016）运用博弈理论研究了共性技术研发政府支持问题，郑月龙（2015）运用演化博弈论系统的研究了企业共性技术合作研发形成机制。总体来看，学者们对共性技术研究形成了一致的认识，即政府支持是促进共性技术研发的有效方式，合作研发是缓解共性技术供给"失灵"的重要组织模式。

由上可知，尽管现有关于产业共性技术合作研发的利益分配问题研究几乎处于空白状态，但是合作研发利益分配的相关研究为我们提供了丰富的基础资料和启迪。与以往研究相比，本章创新之处在于运用纳什谈判解，首次构建了考虑信息不对称的产业共性技术合作研发利益分配问题——共性技术合作研发利益分配最优合同设计，并对影响共性技术合作研发最优利益分配的因素进行了分析。本章的研究有利于厘清企业开展共性技术合作研发利益分配的影响因素及机理，对于理解和完善共性技术合作研发的体制机制，增强企业自主创新能力进而推动产业转型升级发展具有重要现实意义，同时本章的研究弥补了现有共性技术相关研究未涉及的领域，对于推进相关研究具有一定的学术价值。

9.3　基本假设与模型描述

假设产业中有两个龙头企业，它们都有对基础性前沿性技术研究以保持技术领先地位动机。鉴于共性技术基础性、竞争前技术等属性，合作研发成为企业共同的选择，两个企业分别用 E 和 F 进行区分。合作双方共同投入资源进行共性技术研发，投入的资源既包括科研设备等物质资源，更包括科研人员智力等人力资源，前者可用其货币价值衡量，而后者用研发人员的努力程度来衡量，假设双方投入的物质资源分别为 ω_E 和 ω_F，投入的人力资源分别为 e_E 和 e_F，物质资源的投入量通过双方谈判确定，且通过影响人力资源投入对共性技术研发成功率贡献水平来实现。

进一步假设企业双方研发共性技术的成功率用 $r(e_E, e_F) = e_E^{a_E(\omega_E, \omega_F)} e_F^{a_F(\omega_E, \omega_F)}$ 表示，其中 $a_E(\omega_E, \omega_F)$ 和 $a_F(\omega_E, \omega_F)$ 分别表示

企业 E 和企业 F 对研发成功率的贡献水平，且满足 $\dfrac{\partial r(e_E, e_F)}{\partial e_E} > 0$，

$\dfrac{\partial r(e_E, e_F)}{\partial e_F} > 0$，$\dfrac{\partial^2 r(e_E, e_F)}{\partial e_E^2} < 0$，$\dfrac{\partial^2 r(e_E, e_F)}{\partial e_F^2} < 0$，其含义为共性

技术研发成功率随双方研发投入努力程度增加而增加，且增加的速度递减，为了记号简化用 a_E 和 a_F 来代替 $a_E(\omega_E, \omega_F)$ 和 $a_F(\omega_E, \omega_F)$，且满足 $0 < a_E, a_F < 1$。进一步假设，基于共性技术未来应用前景的预期研发收益为 ω，鉴于竞争前技术特性，假设共性技术后续的商业化难度为 λ，且满足 $\omega > 0$，$0 < \lambda < 1$。于是，共性技术合作研发的随机收益函数为：

$$Y = (1 - \lambda)\omega e_E^{a_E} e_F^{a_F} + \varepsilon$$

其中，$\varepsilon \sim N(0, \sigma^2)$ 为随机变量，表示收益是受到不确定因素的影响。企业双方合作研发投入将产生成本，假设企业 $i(i = \{E, F\})$ 的成本函数为：

$$C_i(e_i, \omega_i) = \frac{1}{2} b_i e_i^2 + \omega_i$$

其中，$b_i > 0$ 为企业研发人员投入努力的成本系数，借此将研发人员的努力程度转化为货币成本，同时可更好地考察合作研发中的机会主义行为。此外，随着研发人员努力投入程度的增加，需付出更大代价以激励其付出更大的努力，为此需满足 $C_i'(e_i, \omega_i) > 0$ 且 $C_i''(e_i, \omega_i) > 0$，上述对成本函数的设定在一定程度上捕捉到该事实。因 ω_i 的值是可以确定衡量的，故可将 $C_i(e_i, \omega_i)$ 简写为 $C_i(e_i)$。

共性技术合作研发成本是由投入方承担，并通过利益分配实现对成本的补偿。根据巴特查里亚等（Bhattacharyya et al., 1995）、南代伊巴姆等（Nandeibam et al., 2002）及孟卫东等（2013）的相关研究，这里假设合作研发实现的预期利益按线性分成合同进行分配，假设双方分得的利益份额分别为 s_E 和 s_F，$s_E + s_F = 1$ 且 $0 < s_E$，

$s_F < 1$，合作中的转移支付为 t_E 和 t_F。于是，合作研发企业双方分得的收益为：

$$U_i = s_i Y + t_i - C_i(e_i)，i = \{E，F\}$$

企业所得份额和转移支付通过谈判确定，合作双方的谈判力因子分别为 T_E 和 T_F，且满足 $T_E + T_F = 1$，$0 < T_E$，$T_F < 1$。本章将谈判力因子视为外生变量，并假定出于公平和效率的考虑，合作研发双方协议采用纳什谈判解来进行利益分配。

根据以上分析，产业共性技术合作研发实现的期望净收益可表示为：

$$EU(e_E，e_F) = EY - \sum_{i \in \{E,F\}} C_i(e_i)$$

进一步假设，企业拥有共性技术合作研发与否的自由，它们不参与研发共性技术可得到的保留收益为 U_i^0。此外，将共性技术合作研发实现的净剩余定义为合作研发期望净收益与企业双方保留收益总和之差。

9.4　模型分析

9.4.1　信息不对称下的利益分配合同

信息不对称是产业共性技术合作研发中始终不可规避的客观存在，这又会引发合作研发企业双方的道德风险。在此情形下共性技术合作研发双方最优线性利益分配合同可通过求解以下最大化问题得以实现，记作 $IP1$。

$$\max_{e_E,e_F,s_E,s_F,t_E,t_F} \prod_{i \in \{E,F\}} (EU_i - U_i^0)^{T_i} \qquad (9.1)$$

$$\text{s. t.} \quad EU_i \geqslant U_i^0 \quad i \in \{E, F\} \tag{9.2}$$

$$e_i \in \text{argmax} EU_i \quad i \in \{E, F\} \tag{9.3}$$

$$s_E + s_F = 1 \tag{9.4}$$

$$T_E + T_F = 1 \tag{9.5}$$

$$t_E + t_F = 0 \tag{9.6}$$

$$s_E > 0, \ s_F > 0 \tag{9.7}$$

在模型 $IP1$ 中，式（9.1）的目标函数表示在合作研发双方纳什谈判解分配合作利益情形下，共同追求合作收益的帕累托有效（代建生等，2010，2015），U_i^0 是合作研发企业双方达不成合作研发时各方所得的用保留收益表示的收益，$EU_i - U_i^0$ 表示企业 i 所得到的净收益；式（9.2）表示 IR 约束，为合作双方参与合作研发所得的收益大于不合作时所得的保留收益；式（9.3）为 IC 约束，表示合作研发双方追求自身利益最大化；式（9.4）、式（9.5）、式（9.6）分别表示企业分享合作收益、谈判力及转移支付的约束；式（9.7）为非负约束。

由于企业研发人员努力水平无法直观观察，合作研发企业双方都只从自身利益极大化出发，以同时行动的纳什均衡来选择研发努力水平，给定 s_E 和 s_F，由式（9.3）有：

$$(1-\lambda)s_E \omega a_E e_E^{a_E-1} e_F^{a_F} - b_E e_E = 0 \tag{9.8}$$

$$(1-\lambda)s_F \omega a_F e_E^{a_E} e_F^{a_F-1} - b_F e_F = 0 \tag{9.9}$$

联立式（9.8）和式（9.9）可得：

$$e_E^* = \left[\frac{b_E}{(1-\lambda)s_E \omega a_E}\left(\frac{b_F s_E a_E}{b_E s_F a_F}\right)^{\frac{a_F}{2}}\right]^{\frac{1}{a_E + a_F - 2}} \tag{9.10}$$

$$e_F^* = \left[\frac{b_E}{(1-\lambda)s_E \omega a_E}\left(\frac{b_F s_E a_E}{b_E s_F a_F}\right)^{1-\frac{a_E}{2}}\right]^{\frac{1}{a_E + a_F - 2}} \tag{9.11}$$

引理 9.1 在模型 $IP1$ 的解中，当 $T_E > 0$ 时，产业共性技术合作研发双方都将参与合作净收益的分配，且有：

$$\frac{T_E}{EU_E - U_E^0} = \frac{T_F}{EU_F - U_F^0} \tag{9.12}$$

证明：令 $(e_E^*, e_F^*, s_E^*, s_F^*, t_E^*, t_F^*)$ 为模型 $IP1$ 的最优解，不失一般性，假设 $EU_E(e_E^*, s_E^*, t_E^*) = U_E^0$，若 $T_E > 0$，则目标函数值为零。若考虑另一组解 $(e_E^*, e_F^*, s_E^*, s_F^*, t_E^* + \delta, t_F^* - \delta)$，其中 $\delta > 0$，只要 δ 足够小，上述解就满足模型 $IP1$ 的约束条件，这是可能的。既然 e_i^* 只与 s_i^* 有关而与 t_i 无关，那么，这个解使得目标函数大于零，与假设矛盾，可知合作研发企业双方都将参与净剩余的分配。据此，进一步用式（9.8）和式（9.9）代替式（9.3），构造广义拉格朗日函数，并对 t_i 求导，可得各方所得期望净剩余之比等于谈判力因子之比，即式（9.12）成立。证毕。

进一步，由式（9.8）和式（9.9）易得：

$$s_E(e_E, e_F) = \frac{b_E e_E^{2-a_E}}{(1-\lambda)\omega a_E e_F^{a_F}} \tag{9.13}$$

$$s_F(e_E, e_F) = \frac{b_F e_F^{2-a_F}}{(1-\lambda)\omega a_F e_E^{a_E}} \tag{9.14}$$

由式（9.5）、式（9.6）及式（9.12）有：

$$t_E = -t_F = T_E[s_F EY - C_F(e_F) - U_F^0] - T_F[s_E EY - C_E(e_E) - U_E^0] \tag{9.15}$$

重写目标函数式（9.1）可得：

$$\max_{e_E, e_F, s_E, s_F, t_E, t_F} (s_E EY + t_E - C_E(e_E) - U_E^0)^{T_E}(s_F EY + t_F - C_F(e_F) - U_F^0)^{T_F}$$

将式（9.15）代入上式，并结合式（9.4）和式（9.5），得：

$$\max_{e_E, e_F}[T_E(EY - \sum_{i \in \{E,F\}} C_i(e_i) - \sum_{i \in \{E,F\}} U_i^0)]^{T_E}$$

$$[T_F(EY - \sum_{i \in \{E,F\}} C_i(e_i) - \sum_{i \in \{E,F\}} U_i^0)]^{T_F}$$

进一步，根据 $EU(e_E, e_F)$ 的表达式易得：

$$\max_{e_E, e_F} T_E^{T_E} T_F^{T_F} (EU(e_E, e_F) - U_E^0 - U_F^0) \qquad (9.16)$$

将式（9.12）、式（9.14）代入式（9.4）可得：

$$\frac{b_E e_E^{2-a_E}}{(1-\lambda)\omega a_E e_F^{a_F}} + \frac{b_F e_F^{2-a_F}}{(1-\lambda)\omega a_F e_E^{a_F}} = 1 \qquad (9.17)$$

在约束式（9.17）下极大化式（9.15）的目标函数，记为 $IP2$，并构造拉格朗日函数：

$$L = T_E^{T_E} T_F^{T_F} (EU(e_E, e_F) - U_E^0 - U_F^0) -$$

$$\xi \left(\frac{b_E e_E^{2-a_E}}{(1-\lambda)\omega a_E e_F^{a_F}} + \frac{b_F e_F^{2-a_F}}{(1-\lambda)\omega a_F e_E^{a_F a_E}} - 1 \right) \qquad (9.18)$$

将式（9.13）、式（9.14）、式（9.17）代入式（9.18）可得：

$$s_E^* = \frac{2-a_F}{4-a_E-a_F} \qquad (9.19)$$

$$s_F^* = \frac{2-a_E}{4-a_E-a_F} \qquad (9.20)$$

将式（9.19）和式（9.20）代入式（9.9）和式（9.11）可得：

$$e_E^* = \left\{ \frac{b_E(4-a_E-a_F)}{(2-a_F)a_E(1-\lambda)\omega} \left[\frac{b_F a_E(2-a_F)}{b_E a_F(2-a_E)} \right]^{\frac{a_F}{2}} \right\}^{\frac{1}{a_E+a_F-2}} \qquad (9.21)$$

$$e_F^* = \left\{ \frac{b_E(4-a_E-a_F)}{(2-a_F)a_E(1-\lambda)\omega} \left[\frac{b_F a_E(2-a_F)}{b_E a_F(2-a_E)} \right]^{1-\frac{a_E}{2}} \right\}^{\frac{1}{a_E+a_F-2}} \qquad (9.22)$$

将式（9.19）~式（9.22）代入式（9.15）得：

$$t_E^* = T_E [s_F^* EY |_{(e_E^*, e_F^*)} - C_F(e_F^*) - U_F^0] -$$

$$T_F [s_E^* EY |_{(e_E^*, e_F^*)} - C_E(e_E^*) - U_E^0] \qquad (9.23)$$

$$t_F^* = T_F [s_E^* EY |_{(e_E^*, e_F^*)} - C_E(e_E^*) - U_E^0] -$$

$$T_E [s_F^* EY |_{(e_E^*, e_F^*)} - C_F(e_F^*) - U_F^0] \qquad (9.24)$$

上式（9.19）~式（9.24）即是模型 $IP2$ 的最优解，那么 $IP2$ 的解是否就是 $IP1$ 的解呢？这就要求模型 $IP2$ 的解还满足 $IP1$ 中 IR 及非负约束，下面就此问题给出如下定理。

定理9.3 当且仅当 $EU(e_E^*, e_F^*) \geqslant \sum_{i \in \{E,F\}} U_i^0$ 时，模型 IP1 有解，且与 IP2 同解。

证明：必要性显然满足。下面着重讨论充分性，易知模型 IP2 的解满足模型 IP1 的非负约束，由条件 $EU(e_E^*, e_F^*) \geqslant \sum_{i \in \{E,F\}} U_i^0$、式（9.9）、式（9.11）及式（9.3）易知，模型 IP2 的解也满足模型 IP1 的 IR 约束条件。证毕。

由定理 9.3 可知，只有在产业共性技术合作研发存在正的合作净收益时，合作研发才可行。否则，企业理性的选择会将资源投入到其他项目中，而不参与共性技术研发。

9.4.2 信息不对称与无谓损失

（1）信息对称情形下合作研发收益。信息对称情形是指企业双方都愿意合作或没有道德风险生存空间，此时合作研发双方追求效用总和或总剩余最大化（Cooper et al.，1985；Bhattacharyya et al.，1995）。此时，企业双方通力合作，共同追求合作收益最大化，这等价于求解以下最大化问题，记为 IP3。

$$\max_{e_E, e_F} EU(e_E, e_F) \tag{9.25}$$

对 IP3 的目标函数分别求关于 e_E 及 e_F 的一阶偏导数，并令其为零，可得：

$$\frac{\partial EU}{\partial e_E} = (1-\lambda)\omega a_E e_E^{a_E-1} e_F^{a_F} - b_E e_E = 0 \tag{9.26}$$

$$\frac{\partial EU}{\partial e_F} = (1-\lambda)\omega a_F e_E^{a_E} e_F^{a_F-1} - b_F e_F = 0 \tag{9.27}$$

联立式（9.26）和式（9.27）可得：

$$e_E^{**} = \left[\frac{b_E}{(1-\lambda)\omega a_E} \left(\frac{b_F a_E}{b_E a_F} \right)^{\frac{a_F}{2}} \right]^{\frac{1}{a_E + a_F - 2}} \tag{9.28}$$

$$e_F^{**} = \left[\frac{b_E}{(1-\lambda)\omega a_E} \left(\frac{b_F a_E}{b_E a_F} \right)^{1-\frac{a_E}{2}} \right]^{\frac{1}{a_E + a_F - 2}} \tag{9.29}$$

将式（9.28）、式（9.29）代入式（9.25），可得：

$$EU(e_E^{**}, e_F^{**}) = (1-\lambda)\omega \left\{ \left[\frac{b_E}{(1-\lambda)\omega a_E} \right]^{a_E + a_F} \left(\frac{b_F a_E}{b_E a_F} \right)^{a_F} \right\}^{\frac{1}{a_E + a_F - 2}}$$

$$- \frac{1}{2} (b_E + b_F) \left[\frac{b_E}{(1-\lambda)\omega a_E} \left(\frac{b_F a_E}{b_E a_F} \right)^{\frac{a_F}{2}} \right]^{\frac{1}{a_E + a_F - 2}}$$

$$\left(1 + \left(\frac{b_F a_E}{b_E a_F} \right)^{\frac{2-a_E}{a_F}} \right) - (w_E + w_F) \tag{9.30}$$

式（9.30）为信息对称下产业共性技术合作研发的预期收益。

（2）无谓损失。信息不对称引发道德风险，致使合作双方共性技术研发努力投入不足，进而引发无谓损失，具体可由如下定理给出。

定理 9.4　如果模型 $IP1$ 的解存在，则有 $e_E^{**} > e_E^{*}$，$e_F^{**} > e_F^{*}$，且 $EU(e_E^{**}, e_F^{**}) > EU(e_E^{*}, e_F^{*})$，其中，$e_E^{**}$ 由式（9.28）和式（9.29）给出，e_E^{*} 和 e_F^{*} 由式（9.21）和式（9.22）给出。

证明根据式（9.19）~ 式（9.22）以及式（9.28）~ 式（9.29）可得：

$$e_E^{*} = \left[\frac{1}{(s_E^{*})^{1-\frac{a_F}{2}} (s_F^{*})^{\frac{a_F}{2}}} \right]^{\frac{1}{a_E + a_F - 2}} \times e_E^{**} \tag{9.31}$$

$$e_F^{*} = \left[\frac{1}{(s_E^{*})^{\frac{a_E}{2}} (s_F^{*})^{1-\frac{a_E}{2}}} \right]^{\frac{1}{a_E + a_F - 2}} \times e_F^{**} \tag{9.32}$$

考虑到 $0 < s_E$，$s_F < 1$ 及 $0 < a_E$，$a_F < 1$，可完成对 $e_E^{**} > e_E^{*}$ 及 $e_F^{**} > e_F^{*}$ 的证明。

下面证明 $EU(e_E^{**}, e_F^{**}) > EU(e_E^{*}, e_F^{*})$。前面分析表明，在式（9.2）、式（9.7）及式（9.17）的约束下，模型 $IP1$ 和 $IP2$ 的极大化问题是一样的，在式（9.16）中，T_i 和 U_i^0 皆是外生变量，因此

极大化式（9.16）又等价于极大化式（9.25），又注意到式（9.25）是无约束下极大化结果，则必有 $EU(e_E^{**}, e_F^{**}) \geqslant EU(e_E^{*}, e_F^{*})$，又根据式（9.31）和式（9.32）等号不成立。证毕。

定理 9.4 表明，信息不对称使得产业共性技术合作研发企业双方最优研发努力投入程度低于信息对称时的最优投入程度，归根结底是由于信息不对称引发双方的道德风险，合作双方都有"搭便车"的动机，造成无谓损失 $\Delta U = EU(e_E^{**}, e_F^{**}) - EU(e_E^{*}, e_F^{*})$。

9.5 合作研发利益分配合同的
影响因素分析

在上节模型分析基础上，本节分析相关参数对最优利益分配合同的影响，进而得到有关最优利益分配合同性质的相关结论。

结论 9.1 产业共性技术合作研发双方的谈判力不影响线性合同的最优分配比例和双方研发努力程度，但会影响转移支付。具体地，转移支付随自身的谈判能力增强而增大，随对方谈判力的增强而减小。

证明：通过观察式（9.19）~式（9.22）可知上述结论前半部分成立。就其后半部分而言，由前文假设可知，转移支付是通过事先谈判确定，只与企业双方的谈判力有关，由式（9.21）~式（9.22）有：$\dfrac{\partial t_E^{*}}{\partial T_E} > 0$，$\dfrac{\partial t_E^{*}}{\partial T_F} < 0$，$\dfrac{\partial t_F^{*}}{\partial T_F} > 0$，$\dfrac{\partial t_F^{*}}{\partial T_E} < 0$。证毕。

线性合同分配比例是共性技术合作研发方的激励因素，它与合作双方技术研发成功率的贡献水平有关，合作双方的研发努力投入程度通过贡献水平也与利益分配比例相关。由式（9.10）和式（9.11），并注意到 $s_E + s_F = 1$ 及 $0 < a_E, a_F < 1$，可得：

$$\frac{\partial e_{\mathrm{E}}^{*}}{\partial s_{\mathrm{E}}^{*}} = \frac{1}{a_{\mathrm{E}} + a_{\mathrm{F}} - 2} \left[\frac{b_{\mathrm{E}}}{(1-\lambda)\omega a_{\mathrm{E}}} \left(\frac{b_{\mathrm{F}} a_{\mathrm{E}}}{b_{\mathrm{E}} a_{\mathrm{F}}} \right)^{\frac{a_{\mathrm{F}}}{2}} (s_{\mathrm{E}}^{*})^{\frac{a_{\mathrm{F}}}{2}-1} (1-s_{\mathrm{E}}^{*})^{-\frac{a_{\mathrm{F}}}{2}} \right]^{\frac{3-a_{\mathrm{E}}-a_{\mathrm{F}}}{a_{\mathrm{E}}+a_{\mathrm{F}}-2}}$$

$$\times (s_{\mathrm{E}}^{*})^{\frac{a_{\mathrm{F}}}{2}-1} (1-s_{\mathrm{E}}^{*})^{-\frac{a_{\mathrm{F}}}{2}} \left[\frac{a_{\mathrm{F}}}{2} \frac{1}{s_{\mathrm{E}}^{*}(1-s_{\mathrm{E}}^{*})} - \frac{1}{s_{\mathrm{E}}^{*}} \right] \tag{9.33}$$

由式（9.33）易知，当 $0 < s_{\mathrm{E}}^{*} < 1 - \dfrac{a_{\mathrm{F}}}{2}$ 时，有 $\dfrac{\partial e_{\mathrm{E}}^{*}}{\partial s_{\mathrm{E}}^{*}} > 0$。同理，由式（9.11）可得，当 $0 < s_{\mathrm{F}}^{*} < 1 - \dfrac{a_{\mathrm{E}}}{2}$ 时有 $\dfrac{\partial e_{\mathrm{F}}^{*}}{\partial s_{\mathrm{F}}^{*}} > 0$。进一步地，由式（9.19）和式（9.20）可得：

$$\frac{\partial s_{\mathrm{E}}^{*}}{\partial a_{\mathrm{E}}} = \frac{2 - a_{\mathrm{E}}}{(4 - a_{\mathrm{E}} - a_{\mathrm{F}})^{2}} > 0, \quad \frac{\partial s_{\mathrm{E}}^{*}}{\partial a_{\mathrm{F}}} = \frac{a_{\mathrm{E}} - 2}{(4 - a_{\mathrm{E}} - a_{\mathrm{F}})^{2}} < 0$$

$$\frac{\partial s_{\mathrm{F}}^{*}}{\partial a_{\mathrm{F}}} = \frac{2 - a_{\mathrm{F}}}{(4 - a_{\mathrm{E}} - a_{\mathrm{F}})^{2}} > 0, \quad \frac{\partial s_{\mathrm{F}}^{*}}{\partial a_{\mathrm{E}}} = \frac{a_{\mathrm{F}} - 2}{(4 - a_{\mathrm{E}} - a_{\mathrm{F}})^{2}} < 0$$

由以上分析可得如下定理。

结论9.2　当 $0 < s_{\mathrm{E}}^{*} < 1 - \dfrac{a_{\mathrm{F}}}{2}$，$0 < s_{\mathrm{F}}^{*} < 1 - \dfrac{a_{\mathrm{E}}}{2}$ 时，产业共性技术合作研发双方的研发最优努力程度随着最优利益分配比例的增加而增大，而分配比例随自身对研发成功率贡献水平的增加而增大，随对方的贡献水平增大而减少。

上述结论表明，合作研发双方对产业共性技术研发成功率贡献大小直接影响合作研发利益分配问题，且贡献水平通过利益分配比例在一定范围内正向影响研发努力程度。这就要求在合作研发实践中，应依据双方对研发的贡献水平确定利益分配比例，如此可激发合作研发双方研发努力投入程度及其合作的可持续性。

进一步，当其他参数既定时，根据式（9.21）和式（9.22），考虑 $0 < a_{\mathrm{E}}, a_{\mathrm{F}} < 1$，可得：

$$\frac{\partial e_{E}^{*}}{\partial b_{E}}=\frac{1-\dfrac{a_{E}}{2}}{(a_{E}+a_{F}-2)b_{E}}\left\{\frac{(4-a_{E}-a_{F})b_{E}}{(2-a_{F})(1-\lambda)\omega a_{E}}\left[\frac{b_{F}a_{E}(2-a_{F})}{b_{E}a_{F}(2-a_{E})}\right]^{\frac{a_{F}}{2}}\right\}^{\frac{1}{a_{E}+a_{F}-2}}<0$$

$$\frac{\partial e_{E}^{*}}{\partial \lambda}=\frac{1}{(a_{E}+a_{F}-2)(1-\lambda)}\left\{\frac{(4-a_{E}-a_{F})b_{E}}{(2-a_{F})(1-\lambda)\omega a_{E}}\left[\frac{b_{F}a_{E}(2-a_{F})}{b_{E}a_{F}(2-a_{E})}\right]^{\frac{a_{F}}{2}}\right\}^{\frac{1}{a_{E}+a_{F}-2}}<0$$

$$\frac{\partial e_{E}^{*}}{\partial \omega}=-\frac{1}{(a_{E}+a_{F}-2)\omega}\left\{\frac{(4-a_{E}-a_{F})b_{E}}{(2-a_{F})(1-\lambda)\omega a_{E}}\left[\frac{b_{F}a_{E}(2-a_{F})}{b_{E}a_{F}(2-a_{E})}\right]^{\frac{a_{F}}{2}}\right\}^{\frac{1}{a_{E}+a_{F}-2}}>0$$

同理可得：$\dfrac{\partial e_{F}^{*}}{\partial b_{F}}<0$；$\dfrac{\partial e_{F}^{*}}{\partial \lambda}<0$；$\dfrac{\partial e_{F}^{*}}{\partial \omega}>0$，由此可得如下定理。

结论 9.3　产业共性技术合作研发企业双方研发努力程度随着自身单位努力成本及共性技术后续商业化难度的减小而增大，随着共性技术预期研发收益的增大而增加。

上述结论表明，企业合作研发的努力程度受到研发单位成本的负面影响，同时共性技术本身的商业化难度及未来应用前景都对企业研发努力程度产生负面影响。因此，要鼓励企业合作研发共性技术，应在共性技术后续商业化、预期收益的实现给予支持，如对基于共性技术的产品开发及销售渠道等方面给予相应的扶持。同时，应给予技术上而不仅仅是补贴的支持降低企业的单位研发努力成本。

利用式（9.19）~式（9.22）求解合作研发的期望净收益，可得：

$$EU(e_{E}^{*},\ e_{F}^{*})=(1-\lambda)\omega(e_{E}^{*})^{a_{E}}(e_{F}^{*})^{a_{F}}-\frac{1}{2}b_{E}(e_{E}^{*})^{2}$$

$$-\frac{1}{2}b_{F}(e_{F}^{*})^{2}-(w_{E}+w_{F}) \tag{9.34}$$

由式（9.34）有：

$$\frac{\partial EU(e_{E}^{*},\ e_{F}^{*})}{\partial w_{i}}<0;\ \frac{\partial EU(e_{E}^{*},\ e_{F}^{*})}{\partial b_{i}}<0$$

进一步地，由式（9.8）~ 式（9.11）易知：$(1-\lambda)\omega a_{\mathrm{E}}(e_{\mathrm{E}}^*)^{a_{\mathrm{E}}-1}$ $(e_{\mathrm{F}}^*)^{a_{\mathrm{F}}}-b_{\mathrm{E}}e_{\mathrm{E}}^* >0$ 以及 $(1-\lambda)\omega a_{\mathrm{F}}(e_{\mathrm{E}}^*)^{a_{\mathrm{E}}}(e_{\mathrm{F}}^*)^{a_{\mathrm{F}}-1}-b_{\mathrm{F}}e_{\mathrm{F}}^* >0$，于是有：

$$\frac{\partial EU(e_{\mathrm{E}}^*,\ e_{\mathrm{F}}^*)}{\partial e_{\mathrm{E}}^*}=(1-\lambda)\omega a_{\mathrm{E}}(e_{\mathrm{E}}^*)^{a_{\mathrm{E}}-1}(e_{\mathrm{F}}^*)^{a_{\mathrm{F}}}-b_{\mathrm{E}}e_{\mathrm{E}}^* >0$$

$$\frac{\partial EU(e_{\mathrm{E}}^*,\ e_{\mathrm{F}}^*)}{\partial e_{\mathrm{F}}^*}=(1-\lambda)\omega a_{\mathrm{F}}(e_{\mathrm{E}}^*)^{a_{\mathrm{E}}}(e_{\mathrm{F}}^*)^{a_{\mathrm{F}}-1}-b_{\mathrm{F}}e_{\mathrm{F}}^* >0$$

$$\frac{\partial EU(e_{\mathrm{E}}^*,\ e_{\mathrm{F}}^*)}{\partial \lambda}=-\omega(e_{\mathrm{E}}^*)^{a_{\mathrm{E}}}(e_{\mathrm{F}}^*)^{a_{\mathrm{F}}}$$
$$+\frac{\partial e_{\mathrm{E}}^*}{\partial \lambda}\big[(1-\lambda)\omega a_{\mathrm{E}}(e_{\mathrm{E}}^*)^{a_{\mathrm{E}}-1}(e_{\mathrm{F}}^*)^{a_{\mathrm{F}}}-b_{\mathrm{E}}e_{\mathrm{E}}^*\big]$$
$$+\frac{\partial e_{\mathrm{E}}^*}{\partial \lambda}\big[(1-\lambda)\omega a_{\mathrm{F}}(e_{\mathrm{E}}^*)^{a_{\mathrm{E}}}(e_{\mathrm{F}}^*)^{a_{\mathrm{F}}-1}-b_{\mathrm{F}}e_{\mathrm{F}}^*\big]<0$$

$$\frac{\partial EU(e_{\mathrm{E}}^*,\ e_{\mathrm{F}}^*)}{\partial \omega}=(1-\lambda)(e_{\mathrm{E}}^*)^{a_{\mathrm{E}}}(e_{\mathrm{F}}^*)^{a_{\mathrm{F}}}$$
$$+\frac{\partial e_{\mathrm{E}}^*}{\partial \omega}\big[(1-\lambda)\omega a_{\mathrm{E}}(e_{\mathrm{E}}^*)^{a_{\mathrm{E}}-1}(e_{\mathrm{F}}^*)^{a_{\mathrm{F}}}-b_{\mathrm{E}}e_{\mathrm{E}}^*\big]$$
$$+\frac{\partial e_{\mathrm{F}}^*}{\partial \omega}\big[(1-\lambda)\omega a_{\mathrm{F}}(e_{\mathrm{E}}^*)^{a_{\mathrm{E}}}(e_{\mathrm{F}}^*)^{a_{\mathrm{F}}-1}-b_{\mathrm{F}}e_{\mathrm{F}}^*\big]>0$$

结论 9.4 产业共性技术合作研发净收益与共性技术预期收益及企业双方最优研发努力程度正相关，与共性技术后续商业化难度、企业双方研发投入的物质成本及单位研发努力成本系数负相关。

由结论 9.3 可知，随着企业双方最优研发努力程度的增加合作研发净收益也增大，进一步根据结论 9.2，企业双方对共性技术研发成功率的贡献水平通过影响利益分配比例而影响双方的研发投入水平，进而影响合作研发净收益。若要增加共性技术合作研发净收益需要从降低共性技术后续商业化难度及研发投入成本入手，同时应该使得共性技术预期收益更大程度的实现，如此可更大地激励企业双方进行产业共性技术合作研发。

9.6　算例分析

假设产业中有两个龙头企业，它们为了保持技术领先地位，都有对具有战略意义的共性技术研究的动机，鉴于共性技术基础性、竞争前技术等特性的考虑，合作研发成为企业双方的共同选择。于是，双方分别投入物质和人力资源共同开展共性技术研发活动。

考虑到结论 9.1 和结论 9.2 参数影响的直观性，下面主要分析和验证结论 9.3 中企业对研发成功的贡献水平 a_E 及 a_F 分别通过最优利益分配比例 s_E^* 和 s_F^* 对研发努力程度 e_E^* 的正向影响，最优利益分配比例 s_E^* 和 s_F^* 分别与 a_F 及 a_E 负相关；结论 9.3 中 e_E^* 与单位努力成本系数 b_E 和 b_F 及共性技术后续商业化难度 λ 负相关、与共性技术预期研发收益 w 正相关，在充分考虑各参数间相互关系的基础上，对相关结论进行验证。

为验证结论 9.2，以企业 E 为例进行分析，取 $b_E = 0.5$，$b_F = 0.8$，$\lambda = 0.5$，$\omega = 1$，$a_F = 1 - a_E$ 以及 $a_E \in [0.05, 0.95]$，相应地 $s_E^* \in [0.35, 0.65]$，易知，满足 $0 < s_E^* < 1 - \dfrac{a_F}{2}$，注意到 $s_E + s_F = 1$，由图 9 - 5 可知，企业研发努力程度 e_E^* 随自身对研发成功贡献水平 a_E 的增加而增加，进一步可发现 a_E 对企业研发的最优利益分配比例 s_E^* 产生正向影响，而 s_E^* 对其研发努力程度 e_E^* 正向影响。由此可得，企业 E 对研发成功的贡献水平 a_E 通过正向影响最优利益分配比例 s_E^* 而对最优研发努力程度 e_E^* 产生正向影响。进一步易得，企业最优分配比例 s_E^* 随对方的贡献水平 a_F 增大而减少（如图 9 - 6 所示），对企业 F 的分析可得出类似结论，这里不再赘述，结论 9.2 得以验证。

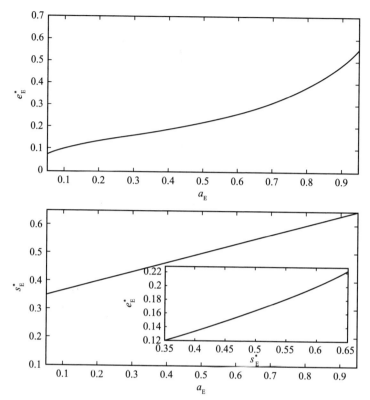

图 9-5 a_{E} 通过 s_{E}^{*} 进而对 e_{E}^{*} 的正向影响

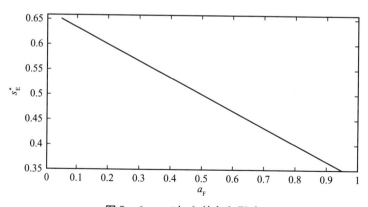

图 9-6 a_{F} 对 s_{E}^{*} 的负向影响

为验证结论9.3，仍以企业 E 为例进行分析，其他参数既定，进一步令 $a_E = 0.5$，$a_F = 0.5$ 以及 λ，$b_E \in (0, 1)$，具体如图9-7所示，随着共性技术后续商业化难度 λ 及自身单位努力成本 b_E 的增大，企业最优研发努力程度 e_E^* 逐渐的减小，且后续商业化难度 λ 对 e_E^* 的影响较之努力成本 b_E 更大，因此，若要鼓励企业积极研发共性技术，促进共性技术商业化是重要着眼点。进一步地，保持其他参数与前面相同，取 $w \in (0, 2]$，算例结果如图9-8所示，随着共性技术预期收益 w 增加 e_E^* 也相应增加，对企业 F 的分析可得出相类似的结论，这里不再赘述，结论9.3得到验证。

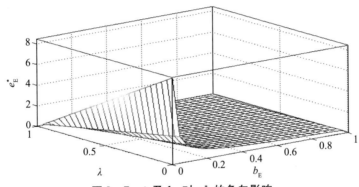

图9-7　λ 及 b_E 对 e_E^* 的负向影响

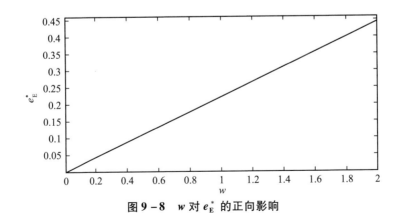

图9-8　w 对 e_E^* 的正向影响

9.7　结论与讨论

通过构建考虑信息不对称的产业共性技术合作研发利益分配模型，首次运用纳什谈判解分析共性技术合作研发利益分配最优合同设计及利益分配影响因素，研究结果发现，在产业共性技术合作研发中：第一，信息不对称的存在造成研发的无谓损失，企业双方的谈判力不影响最优利益分配比例和研发努力程度，但会正向地影响自身的转移支付；第二，利益分配比例随企业自身对研发成功率贡献水平的增大而变大，贡献水平又通过利益分配比例在一定范围内正向影响着企业研发努力程度；第三，企业双方研发努力程度随着自身努力成本及共性技术后续商业化难度的减小而增大，随共性技术带来的预期收益的增大而增加；第四，共性技术合作研发净收益与其预期收益及企业最优研发努力程度正相关，与共性技术后续商业化难度、双方研发投入的物质成本及研发努力成本系数负相关。

尽管本章对产业共性技术合作研发利益分配合同及其影响因素做了较详细的探讨，但是作为初次研究，还可从如下两方面进行扩展：一是站在技术扩散视角，考虑产业共性技术合作研发预期收益实现过程的相关变量实现对本章模型的扩展；二是站在政府视角，研究产业共性技术合作研发最优政府支持合同设计问题。

9.8　本章小结

作为本章研究的理论基础——合作博弈理论，本章对该理论进行了概述，尤其对合作博弈理论中影响较大的讨价还价（谈判）问题进行了较详细的概述，本章运用纳什讨价还价（谈判）解对共性技术合作研发利益分配博弈进行了研究。

第10章 共性技术与补贴退坡下新能源汽车产业发展研究

10.1 研究基础理论概述

本章以新能源汽车产业为例，运用博弈建模研究共性技术在新能源汽车产业发展中的重要作用，本章研究的理论基础为完全信息动态博弈理论，具体概述参见本书第4章。考虑到本章的主要研究背景是新能源汽车产业，下面对新能源汽车产业进行概述。

按照我国发改委公告定义，新能源汽车是指采用非常规的车用燃料作为动力来源（或使用常规的车用燃料、采用新型车载动力装置），综合车辆的动力控制和驱动方面的先进技术，形成的技术原理先进、具有新技术、新结构的汽车，即除汽油、柴油发动机之外所有以其他能源驱动的汽车，包括纯电动汽车、增程式电动汽车、混合动力汽车、燃料电池电动汽车、氢发动机汽车、其他新能源汽车等，与传统汽油、柴油为燃料驱动的汽车相比，新能源汽车废气排放量比较低。

（1）纯电动汽车（blade electric vehicles，BEV）是一种采用单

一蓄电池作为储能动力源的汽车，它利用蓄电池作为储能动力源，通过电池向电动机提供电能，驱动电动机运转，从而推动汽车行驶，具简单成熟、只要有电力供应的地方都能够充电的优点。

（2）增程式电动车（extended-range electric vehicles，EREV）是一种配有地面充电和车载供电功能的纯电驱动的电动汽车、电动自行车及电动摩托车，其动力系统由动力电池系统、动力驱动系统、整车控制系统和辅助动力系统（APU）组成，特别适用于城市公交的纯电动客车和行驶路途较远的电动自行车。

（3）混合动力汽车（hybrid electric vehicle，HEV）是指驱动系统由两个或多个能同时运转的单个驱动系联合组成的车辆，车辆的行驶功率依据实际的车辆行驶状态由单个驱动系单独或多个驱动系共同提供，既发挥了发动机持续工作时间长，动力性好的优点，又可以发挥电动机无污染、低噪声的好处。

（4）燃料电池电动汽车（fuel cell electric vehicle，FCEV）是利用氢气和空气中的氧在催化剂的作用下，在燃料电池中经电化学反应产生的电能作为主要动力源驱动的汽车，燃料电池电动汽车实质上是纯电动汽车的一种，具有零排放，不污染环境的优点。

（5）氢发动机汽车（hydrogen electric vehicle，HEV）是以氢发动机为动力源的汽车，氢发动机使用的燃料是气体氢，氢发动机汽车是一种真正实现零排放的交通工具，排放出的是纯净水，具有无污染、零排放、储量丰富等优势。

（6）其他新能源汽车，包括使用超级电容器、飞轮等高效储能器的汽车。

无论何种新能源汽车，电池（及相关技术）和充电站（桩）都是新能源汽车产业发展的基础性设备，电池是新能源汽车的动力电源，包含锂离子电池、镍氢电池、燃料电池、铅酸电池及钠硫蓄电池等，新能源汽车的电机及其控制系统、电池技术及换电技术和故障诊断及安全系统等共性技术还不完全成熟或缺点明显，与传统汽车相比不管是从成本上、动力还是续航里程上都有不少差距，构成制约新能源汽车发展的重要原因，而充电站（桩）和汽车加油站相类似，是一种"加电"的设备，充电站（桩）配置及规划对新能源汽车发展也具有重要影响。据不完全统计，全世界现有超过 400 万辆液化石油气汽车，100 多万辆天然气汽车。[①] 目前，我国市场上在售的新能源汽车多是混合动力汽车和纯电动汽车。

在能源制约、环境污染及低碳经济的大背景下，我国政府把发展新能源汽车作为解决能源及环境问题、实现可持续发展的重大举措，自 2001 年开始，新能源汽车研究项目被列入国家"十五"期间的"863"重大科技课题，并规划了以汽油车为起点，向氢动力车目标挺进的战略，2012 年 5 月，我国为加快培育发展新能源汽车，新能源汽车项目每年将获 10 亿～20 亿元资金支持，2014 年下半年在中央和地方双补贴政策的大力支持下，我国新能源汽车行业进入了快速发展阶段，说明新能源汽车这类"政策导向市场"确实需要政府的支持与引导，截至 2015 年，保有量已达 58.32 万辆，中国新能源汽车市场规模达到了前所未有的高度，根据工信部的数据显示，2015 年中国新能源汽车销量飙升 4 倍。新能源汽车产业发展的"一片大好"之下，实际上是国家巨额补贴支撑起来的"海市蜃楼"，由于长期执行消费补贴企业容易患上对政府政策的依赖症，紧盯政策去设定产品，缺乏技术研发和产业升级的动力和压力（楼继伟，2016），甚至出现"企业数据造假""骗补"等违反政府培育新能源汽车初期市场的初衷的恶劣行径。财政部、科技部、工信部、发改委于 2015 年 4 月联合发布《关于 2016～2020 年新能源汽

---

① 新能源汽车被分为几种类型［N/OL］.（2020 - 03 - 02）. 太平洋汽车网，https：//pcauto.com.cn/jxwd/1993/19934142.html.

车推广应用财政支持政策的通知》制定了新能源汽车补贴退坡，明确指出 2020 年以后补贴政策将完全退出。补贴退坡对于新能源汽车企业是危机还是转机？新能源汽车产业又该如何发展？引起了社会各界的广泛关注。

10.2　背景及研究述评

新能源汽车产业作为我国重点发展的战略性新兴产业，由于我国政府财政补贴力度的不断加强，新能源汽车取得了长足发展，截至 2015 年，保有量已达 58.32 万辆，2016 年保有量已经突破 100 万辆，位居全球第一。尽管补贴政策在新能源汽车产业发展中发挥了至关重要的作用（马亮等，2017），但过度的政府补贴使新能源汽车"补贴依赖症"愈演愈烈乃至出现大规模"骗补"事件（范如国等，2017）。经过反复的政策考量并结合产业实际，财政部、科技部、工信部、发改委于 2015 年 4 月联合发布《关于 2016~2020 年新能源汽车推广应用财政支持政策的通知》明确规定，从 2016 年起，除了燃料电池汽车外其他车型补助标准都要适当退坡，2017~2018 年新能源汽车补贴标准将在 2016 年基础上下调 20%，2019~2020 年下降 40%，2020 年以后补贴政策将退出。由此可见，新能源汽车补贴政策将从 2017 年开始进入补贴退坡时代①，补贴退坡直至退出

---

① 事实上，这并非是第一次补贴退坡，早在 2013 年颁布的《关于继续开展新能源汽车推广应用工作的通知》规定补助标准依据新能源汽车与同类传统汽车的基础差价确定，并考虑规模效应、技术进步等因素逐年退坡，2014 年和 2015 年，纯电动乘用车、插电式混合动力（含增程式）乘用车、纯电动专用车、燃料电池汽车补助标准在 2013 年标准的基础上分别下降 10% 和 20%；纯电动公交车、插电式混合动力（含增程式）公交车标准维持不变。随后，于 2014 年颁布《关于进一步做好新能源汽车推广应用工作的通知》，将补贴退坡调整为 2014 年在 2013 年的标准基础上下降 5%，2015 年在 2013 年的标准基础上下降 10%，2014 年 1 月 1 日起开始执行。

已势在必行，补贴退坡势必会影响新能源汽车产业发展，如何在补贴退坡背景下继续保持新能源汽车产业的健康有序发展？对此问题解答和系统研究具有重要的理论和现实意义。

　　新能源汽车产业发展及政府补贴问题受到国内外学者们的广泛关注，国外学者主要集中在政府补贴对新能源汽车产业发展的影响，图兰等（Turan et al.，2012）从政府政策制定出发，分析了德国政府制定的消费者购买补贴、能源税等政策对新能源汽车推广的影响；西尔舒拉等（Sierzchula et al.，2014）和诺里阿基卡本等（Noriakisaka-moto et al.，2016）从理论上研究了财政补贴等刺激对电动汽车采用的影响，学者们就具体国家进行有针对性的研究，奥曼（Ahman，2006）对日本、戴蒙德（Diamond，2009）对美国、恩杰尔等（En-gerer et al.，2010）对欧洲国家、勒朗等（Leurent et al.，2015）对法国的财政补贴政策对新能源汽车产业发展的影响进行了研究，并一致认为补贴政策有利于新能源汽车的推广和采用。国内学者研究主要集中在以下三个方面：一是相关国外经验归纳、比较及启示的研究，卢超等（2012）对典型发达国家（美国、日本、德国、法国和英国）和"金砖国家"从产业创新链和政策工具两个维度进行比较研究；程广宇等（2013）通过分析美国和欧盟国家政府支持电动汽车发展政策颁布与执行情况，提出对中国政府扶持电动汽车产业发展的启示；张政等（2014）从目标导向差异视角对中美两国新能源汽车补贴政策进行了比较研究。二是政府补贴对新能源汽车供应链的影响，洪等（Hong et al.，2012）以制造商为研究对象，探讨了不同补贴额度下新能源汽车制造商的最优定价策略；洛等（Luo et al.，2014）研究了政府为新能源汽车消费者提供价格折扣时，政府补贴对新能源汽车供应链的影响；张学龙等（2015）等运用沙普利值（Shapley value，简称 Shapley 值）法研究了固定额度的政府补贴对新能源汽车供应链的影响，结果表明政府补贴使得新能源汽车出厂价格、销售价格以及销售量都有所增加。三是运用博弈方法研究补贴对新能源汽车产业发展的影响，钟太勇等（2015）运用了信号博弈模型探讨了政府与汽车企业补贴过程中的逆向选择问题；范如国等（2017）通过建立新能源汽车最优补贴策略博弈模型，研究了"后补贴"时代地方新能源汽车推广的影响因素及机理，马亮等（2017）通过建立三阶段博弈模型，分析了补贴和准入限制双重影响下的新能源汽车产业发展问题，对本章博弈模型的建立和分析有重要的启迪。

总体来看，现有文献均认为补贴是促进新能源汽车产业发展的重要方式，并在微观层面上分析了政府补贴对新能源汽车推广的影响及机理，然而，鲜有学者在补贴退坡背景下对如何继续保持新能源汽车产业的健康有序发展的问题展开专门而系统的研究。为此，本章综合考虑新能源汽车和燃油汽车节能指数、消费者节能偏好支付意愿、新能源汽车产业共性技术供给、政府补贴退坡和市场竞争，建立了政府与新能源汽车企业、燃油汽车企业之间的三阶段博弈模型，分析对新能源汽车产业发展影响因素及影响机理进行了分析，解答了补贴退坡下继续保持新能源汽车产业的健康发展问题，为政府制定促进新能源汽车产业政策提供理论参考和决策指导。

10.3　问题描述与模型建立

10.3.1　问题描述

新能源汽车产业作为我国七大战略性新兴产业之一，是推动经济持续健康发展的重要新动力。为了保证汽车产业的绿色发展，政府部门规定所有准入市场销售的汽车的最低节能指数 e_0，易知 e_0 越大汽车的能耗越低、排放量越少，设市场上有两类汽车分别由两家企业生产，企业 T 生产燃油汽车，企业 N 生产新能源汽车，显然燃油汽车的节能指数低于新能源汽车，而高节能指数的汽车具有更高的边际生产成本为代价，设新能源汽车边际生产成本为 c_N，燃油汽车边际生产成本为 c_T，则有 $c_N > c_T$。

为促进新能源汽车产业的发展和推广，政府对新能源汽车给予直接财政补贴，根据 2009 年 2 月出台的《节能与新能源汽车示范推广财政补助资金管理暂行办法》有关补贴标准的规定：节油率在 5% ～40% 的混合动力汽车每辆补助 0.4 万 ～4.5 万元，节油率 100% 的汽车最高补助可达每辆 25 万元。假设 e_1 为新能源汽车获得补贴的最低节能指数，s_i 为政府确定的单位产品补贴系数，$i = T$，N，且令 $s_i = t(e_i - e_1)$，其中 t 为政府控制的单位产品补贴调整因子，$0 \leqslant t$，$s_i \leqslant 1$，于是有：

$$s_i = \begin{cases} t(e_i - e_1) & \text{if} \quad e_i \geqslant e_1 \\ 0 & \text{if} \quad e_i < e_1 \end{cases} \qquad i = T, \ N \qquad (10.1)$$

进一步地，市场上的消费者根据对汽车节能指数的偏好程度可分为两类，一类为实用主义者，其购买汽车时只关心安全、使用便利性及电池耐用性等性能指标，完全忽略环保问题；另一类为环保主义者，购买汽车时不仅关注性能指标还偏好于节能指数较高的汽车且愿意支付较高的价格购买，用 θ 表示消费者对汽车节能指数偏好度，用 k 表示消费者的单位节能偏好支付意愿，即节能指数每增加一单位消费者愿意支付 k 单位费用。

此外，消费者的偏好支付愿意 k 受到汽车本身的安全性等性能和使用过程中便利性即汽车产业共性技术的影响，这又包含诸如电机及其控制系统、电池技术及换电技术和故障诊断及安全系统等技术类共性技术和诸如充电或加油网络科学规划、充电接口等标准制定及配套设施建设等管理类共性技术[①]，分别用 g 和 b 衡量两类共性技术的空缺度，且满足 $0 \leqslant g$，$b < 1$，g 和 b 越大表示共性技术供给越糟糕。显然，实际偏好支付愿意与 g、b 呈反方向变化，于是可令 $K = (1 - b)(1 - g)k$ 表示消费者的实际偏好支付意愿。

本章研究考虑新能源汽车和燃油汽车的节能指数、消费者节能偏好及其影响因素、政府补贴和市场竞争，建立政府与新能源汽车企业、燃油汽车企业之间的三阶段博弈模型：第一阶段为政府确定相关政策，包括单位产品补贴系数、市场准入值和最低补贴限制；第二阶段为新能源汽车企业和燃油汽车企业分别对所生产汽车的节能指数做出决策；第三阶段为企业选择价格和产量，实现收益。

10.3.2　建模假设与参数说明

为更好刻画政府、新能源汽车企业、传统燃油汽车企业之间的博弈关系，在遵从问题实质的基础上，作如下假设：

（1）政府收益为社会总福利，表征汽车节能指数提升带来的生态改善和社会经济健康发展，政府收益 π_G 设为企业 T 的收益 π_T、企业 N 的收益 π_N 及偏好不同的两类消费者剩余 CS_1 和 CS_2 之和，减去政府的直接财政补贴。

（2）汽车市场是由生产传统燃油汽车企业 T 和生产新能源汽车企业 N 组成的双寡头市场，企业 N 的汽车产品节能指数不低于获得政府补贴的节能指数下限 e_1，而企业 T 产品节能指数低于 e_1，但高于政府准入市场的最低节能要求 e_0，即政府只补贴新能源汽车。

（3）企业 T 和企业 N 要想提升自身汽车产品的节能指数，需付

---

① 王彦伟等（2014）将广义技术中的"管理技术"视作一种特殊共性技术，并对共性管理技术进行了系统的阐述。据此，在汽车产业中，凡是能发挥服务性和支撑性功能的标准、规划、设施及服务等均可称之为汽车产业共性管理技术。

出相应的开发节能技术相关的研发成本 C_T 和 C_N，借鉴传统的 AJ 模型，假设研发成本与汽车产品节能指数提升成二次关系 $C_i = \delta_i (e_i - e_0)^2$，$i = T$，N，$\delta_i$ 为研发成本系数。

（4）消费者对汽车节能偏好度 θ 服从 $[\theta_0，\theta_1]$ 上的均匀分布，即 $\theta \sim [\theta_0，\theta_1]$，其中 θ_0 表示消费者在做出购买汽车决策时毫不在乎节能问题；θ_1 表示消费者极端偏好于节能指数高的新能源汽车，并愿意支付高价格。则 $p_T + k(\theta - \theta_0) + p_N t(e_N - e_1) = p_N$ 时，θ 偏好程度的消费者才愿意购买新能源汽车，即存在一个 $\tilde{\theta}$，该类型消费者对于购买传统燃油汽车和新能源汽车没有差异，求解 θ 并将 k 代入得：

$$\tilde{\theta} = \frac{p_N - p_T - p_N t(e_N - e_1)}{(1 - b)(1 - g)k} + \theta_0 \qquad (10.2)$$

其中，p_N、p_T 分别为新能源汽车和传统燃油汽车的市场价格。

（5）假设汽车市场容量为 1，新能源汽车的需求量为 q_N，传统燃油汽车的需求量为 q_T，显然有 $q_N + q_T = 1$。

10.3.3 模型建立

根据以上分析，下面依次求解参与主体消费者、汽车企业及政府的博弈收益。利用式（10.2）可得购买企业 T 所生产传统燃油汽车消费者的收益：

$$
\begin{aligned}
CS_1 &= \int_{\theta_0}^{\tilde{\theta}} \frac{(1 - b)(1 - g)k(\theta - \theta_0) - p_T}{\theta_1 - \theta_0} d\theta \\
&= \frac{p_N^2 [1 - t(e_N - e_1)]^2 + 3p_T^2 - 4p_T p_N [1 - t(e_N - e_1)]}{2(1 - b)(1 - g)k(\theta_1 - \theta_0)}
\end{aligned}
$$

$$(10.3)$$

同理，可得购买企业 N 所生产新能源汽车消费者的收益：

$$CS_2 = \int_{\tilde{\theta}}^{\theta_1} \frac{(1-b)(1-g)k(\theta-\theta_0) - p_N + p_N t(e_N - e_1)}{\theta_1 - \theta_0} d\theta$$

$$= \frac{(1-b)(1-g)k(\theta_1 - \theta_0)}{2} - p_N[1 - t(e_N - e_1)]$$

$$+ \frac{p_N^2[1 - t(e_N - e_1)]^2 - p_T^2}{2(1-b)(1-g)k(\theta_1 - \theta_0)} \tag{10.4}$$

进一步地，根据 $q_N + q_T = 1$，结合式（10.2）易得新能源汽车的市场需求量：

$$q_N = \int_{\tilde{\theta}}^{\theta_1} \frac{1}{\theta_1 - \theta_0} d\theta = 1 - \frac{\tilde{\theta} - \theta_0}{\theta_1 - \theta_0} = 1 - \frac{p_N[1 - t(e_N - e_1)] - p_T}{(1-b)(1-g)k(\theta_1 - \theta_0)}$$

$$= 1 + \frac{p_T}{(1-b)(1-g)k(\theta_1 - \theta_0)} - \frac{1 - t(e_N - e_1)}{(1-b)(1-g)k(\theta_1 - \theta_0)} p_N \tag{10.5}$$

$$q_T = 1 - q_N = \frac{[1 - t(e_N - e_1)]p_N}{(1-b)(1-g)k(\theta_1 - \theta_0)}$$

$$- \frac{1}{(1-b)(1-g)k(\theta_1 - \theta_0)} p_T \tag{10.6}$$

于是，根据式（10.5）和式（10.6）可得企业 T 和企业 N 的收益分别为：

$$\pi_T = (p_T - c_T)q_T - \delta_T(e_T - e_0)^2 \tag{10.7}$$

$$\pi_N = [p_N - c_N + p_N t(e_N - e_1)]q_N - \delta_N(e_N - e_0)^2 \tag{10.8}$$

根据式（10.1）、式（10.3）、式（10.4）及式（10.7）、式（10.8）上述分析，可得政府的收益即社会总福利为：

$$\pi_G = CS_N + CS_T + \pi_N + \pi_T - p_N t(e_N - e_1)q_N \tag{10.9}$$

10.4　模型求解与分析

采用逆向归纳法三阶段博弈模型进行求解，即给定政府设计组合政策及汽车企业据此设计了节能指数，首先分析企业选择汽车产品的价格和产量实现收益。

10.4.1　企业选择汽车产品价格和产量实现收益

根据式（10.7）和式（10.8），对 π_T 和 π_N 分别求 p_T 和 p_N 的一阶导数，得：

$$\frac{\partial \pi_T}{\partial p_T} = \frac{[1 - t(e_N - e_1)]p_N - 2p_T + c_T}{(1 - b)(1 - g)k(\theta_1 - \theta_0)}$$

$$\frac{\partial \pi_N}{\partial p_N} = [1 + t(e_N - e_1)]\left[1 + \frac{p_T}{(1 - b)(1 - g)k(\theta_1 - \theta_0)}\right]$$

$$- \frac{2[1 + t(e_N - e_1)][1 - t(e_N - e_1)]}{(1 - b)(1 - g)k(\theta_1 - \theta_0)}p_N$$

$$+ \frac{[1 - t(e_N - e_1)]c_N}{(1 - b)(1 - g)k(\theta_1 - \theta_0)}$$

令 $\dfrac{\partial \pi_T}{\partial p_T} = 0$ 及 $\dfrac{\partial \pi_N}{\partial p_N} = 0$ 并联立求解可得：

$$p_T^* = \frac{[1 - t(e_N - e_1)]c_N + [1 + t(e_N - e_1)][(1 - b)(1 - g)k(\theta_1 - \theta_0) + 2c_T]}{3[1 + t(e_N - e_1)]}$$

$$\tag{10.10}$$

$$p_N^* = \frac{2[1 - t(e_N - e_1)]c_N + [1 + t(e_N - e_1)][2(1 - b)(1 - g)k(\theta_1 - \theta_0) + c_T]}{3[1 + t(e_N - e_1)][1 - t(e_N - e_1)]}$$

$$\tag{10.11}$$

其他参数既定，考虑 b、g 及 k 对 p_T^* 和 p_N^* 的影响，易得：

$$\frac{\partial p_T^*}{\partial b} = \frac{-(1 - g)k(\theta_1 - \theta_0)}{3} < 0, \quad \frac{\partial p_T^*}{\partial g} = \frac{-(1 - b)k(\theta_1 - \theta_0)}{3} < 0$$

$$\frac{\partial p_T^*}{\partial k} = \frac{(1 - b)(1 - g)(\theta_1 - \theta_0) + 2c_T}{3} > 0$$

同理，有 $\dfrac{\partial p_{N}^{*}}{\partial b}<0$，$\dfrac{\partial p_{N}^{*}}{\partial g}<0$，$\dfrac{\partial p_{N}^{*}}{\partial k}>0$，由此可得结论 10.1。

结论 10.1　新能源汽车和传统燃油汽车的最优市场价格 p_{N}^{*} 和 p_{T}^{*} 与消费者的节能偏好支付意愿 k 正相关，与共性技术的空缺度 b 和 g 负相关。

由上述结论 10.1 可知，消费者节能偏好意愿增强，两类汽车企业都受益。进一步地，若汽车产业共性技术供给情况越糟糕，由于汽车的安全性及适用的便利性等影响了消费者的购买意愿，使得两类汽车市场价格下降。事实上，就传统燃油汽车产业而言，其电机及其控制系统及加油站等共性技术供给都比较完善，因此，对于传统燃油汽车来说，共性技术的影响较小，而对于新能源汽车来说，由于新能源汽车电池技术及换电技术以及充电网络配套等共性技术供给不足，从而严重影响了新能源汽车产业的发展。

将 p_{N}^{*} 和 p_{T}^{*} 分别代入式（10.5）和式（10.6），可得传统燃油汽车和新能源汽车的最优市场需求量分别为：

$$q_{T}^{*}=\frac{\left[1-t(e_{N}-e_{1})\right]c_{N}+\left[1+t(e_{N}-e_{1})\right]\left[(1-b)(1-g)k(\theta_{1}-\theta_{0})-c_{T}\right]}{3\left[1+t(e_{N}-e_{1})\right](1-b)(1-g)k(\theta_{1}-\theta_{0})}$$

（10.12）

$$q_{N}^{*}=\frac{\left[1+t(e_{N}-e_{1})\right]\left[2(1-b)(1-g)k(\theta_{1}-\theta_{0})+c_{T}\right]-\left[1-t(e_{N}-e_{1})\right]c_{N}}{3\left[1+t(e_{N}-e_{1})\right](1-b)(1-g)k(\theta_{1}-\theta_{0})}$$

（10.13）

其他参数既定，用 s_{N} 替换式（10.12）和式（10.13）中的 $t(e_{N}-e_{1})$，并对两式分别对求 s_{N} 的一阶导数，可得：

$$\frac{\partial q_{T}^{*}}{\partial s_{N}}=\frac{-2c_{N}}{3(1+s_{N})^{2}(1-b)(1-g)k(\theta_{1}-\theta_{0})}<0$$

$$\frac{\partial q_{N}^{*}}{\partial s_{N}}=\frac{2c_{N}}{3(1+s_{N})^{2}(1-b)(1-g)k(\theta_{1}-\theta_{0})}>0$$

由此可得结论 10.2。

结论 10.2 政府减少补贴系数 s_N 会使新能源汽车的市场份额 q_N^* 下降，相应传统燃油企业的市场份额 q_T^* 上升，不利于对新能源汽车产业发展。

结论 10.2 说明，政府补贴对新能源汽车产业发展具有积极作用。然而，根据我国 2015 年 4 月颁布的《关于 2016~2020 年新能源汽车推广应用财政支持政策的通知》，从 2016 年起新能源汽车补助标准将有所上升，但补贴额度将逐年大幅递减，2017~2020 年除了燃料电池汽车外其他车型的补助标准都要适当退坡。那么，如何在补贴退坡背景下继续保持新能源汽车产业的健康发展？这是本章探讨的核心问题。

其他参数既定，考虑 b、g 及 k 对 q_T^* 和 q_N^* 的影响，易得：

$$\frac{\partial q_T^*}{\partial k} = \frac{1}{3(1-b)(1-g)k^2(\theta_1-\theta_0)}\left[c_T - \frac{1-t(e_N-e_1)}{1+t(e_N-e_1)}c_N\right]$$

$$\frac{\partial q_T^*}{\partial g} = \frac{1}{3(1-b)(1-g)^2k(\theta_1-\theta_0)}\left[\frac{1-t(e_N-e_1)}{1+t(e_N-e_1)}c_N - c_T\right]$$

$$\frac{\partial q_T^*}{\partial b} = \frac{1}{3(1-b)^2(1-g)k(\theta_1-\theta_0)}\left[\frac{1-t(e_N-e_1)}{1+t(e_N-e_1)}c_N - c_T\right]$$

易得，当 $\frac{c_N}{c_T} > \frac{1+t(e_N-e_1)}{1-t(e_N-e_1)}$ 时，$\frac{\partial q_T^*}{\partial k}<0$，$\frac{\partial q_T^*}{\partial g}>0$，$\frac{\partial q_T^*}{\partial b}>0$，相应地 $\frac{\partial q_N^*}{\partial k}>0$，$\frac{\partial q_N^*}{\partial g}<0$，$\frac{\partial q_N^*}{\partial b}<0$；考虑到条件 $0<t(e_N-e_1)<1$，舍去 $\frac{c_N}{c_T} < \frac{1+t(e_N-e_1)}{1-t(e_N-e_1)}$ 时的情况。由此可得结论 10.3。

结论 10.3 当 $\frac{c_N}{c_T} > \frac{1+t(e_N-e_1)}{1-t(e_N-e_1)}$ 时，新能源汽车市场销售量 q_N^* 与消费者的节能偏好支付意愿 k 正相关，与共性技术空缺度 b 和 g 负相关；相应地，传统燃油汽车市场销售量 q_T^* 与消费者的节能偏

好支付意愿 k 负相关，与共性技术空缺度 b 和 g 正相关。

结论 10.3 说明，在新能源汽车和燃油汽车边际生产成本比满足一定条件下，提升消费者的节能偏好支付意愿以及供给共性技术均利于新能源汽车产品市场销量的提高，进一步根据结论 10.1，提升消费者的节能偏好支付意愿以及完善共性技术空缺均利于新能源汽车市场售价的提高。因此，在补贴退坡背景下，通过提高消费者节能支付意愿及强化新能源汽车产业共性技术供给可构成新能源汽车产业发展的新动力。

将式（10.10）~ 式（10.13）代入式（10.7）和式（10.8）可得：

$$\pi_{\mathrm{T}}^{*} = \frac{\{[1 - t(e_{\mathrm{N}} - e_1)]c_{\mathrm{N}} + [1 + t(e_{\mathrm{N}} - e_1)][(1-b)(1-g)k(\theta_1 - \theta_0) - c_{\mathrm{T}}]\}^2}{9[1 + t(e_{\mathrm{N}} - e_1)]^2 (1-b)(1-g)k(\theta_1 - \theta_0)}$$
$$- \delta_{\mathrm{T}}(e_{\mathrm{T}} - e_0)^2 \tag{10.14}$$

$$\pi_{\mathrm{N}}^{*} = \frac{\{[1 + t(e_{\mathrm{N}} - e_1)][2(1-b)(1-g)k(\theta_1 - \theta_0) + c_{\mathrm{T}}] - [1 - t(e_{\mathrm{N}} - e_1)]c_{\mathrm{N}}\}^2}{9\{1 - [t(e_{\mathrm{N}} - e_1)]^2\}(1-b)(1-g)k(\theta_1 - \theta_0)}$$
$$- \delta_{\mathrm{N}}(e_{\mathrm{N}} - e_0)^2 \tag{10.15}$$

根据式（10.14）和式（10.15）易得：

$$\frac{\partial \pi_{\mathrm{T}}^{*}}{\partial \delta_{\mathrm{T}}} = -(e_{\mathrm{T}} - e_0)^2 < 0, \quad \frac{\partial \pi_{\mathrm{N}}^{*}}{\partial \delta_{\mathrm{N}}} = -(e_{\mathrm{N}} - e_0)^2 < 0$$

据此可得结论 10.4。

结论 10.4　新能源汽车企业收益 π_{N}^{*} 和传统燃油汽车企业收益 π_{T}^{*} 分别与其节能指数研发成本系数 δ_{N} 和 δ_{T} 负相关。

10.4.2　企业设计所生产汽车产品的节能指数

其他参数既定，分别对式（10.7）和式（10.8）求 e_{T}、e_{N} 的一阶导数，并令其为零，可得：

$$e_{\mathrm{T}}^{*} = e_0 \tag{10.16}$$

而 e_N^* 可由以下算式求解得到：

$$2t\{[1+t(e_N^*-e_1)][2(1-b)(1-g)k(\theta_1-\theta_0)+c_T]-[1-t(e_N^*-e_1)]c_N\}$$
$$\times[2(1-b)(1-g)k(\theta_1-\theta_0)+c_T+c_N]\{1-[t(e_N^*-e_1)]^2\}+2t(e_N^*-e_1)$$
$$\times\{[1+t(e_N^*-e_1)][2(1-b)(1-g)k(\theta_1-\theta_0)+c_T]-[1-t(e_N^*-e_1)]c_N\}^2$$
$$-18\delta_N(e_N^*-e_0)(1-b)(1-g)k(\theta_1-\theta_0)\{1-[t(e_N^*-e_1)]^2\}^2=0$$

$$(10.17)$$

由式（10.16）可得结论 10.5。

结论 10.5 其他参数既定，燃油汽车企业理性的选择是将节能指数 e_T^* 维持在准入汽车市场销售的最低节能指数 e_0 的水平。

结论 10.5 说明，燃油汽车企业最优节能指数选择在刚好等于政府规定的市场最低节能指数准入水平，这是因为燃油汽车企业没有主动提高汽车节能水平的意愿，这是因为燃油汽车生产和销售并不以节能为卖点，更关注汽车的边际生产成本、整体性能及外观设计等方面。因此，政府唯有提高节能准入标准，才能迫使燃油汽车企业生产节能指数较高的汽车。

10.4.3 政府对节能补贴系数等政策进行决策

政府的政策决策包括节能准入标准 e_0、补贴下限 e_1 和补贴系数调整因子 t，为计算方便，假定节能准入标准 e_0、补贴下限 e_1 固定，只考虑政府对 t 的最优值进行决策，据此进一步确定补贴系数最优值 s_N^*。

将 p_T^*，p_N^*，q_T^*，q_N^* 代入式（10.9）并整理得政府最优收益 π_G^*：

$$\pi_G^*=\frac{\{p_N^*[1-t(e_N^*-e_1)]-p_T^*\}^2}{(1-b)(1-g)k(\theta_1-\theta_0)}-p_N^*[1-t(e_N^*-e_1)]+(p_T^*-c_T)q_T^*$$

$$+(p_N^*-c_N)q_N^*-\delta_T(e_T^*-e_0)^2-\delta_N(e_N^*-e_0)^2+\frac{(1-b)(1-g)k(\theta_1-\theta_0)}{2}$$

$$(10.18)$$

根据式（10.18），对 π_G^* 求 t 的一阶导数，可得 t^* 满足：

$$\frac{3 - [1 - t(e_N^* - e_1)]p_N^* - 2q_T^* + c_T}{[1 + t(e_N^* - e_1)]^2} + \frac{2(1-b)(1-g)k(\theta_1 - \theta_0) + c_T}{2c_N[1 - t(e_N^* - e_1)]^2}$$

$$+ \frac{p_N^* - c_N - p_T^* + c_T}{(1-b)(1-g)k(\theta_1 - \theta_0)[1 + t(e_N^* - e_1)]^2} = 0 \quad (10.19)$$

10.5　算例分析

考虑到算式的复杂性及博弈达到均衡时各参数的同步变化性，通过 MATLAB 软件对各公式近似求解，针对企业获得政府节能补贴下限 e_1、准入标准 e_0、消费者节能偏好支付意愿 k 以及共性技术空缺度 b 和 g 变化及对新能源汽车产业发展的影响进行分析，以期验证并得到有益结论为政府及相关汽车企业提供决策参考。

10.5.1　企业获得政府节能补贴下限 e_1 和市场准入标准 e_0 的影响

为此，令参数 $b = 0.5$，$g = 0.5$，$k = 20$，$\theta_1 = 6$；$\theta_0 = 2$，$c_T = 1$，$c_N = 2$，$\delta_T = \delta_N = 1$ 以及分别"$e_0 = 0.5$、$e_1 \in [1, 5]$，步长为 1"、"$e_1 = 2$、$e_0 \in [0.1, 1.7]$，步长为 0.4"以及"$e_1 \in [1, 5]$、$e_0 \in [0.1, 1.7]$，步长分别为 0.1 和 0.4"三种情形下进行算例的比较分析，具体算例分析结果如表 10 - 1 所示。

若单独调整节能补贴下限，新能源汽车企业收益和政府收益都将随着补贴下限提高而下降，相对而言，政府收益下降的速度更快，当政府补贴下限提高到某个值（如 4）后政府收益由正变为负，

表10-1　节能补贴下限、准入标准及两者共同变化的影响分析

e_1	t	e_T	e_N	p_T	p_N	q_T	q_N	π_T	π_N	π_G	s_N
1	0.0674	0.5	1.3664	7.96787	15.3139	0.348393	0.651607	2.54738	8.1712	7.9640	0.02470
2	0.1507	0.5	2.1640	7.96784	15.3141	0.348392	0.651608	2.54746	6.1533	5.9460	0.02471
3	0.2484	0.5	3.0995	7.96784	15.3141	0.348392	0.651608	2.54746	2.1649	1.9576	0.02472
4	0.3498	0.5	4.0706	7.96787	15.3139	0.348393	0.651607	2.54739	−3.827	−4.0350	0.02470
5	0.4526	0.5	5.0546	7.96785	15.3141	0.348392	0.651608	2.54745	−11.82	−12.030	0.02471
e_0	t	e_T	e_N	p_T	p_N	q_T	q_N	π_T	π_N	π_G	s_N
0.1	0.1890	0.1	2.1307	7.96786	15.3140	0.348393	0.651607	2.54741	4.7983	4.5910	0.02470
0.5	0.1507	0.5	2.1640	7.96784	15.3142	0.348392	0.651608	2.54746	6.1533	5.9460	0.02471
0.9	0.1143	0.9	2.2160	7.96787	15.3138	0.348392	0.651606	2.54736	7.1899	6.9827	0.02469
1.3	0.0817	1.3	2.3026	7.96783	15.3143	0.348392	0.651608	2.54749	7.9172	7.7098	0.02472
1.7	0.0551	1.7	2.4484	7.96785	15.3141	0.348393	0.651607	2.54743	8.3620	8.1547	0.02471
e_1	t	e_T	e_N	p_T	p_N	q_T	q_N	π_T	π_N	π_G	s_N
1	0.0974	0.1	1.2536	7.96786	15.3140	0.348393	0.651607	2.42755	7.5912	7.2641	0.02470
2	0.1507	0.5	2.1640	7.96784	15.3142	0.348392	0.651608	2.42754	6.1533	5.8261	0.02471
3	0.2086	0.9	3.1185	7.96784	15.3142	0.348392	0.651608	2.42754	4.0006	3.6733	0.02472
4	0.2685	1.3	4.0920	7.96786	15.3140	0.348393	0.651607	2.42755	1.1267	0.7996	0.02470
5	0.3294	1.7	5.0750	7.96785	15.3140	0.348393	0.651607	2.42755	−2.4690	−2.7960	0.02471

原因在于一是政府节能补贴下限对燃油汽车企业无直接影响，其还按照市场节能指数准入标准进行生产；二是随着节能补贴下限提高，政府节能补贴系数调整因子和新能源汽车节能指数得到同步提高，而新能源汽车节能指数提高需要企业付出更多的提升节能指数的研发投入，导致节能研发成本增加，相应新企业收益和政府收益下降。如果节能研发成本能够得到有效管控，例如将新能源汽车节能研发成本系数由 1 调整为 0.2 后，政府补贴下限提高到 8 后双方收益才由正变为负（根据表 10 - 1 容易计算得到），可在一定程度上缓解由补贴下限提高造成的收益损失。

若单独提到市场准入表标准，新能源汽车企业和政府收益均在增加，观察式（10.14）和式（10.15）可知，对燃油汽车企业来说，面对市场准入标准提高，其只需保持与市场准入标准一致即可，在市场竞争作用下，通过价格微调可以基本保持原有的收益，而对于新能源汽车企业来说，市场准入标准的增加减少了其节能研发成本，因而收益有所增加。

若同时调整汽车市场准入标准和企业获得节能补贴下限，由于双方对新能源汽车企业和政府收益影响的方向相反，相对单独提高补贴下限而言，补贴下限提高至 5 时新能源汽车企业和政府收益才由正转为负，延缓了双方收益的下降，若降低新能源汽车节能研发成本系数类似地会缓解双方收益的降低。

此外，上述三种情形下，燃油汽车和新能源汽车的市场均衡价格和均衡销量、传统燃油汽车企业均衡市场收益、政府对新能源汽车补贴系数均未发生明显波动，市场达到由燃油汽车和新能源汽车共存的均衡状态。

综合以上分析，政府对节能补贴下限与准入标准调整对新能源汽车企业收益和政府收益影响方向相反，两者共同的作用与新能源汽车节能研发成本类似只能延缓企业和政府收益的降低，而对燃油汽车和新能源汽车的市场均衡价格和均衡销量并无明显影响，使得汽车市场达到由燃油汽车和新能源汽车并存的均衡状态，此外，在补贴下限、准入标准及两者同时调整过程中，政府节能补贴并未呈现"退坡"趋势，而是表现为无规律的波动。因此，在补贴退坡背景下，提高企业获得节能补贴下限、准入标准及两者同时调整是一种对于新能源汽车产业发展实际效果不明显的政策。

10.5.2　消费者节能偏好支付意愿 k 的影响

进一步令 $b=0.5$，$g=0.5$，$e_1=2$，$\theta_1=6$；$\theta_0=2$，$c_T=1$，$c_N=2$，$\delta_T=\delta_N=1$ 以及 $e_0=0.5$，$k\in[12,21]$，步长为 1。具体结果如表 10-2 所示，若消费者节能偏好支付意愿较低，例如 $k=12$，此时 $e_N<2$，$s_N<0$，这意味着新能源汽车企业并不为获得补贴提升新能源汽车的节能指数，政府补贴政策失效。当 $k>12.9$ 时，随着消费者节能偏好支付意愿的增加，燃油汽车和新能源汽车的市场价格、两类汽车企业市场收益及政府收益均有增大趋势，且新能源企业收益较燃油汽车企业收益的增长速度更快，与此同时，消费者节能偏好支付意愿的增加使得燃油汽车市场销量下降，新能源汽车市场销量上升，这与结论 10.1 和结论 10.3 部分内容描述一致。进一步地，消费者节能偏好支付意愿的逐步增加，政府补贴调整因子和新能源汽车企业节能指数均增大，随之政府对新能源汽车补贴系数也向上调整，由表 10-2 易知，政府对新能源汽车的节能补贴系数 s_N 上调速度随之出现"退坡"趋势。因此，消费者节能偏好支付意愿的提高在一定程度上保证补贴退坡的可行性。

表 10-2　消费者节能偏好支付意愿变化的影响分析

k	t	e_T	e_N	p_T	p_N	q_T	q_N	π_T	π_N	π_G	s_N
12	0.2633	0.5	1.9814	5.3399	9.6326	0.3617	0.6383	1.5542	2.6476	2.1216	-0.0050
12.9	0.2438	0.5	2.0000	5.6333	10.2667	0.3592	0.6408	1.6642	3.0475	2.5592	0.0000
13	0.2418	0.5	2.0026	5.6658	10.3382	0.3589	0.6411	1.6767	3.0919	2.6074	0.0006
14	0.2233	0.5	2.0243	5.9928	11.0455	0.3566	0.6434	1.7999	3.5347	3.0910	0.0054
15	0.2072	0.5	2.0466	6.3206	11.7547	0.3547	0.6453	1.9237	3.9759	3.5724	0.0097
16	0.1931	0.5	2.0692	6.6491	12.4647	0.3531	0.6469	2.0478	4.4153	4.0517	0.0134
17	0.1807	0.5	2.0923	6.9781	13.1760	0.3517	0.6483	2.1723	4.8530	4.5288	0.0167
18	0.1696	0.5	2.1158	7.3077	13.8881	0.3504	0.6496	2.2971	5.2886	5.0036	0.0196
19	0.1596	0.5	2.1397	7.6376	14.6007	0.3493	0.6507	2.4222	5.7219	5.4759	0.0223
20	0.1507	0.5	2.1640	7.9678	15.3142	0.3484	0.6516	2.5475	6.1533	5.9460	0.0247
21	0.1426	0.5	2.1886	8.2984	16.0279	0.3475	0.6525	2.6729	6.5825	6.4138	0.0269

由上述分析可知，消费者节能偏好支付意愿对新能源汽车产业发展产生重要的积极影响，随着消费者节能偏好支付意愿的增加，市场出现传统燃油汽车"消"而新能源汽车"长"的均衡变化状态，且伴随着节能补贴系数上调速度的"退坡"。因此，在补贴退坡背景下，多措并举提升消费者节能偏好支付意愿可成为促进新能源汽车产业有序发展的重要政策导向。

10.5.3　共性技术空缺度 b 和 g 的影响

为此，令 $k=20$，$e_1=2$，$\theta_1=6$；$\theta_0=2$，$c_T=1$，$c_N=2$，$\delta_T=\delta_N=1$，$e_0=0.5$ 以及当 b 变化时 $g=0.5$，当 g 变化时 $b=0.5$，且 b，$g\in[0.1,0.9]$，步长为 0.1，算例结果如表 $10-3$ 所示。根据表 $10-3$ 易知，随着共性技术空缺度的增大，燃油汽车和新能源汽车市场价格均下降，且新能源汽车下降速度更快；同时，燃油汽车销量逐渐增加而新能源汽车销量逐渐降低，进而两类企业的市场收益以及政府收益均下降，相对而言，新能源企业收益下降速度更快，主要原因在于相对目前市场主导的燃油汽车产业，新能源汽车产业共性技术供给状况不乐观，空缺度更高。进一步地，当共性技术空缺度达到一定程度后（例如 0.678），新能源汽车企业所生产的新能源汽车的节能指数低于 2，企业不会为获得节能补贴而提高节能指数付出努力，政府补贴政策随之失效，新能源汽车产业发展受到严重影响，进一步验证了结论 10.1 和结论 10.3 的描述。

进一步倒序地观察表 $10-3$，即 b（g）依次取值 0.6，0.5，0.4，0.3，0.2，0.1，伴随共性技术供给的增加新能源汽车逐渐挤掉燃油汽车的市场份额，新能源汽车企业获取更快增长的市场收益，相对而言政府获得更快收益增长，与此同时，也伴随着节能补贴系数 s_N 上调速度的"退坡"。由此可知，新能源汽车产业共性技术有

表 10 - 3　共性技术空缺度的影响分析

$b(g)$	t	e_T	e_N	p_T	p_N	q_T	q_N	π_T	π_N	π_G	s_N
0.1	0.0763	0.5	2.5951	13.2750	26.766	0.3410	0.6590	4.5651	12.733	13.132	0.0454
0.2	0.0877	0.5	2.4806	11.9460	23.899	0.3421	0.6579	4.0593	11.148	11.397	0.0421
0.3	0.1025	0.5	2.3702	10.6180	21.034	0.3435	0.6565	3.5541	9.5222	9.6202	0.0379
0.4	0.1225	0.5	2.2645	9.2915	18.172	0.3455	0.6545	3.0500	7.8567	7.8028	0.0324
0.5	0.1507	0.5	2.1640	7.9678	15.314	0.3484	0.6516	2.5475	6.1533	5.9460	0.0247
0.6	0.1931	0.5	2.0692	6.6491	12.465	0.3531	0.6469	2.0478	4.4153	4.0517	0.0134
0.678	0.2442	0.5	2.0000	5.6267	10.2530	0.3592	0.6408	1.6620	3.0386	2.5492	0.0000
0.7	0.2633	0.5	1.9814	5.3399	9.6326	0.3617	0.6383	1.5542	2.6476	2.1216	− 0.0050
0.8	0.4012	0.5	1.9045	4.0531	6.8440	0.3816	0.6184	1.076	0.8606	0.1577	− 0.0380
0.9	0.8172	0.5	1.8699	2.8253	4.2037	0.4563	0.5437	0.6578	− 0.9220	− 1.8380	− 0.1060

效供给是补贴退坡背景下更具根本性的促进新能源汽车产业发展政策的用力方向。

综上可知，共性技术空缺对新能源汽车产业发展产生消极影响，随着共性技术空缺度的逐步增加，出现燃油汽车"长"而新能源汽车"消"的均衡变化状态。反之，随着共性技术供给的增加，无论新能源汽车企业还是整个社会总福利均得到改善，并伴随着节能补贴"退坡"的趋势。因此，在补贴退坡背景下，新能源汽车产业共性技术研发和建设是更具根本性的新能源汽车产业健康发展的驱动力量。

10.6　结论与讨论

综合考虑新能源汽车和燃油汽车的节能指数、消费者节能偏好支付及其影响因素、政府补贴退坡和市场竞争，建立了政府与新能源汽车企业、燃油汽车企业之间的三阶段博弈模型，并结合算例分析对新能源汽车产业发展问题进行了探讨。研究结果表明：第一，政府补贴下限、准入标准及两者共同调整的结果使得汽车市场达到由燃油汽车和新能源汽车共存的均衡状态，节能补贴下限与准入标准调整对新能源汽车企业收益和政府收益影响方向相反，对燃油汽车和新能源汽车的市场均衡价格和均衡销量均无明显影响。第二，伴随消费者节能偏好支付意愿的增加，汽车市场出现燃油汽车"消"而新能源汽车"长"的均衡状态，且伴随着节能补贴系数上调速度的"退坡"，消费者节能偏好支付意愿是新能源汽车产业发展的积极力量。第三，随着共性技术空缺度的逐步增加，出现燃油汽车"长"而新能源汽车"消"的均衡变化状态；反之，无论新能源汽车企业还是整个社会总福利均得到改善，并伴随着节能补贴

"退坡"的趋势，共性技术研发和建设是更具根本性的新能源汽车产业健康发展的驱动力量。

根据研究结论，可得出以下补贴退坡背景下有益于新能源汽车产业健康发展如下政策启示：首先，调整政府补贴下限、准入标准及两者同时调整都不是有效应对补贴退坡的政策，政府补贴下限、准入标准或两者共同提高仅对新能源汽车企业收益和政府收益产生影响，对燃油汽车和新能源汽车的市场价格和份额均无明显影响，尽管准入标准提高有利于增加新能源汽车企业和政府收益，但对新能源汽车产业发展却无实效。其次，协力培育和提高消费者的环保节能及绿色发展意识，消费者节能偏好支付意愿的提高是新能源汽车产业发展的积极力量，这就要求管理当局和社会各界通过调查研究，分析消费者对汽车节能偏好支付意愿的影响因素及机理，为政府和产业界相关决策提供支持，但节能意识的形成需要长时间的培育，更需要多种机制体制的保障方可实现。最后，建立健全新能源汽车产业共性技术研发机制，新能源汽车动力电池技术和快速充换电技术等技术类共性技术不足抑制汽车性能并存在安全隐患、制约消费者支付意愿进而影响推广速度。同时，应重视建设管理类共性技术，例如优化新能源汽车充电网络布局、制定充电接口及充电协议等标准，提高资源利用效率。为此，应该建立健全政府引导下产学研协同的新能源汽车产业共性技术研发和建设制度。

尽管本章通过建立多影响因素建立了政府与新能源汽车企业、燃油汽车企业之间的三阶段博弈模型，并得出一些有益于新能源汽车产业发展结论和政策建议。然而，作为初步探索和研究，仍可从以下两方面进行深入研究：一是本章探讨了政府补贴下限和准入标准等外生性因素对新能源汽车产业发展的影响机制，并未考虑内生性因素的影响，作为七大战略性新兴产业，政府补贴退坡并不意味着撒手不管，因此，如何设计新能源汽车企业生产和推广新能源汽车积极性的政府支持机制,是一个需要深入研究的问题;二是根据本章研究结论,共性技术研发和建设是新能源汽车产业发展的更具根本性的力量,考虑到共性技术的基础性、准公共品性等固有属性,如何建立健全新能源汽车产业共性技术研发机制,实现共性技术的有效供给也是一个有趣的研究方向。

10.7 本章小结

本章对新能源汽车及产业发展政策进行了概述,并在补贴退坡下通过建立政府与新能源汽车企业、燃油汽车企业之间的三阶段博弈模型,对共性技术在新能源汽车产业发展中的重要作用进行了分析研究,并提出补贴退坡背景下促进新能源汽车产业发展的政策建议,以及进一步研究和拓展的方向和思路。

第11章 主要结论、政策建议及研究展望

作为本书结尾之章，首先，分类分层次地对前面共性技术研发问题所得出系列研究结论的"个性"和"共性"进行归纳和梳理，提炼出本书的主要结论；其次，根据研究结论并结合各章节的政策启示，系统性地提出缓解共性技术研发多重失灵的政策；最后，凝练出本书所研究相关问题的进一步研究和扩展方向。

11.1 主要研究结论

通过对第 2~10 章研究的归纳和梳理，研究结论主要体现在以下方面：一是构建了共性技术研发"供给—扩散—后续商业开发—市场收益实现"的过程分析框架，可作为共性技术领域研究的基本范式框架，这一范式框架几乎贯穿本书研究主要内容的全过程；二是从产生原因的视角分析了产业共性技术研发多重失灵问题，为共性技术研发多重失灵问题的研究提供了一个新的分析视角；三是运用委托代理理论揭示了有限理性代理人行为模式，为理解现实中的人及企业行为提供一个全新的视角，为本书共性技术研究的博弈建模及其他领域关于参与主体行为假设提供了指导；四是从研发过程

各环节分析了产业共性技术研发的系列影响因素，突出分析了政府多元支持在共性技术研发过程中作用及其机理。

（1）产业共性技术研发是一个"供给—扩散—后续商业开发—市场收益实现"的过程，共性技术研发失灵是企业基于研发与不研发收益权衡的博弈和研发行为动态演化结果，属性根源和规制根源是共性技术研发失灵的两大根源，较大的共性技术共性度是产生共性技术研发失灵的重要因素，政府支持有利于缓解共性技术研发失灵，相对补贴支持而言，知识技术支持可更有效地缓解共性技术研发失灵。据此，从产生原因视角提出共性技术研发过程中可能出现风险规避、知识外溢和投资替代的"供给失灵"以及后续商业开发难、市场不良预期和投资替代"扩散失灵"，若政府支持力度不够或方式不当还可能出现"政府支持失灵"。

（2）有限理性更符合现实中对代理人理性假设，有限理性代理人表现为损己利他、损己损他、利己损他和利己利他四种行为模式，在一定条件下代理人的上述四种行为模式可以相互转化，且代理人为某种行为所付出的成本越小，其利他或损他行为就越强烈，研究结果更切合实际地刻画了有限理性代理人的行为模式，不仅促进对人的行为模式的理解且对经济管理实践具有较强的解释力。上述代理人的行为的分析同样也适用于企业，企业的上述几种行为模式在不同情境下有不同的表现。

（3）通过对不同情形下供应商技术研发决策的分析发现，共性技术外部性强、弱和后续商业开发难、易的不同组合是影响供应商技术研发决策主要因素，政府支持尤其是技术支持在供应商技术研发决策中扮演重要角色，若外部性引发价格战时，当共性技术外部性较强时，零部件降价幅度与供应商研发专用技术的概率正相关；当共性技术外部性较弱时，零部件降价幅度与供应商研发共性技术的概率正相关；考虑外部干预治理时，政府干预价格战对供应商技术研发行为的影响要依该行为引致的市场追加需求量降低状况而定，而政府补偿性干预激励着供应商选择共性技术研发策略。

（4）由于信息的不完全性，供应链与政府复杂产品共性技术协同研发博弈出现完全失灵、部分成功及完全成功三种完美贝叶斯均衡，且主要受到伪装成本和风险成本的影响，实现完全成功的博弈均衡关键是提高供应链作假的伪装成本和风险成本。进一步地，当政府支持与企业研发努力投入是互补关系时，企业研发努力投入程度随着政府支持投入增加而增加，当处于替代关系时，随着政府支持投入的增加而减少，且互补时企业最优研发努力投入程度及相应研发收益均大于两者为替代关系时的情况。

（5）相对政府主导模式和政府—市场结合模式而言，市场主导模式不可取。政府主导模式和政府—市场结合模式相比有如下结论：

①政府主导模式下，随着共性技术受益企业数量、共性技术供给成功率及后续商业开发成功率的增大，供给企业获得的收益分享系数越高，而共性技术弹性对收益分享系数的影响随着上述因素的增加呈倒"U"形变化，且收益分享系数峰值受到上述参数的正向增强；政府—市场结合模式下，政府最优补贴随着共性技术弹性的增加而增加，随着技术链上游企业影响力的增大而减少。

②随着共性技术供给成功率增加率的增加、上下游企业纵向扩散难度的减少、共性技术弹性的增加（纵向扩散难度不太大及供给成功率增加率不太小）及上游企业影响力的增加（相应地政府—市场结合模式下游企业预期收益低于政府主导模式），政府—市场结合模式下上下游企业努力水平及博弈参与主体收益均高于政府主导模式，且下游企业努力水平及预期收益均晚于上游企业超过政府主导模式。

③无论政府主导模式还是政府—市场结合模式，上下游企业最优努力水平及博弈方预期收益（政府主导模式下上游企业预期收益

除外）与共性技术供给成功率、后续商业开发成功率及受益对象数量正相关；政府—市场结合模式下还与供给成功率增量及上游企业影响力（与下游企业预期收益负相关）正相关、与企业纵向扩散难度负相关，而共性技术弹性对企业最优努力水平及博弈主体预期收益的影响均受到受益对象数量增加、纵向扩散难度减少、后续开发成功率增加、供给成功率及其增量的正向调节。

（6）双寡头企业通过结成 RJV（情形Ⅲ）整体优于通过双方自主研究（情形Ⅰ）获取共性技术；在情形Ⅱ中，被模仿企业共性技术研究投入水平、基于共性技术的产品产量及市场利润均优于情形Ⅰ，并随着共性技术被模仿难度的增加而增加；寡头企业结成 RJV（情形Ⅲ）供给共性技术效率依赖于双方研究的协同度，当协同度较大时，通过 RJV（情形Ⅲ）供给共性技术整体优于情形Ⅱ；共性技术的市场化开发难度越低、研究成本系数越小、政府补贴系数及市场容量越大，越有利于激发寡头企业供给共性技术的积极性，且政府补贴越大越激励寡头企业做出结成 RJV 供给共性技术的决策。

（7）共性技术扩散动力机制是以政府支持为推动力、以企业采纳共性技术为牵引力、以共性技术供给及其预期市场收益为源动力的机制。共性技术预期收益增加、不采纳共性技术引致损失的增加及替代投资收益降低均利于共性技术扩散；共性技术知识产权保护程度越低越有利于共性技术扩散，而供给企业较弱的分享意愿阻碍了共性技术扩散；政府支持有利于共性技术扩散，相对于补贴支持而言，政府知识技术支持更有利于共性技术扩散；政府知识技术支持越是精准于基于共性技术收益获得概率的提升，越有利于共性技术扩散。

（8）足够大的政府预算是共性技术最优合同存在的前提，最优合同随着预算的增大而增大，且企业最优努力程度增大的速度较政府支持投入力度更大；企业最优投入与企业和政府投入对共性技术研发成功影响系数正相关，与双方单位投入成本系数负相关；企业最优投入与基于共性技术的产品市场容量正相关，与共性技术后续开发难度、产品价格敏感系数、外部性强弱程度及单位销售成本负相关。根据类似的思路，研究了产业共性技术研发外包合同，并得出类似的结论。

（9）在产业共性技术合作研发中，信息不对称的存在造成研发的无谓损失，企业双方的谈判力不影响最优利益分配比例和研发努力程度，但会正向地影响自身的转移支付；利益分配比例随企业自身对研发成功率贡献水平的增大而变大，贡献水平又通过利益分配比例在一定范围内正向影响着企业研发努力程度；企业双方研发努力程度随着自身努力成本及共性技术后续商业化难度的减小而增大，随共性技术带来的预期收益的增大而增加；共性技术合作研发净收益与其预期收益及企业最优研发努力程度正相关，与共性技术后续商业化难度、双方研发投入的物质成本及研发努力成本系数负相关。

（10）随着共性技术空缺度的逐步增加，出现燃油汽车"长"而新能源汽车"消"的均衡变化状态；反之，无论新能源汽车企业还是整个社会总福利均得到改善，并伴随着节能补贴"退坡"的趋势，共性技术研发和建设是更具根本性的新能源汽车产业健康发展的驱动力量。此外，伴随消费者节能偏好支付意愿的增加，汽车市场出现燃油汽车"消"而新能源汽车"长"的均衡状态，且伴随着节能补贴系数上调速度的"退坡"，消费者节能偏好支付意愿是新能源汽车产业发展的积极力量。

11.2　政　策　建　议

根据以上凝练的主要结论并结合第 2～10 章研究相关的政策启示，绘制如下理论分析框架，如图 11-1 所示。

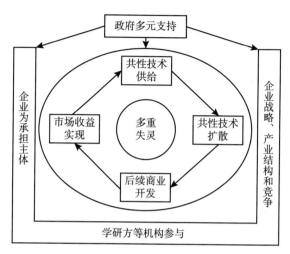

图 11－1　缓解产业共性技术研发多重失灵的理论分析框架

在图 11－1 中，多重失灵是展开共性技术研发活动的出发点和落脚点，作为基础和技术源头，传统产业转型升级和战略性新兴产业培育都对共性技术有强烈需求，然而，由于准公共品、竞争前技术等属性，共性技术研发"先天性地"存在着多重失灵问题，为缓解共性技术研发的多重失灵，须要开展共性技术研发活动。由此可见，多重失灵是共性技术研发活动始终围绕的中心。据此，贯彻以"建立以企业为研发承担主体、市场为导向、产学研深度融合的技术创新体系"和"加强应用基础研究"等党的十九大的报告精神，结合本书研究主要结论，以缓解多重失灵为出发点，在政府的多元支持下以"企业为共性技术承担主体、学研方等机构参与及考虑和优化产业中企业战略、结构及竞争状况"为思路，在共性技术"供给—扩散—后续商业开发—市场收益实现"的研发过程各环节各参与主体给予适时援助和支持，提出如下缓解共性技术研发多重失灵的政策建议。

首先，厘清目标产业共性技术研发多重失灵的类型。根据本书研究结论共性技术研发多重失灵有风险规避、知识外溢和投资替代的"供给失灵"以及后续商业开发难、市场不良预期和投资替代"扩散失灵"，若政府支持力度不够或方式不当还可能出现"政府支持失灵"。通过调查走访、研发分析等方法摸清目标产业共性技术研发可能或已发生的失灵及其类型，以便有针对性地制定缓解共性技术研发多重失灵的政策，如此一来，可做到政府缓解政策的有的放矢，在一定程度上也有利于缓解"政府支持失灵"。

其次，筛选合适的共性技术研发承担企业给予支持。考虑共性技术对产业转型发展的重要意义及政府公用资源的使用效率和效益，政府需要选择合适的共性技术研发承担企业给予支持，同时应认识到企业是有限理性的，有限理性的企业所具有的四种行为模式，考虑伪装成本和风险成本两个因素，对申请企业在企业申请时和申请后的使用两个环节进行审查和监管，并对企业败德行为给予可置信威胁或惩罚，此外，根据研究政府应给予共性技术研发承担企业互补性资源支持，从而确保共性技术研发的效率和效果。

再次，在共性技术研发过程中，政府应直接或间接给予多元支持，以使共性技术研发过程顺利进行，进而缓解共性技术研发过程中的多重失灵问题，具体而言：

（1）在共性技术供给环节，为满足产业发展的需要，需要及时地将性能可靠、稳定的共性技术供给出来，这需要依据共性技术共性度及是否为产业关键共性技术等状况，选择合适的供给模式，由本书上述主要结论可知市场主导模式不可取，政府主导模式和政府—市场结合模式应成为共性技术选择的供给模式，研究也发现当企业间协同度较高时企业间结成RJV更有助于共性技术研发，由此可见，通过政府支持下的合作模式供给共性技术应为共性技术供给的基本思路，具体共性技术供给模式选择及其影响因素请参见第5章相关内容所述。此外，在共性技术供给环节中，政府应依据共性技术共性度、资金投入及企业能力给予多元支持，在需要时可通过政策引导学研方和金融机构参与供给过程，保证高质量的共性技术供给。

（2）在共性技术扩散环节，扩散环节是共性技术供给环节的直接后续环节，共性技术供给出来后，如若不扩散将毫无价值，为此，在扩散环节应重点考虑如何有效衔接供给及共性技术在产业或跨产业的企业间进行扩散，即需要有更多有需要的企业采纳，本书构建了以政府支持为推动力、以企业采纳共性技术为牵引力、以共性技术供给及其预期市场收益为源动力的共性技术扩散动力机制，可为共性技术接受企业及政府制定相关促进政策提供参考，具体参见本书第6章有关内容的详细阐述；此外，扩散环节能否顺利进行还受共性技术供给方分享意愿的影响，尤其在可申请专利保护的情况下影响更为明显，为此，政府需要通过某些机制的设计促进共性技术扩散，例如通过政府购买然后面向产业或跨产业进行扩散的体制机制，通过设计共性技术利益分享机制使得供给企业乐意分享共性技术。

（3）在共性技术后续开发阶段环节，通过扩散环节对共性技术有需求的企业获得了共性技术后，还需要进一步后续商业开发才能形成可进行商业化或市场交易的产品、工艺及专有技术。此环节顺利进行关键是后续商业开发能力及需要的资金，为此，政府部门应对共性技术后续开发企业给予相应的支持，包含提升后续开发能力的知识技术支持和降低成本的补贴支持，与供给环节类似，政府可通过政策引导使学研方和金融机构等参与，协同地进行共性技术后续商业开发，释放共性技术作为产业升级的技术源头和基础的潜在价值。在实践中，我国2012年正式启动的"数控一代"机械产品创新应用示范工程，就是共性技术（此处指的是数控技术）通过"产业研金用政"实现协同扩散的成功典范，极具参考价值。

（4）在共性技术市场收益实现环节，实现基于共性技术的收益是共性技术研发承担企业最根本的诉求，对共性技术供给企业而言，是为了实现或转让共性技术的收益或基于共性技术进行后续开发后获得的市场收益，对于共性技术采纳企业而言，是为了实现基于共性技术后续开发形成的产品、工艺及专有技术的市场收益。由此可知，基于共性技术产品、工艺及专有技术的市场状况就成为关键。为此，一是在共性技术供给过程中就应以市场为导向，供给未来应用前景好的需求大的共性技术，从源头上确保共性技术的市场收益实现；二是通过制定有针对性的政策营造共性技术市场收益实现的良好预期，激发企业供给共性技术的积极性，也激发扩散环节企业采纳共性技术进而进行后续商业开发的积极性，进而为共性技术最终实现市场收益提供支持，例如"数控一代"示范工程成功实施的一个重要方面就是数控技术研发过程始终围绕着需求，真正做到了数控技术研发实践和创新需求来源于企业，创新活动由企业主导，创新成果主要应用于企业，且有广阔的潜在应用市场前景。

最后，引导企业战略、产业结构及竞争状况向着有利于共性技术研发的方向演化。产业共性技术作为产业转型升级基础和技术源头，其研发状况决定着我国在全球价值链条中的位置和国际竞争优势，避免由于源头性技术缺乏而出现"卡脖子"事件，如芯片技术，政府在从共性技术"供给—扩散—后续商业开发—市场收益实现"各环节引导学研方等机构给予适时援助和支持的同时，还需要引导企业的技术战略、产业结构及竞争朝着有利于源头性技术研发方向演化，例如鼓励有条件的企业实施"走出去"战略，制定技术研发战略，朝着全球价值链高端移动，引导建立战略性新兴产业发展，为共性技术研发营造"大环境"等，配合《中国制造 2025》

和创新驱动发展战略并提供强有力的支撑，缓解共性技术研发多重失灵，促使中国相关产业向着全球价值链条的高端移动。

11.3 研究展望

尽管本书遵循"揭示多重失灵—共性技术研发—缓解多重失灵"的总体思路，分别从共性技术研发过程的视角对共性技术研发多重失灵、企业技术研发策略选择以及企业行为模式、共性技术研发政府筛选支持企业的信号传递、技术链视角下共性技术供给模式选择、共性技术供给决策及共性技术成果扩散、考虑市场化的共性技术研发、共性技术政府支持性研发外包、共性技术多企业合作研发及合作研发利益分配及以新能源汽车产业为研究背景对新能源汽车产业共性技术作用及供给问题进行了研究，但在研究深度和系统性尚有不足，例如本书研究内容涉及了产业共性技术研发过程的每一个环节，并对每一环节进行了研究，但是研发过程各环节衔接的系统研究尚需进一步深入研究，此外，共性技术合作研发问题的研究本书只是进行粗浅的探究，还需综合运用合作博弈理论进行更系统而深入的研究，具体研究不足及展望如下：

首先，本书对企业行为模式进行初步研究，并将有限理性人的行为归纳为"损己利他、损己损他、利己损他、利己利他"四种模式，并主要在利己这种行为假设下进行博弈建模和分析，在共性技术合作利益分配博弈中有体现"双赢"思维的利他行为，并未对每一种行为进行一一验证和分析，未来研究应集中于通过实验博弈方法（本书研究并未涉及该类博弈的运用）验证上述四种行为模式的科学性和存在性，并研究上述四种行为模式对共性技术研发过程中各环节的影响及影响机理，并引导企业向着"利己利他"这种"双赢"的科学策略方向转变,这将是一个很大的挑战。

其次,本书研究共性技术研发问题主要涉及完全信息动态博弈、非完全信息动态博弈、演化博弈论及合作博弈论的运用,且主要集中在完全信息动态博弈论(如共性技术供给模式选择、共性技术供给决策、考虑市场化的共性技术研发、共性技术政府支持性研发外包及新能源汽车产业共性技术供给等)和演化博弈论(如共性技术研发多重失灵、企业技术研发策略选择、共性技术成果扩散及共性技术多企业合作研发等)的运用,而对非完全信息动态博弈和合作博弈论的运用仅仅停留初步运用阶段,基于合作博弈等博弈理论研究政府、企业、学研方及金融机构等多主体联合进行共性技术研发将是一个非常有趣的研究方向。

最后,本书构建产业共性技术研发"供给—扩散—后续商业开发—市场收益实现"的过程分析框架,并在这一框架的指导下对共性技术研发问题进行了积极的探索和研究,在研究结论的政策启示中也谈到了政府支持下学研方等其他机构在研发过程中给予适时援助和支持的思想。然而,未将这一多主体联合研发的思想进行系统的建模和研究,通过在对共性技术多主体联合研发研究的基础上构建产业共性技术研发生态系统,进而缓解共性技术研发多重失灵,即将研究思路调整为"揭示多重失灵—共性技术研发生态系统—缓解多重失灵",将是共性技术领域未来需要深入研究的课题。

参 考 文 献

中文部分

［1］操龙灿，杨善林．产业共性技术创新体系建设的研究［J］．中国软科学，2005（11）：77 – 82.

［2］曹国华，杨俊杰．政府补贴激励下消费者对新能源汽车购买行为的演化博弈研究［J］．经济问题探索，2016（10）：1 – 9.

［3］陈宝明．产业技术联盟：性质、作用与政府支持［J］．中国科技论坛，2007（7）：34 – 37.

［4］陈洪转，何利芳，方志耕，刘思峰．"主制造商—供应商"协同利益主体超冲突均衡设计［J］．管理世界，2012（3）：180 – 181.

［5］陈静，唐五湘．共性技术的特性和失灵现象分析［J］．科学学与科学技术管理，2007（1）：5 – 8.

［6］陈迅，赖纯见．区域房地产市场四方有限理性博弈研究［J］．系统工程理论与实践，2016，36（4）：857 – 874.

［7］程广宇，高志前．国外支持电动汽车产业发展政策的启示［J］．中国科技论坛，2013，1（1）：157 – 160.

［8］程平，陈艳．考虑合作创新产品市场 IT 研发外包合同［J］．系统工程理论与实践，2012，32（6）：1261 – 1269.

［9］程永波，陈洪转，何利芳，等．复杂装备主制造商—供应商主从合作激励协调 Stackelberg 模型［J］．中国管理科学，2016，

24 (1)：91 – 96.

[10] 程永波，李婷，陈洪转，等．复杂产品共性技术研发的政府最优成本补贴 [J]．哈尔滨工程大学学报．2015 (3)：432 – 435.

[11] 代建生，范波．基于纳什谈判的合作研发利益分配模型 [J]．研究与发展管理，2015，27 (1)：35 – 43.

[12] 代建生，田惠文，秦开大．风险厌恶下合作研发的双边激励合同 [J]．软科学，2017，31 (3)：63 – 67.

[13] 但斌，宋寒，张旭梅．合作创新下考虑双边道德风险的研发外包合同 [J]．研究与发展管理，2010，22 (2)：89 – 95.

[14] 但斌，郑开维，吴胜男，邵兵家．"互联网 ＋"生鲜农产品供应链 C2B 商业模式的实现路径——基于拼好货的案例研究 [J]．经济与管理研究，2018 (2)：65 – 78.

[15] 邓达平，谢小云，郭子璇．直觉模糊环境下考虑有限理性特征的决策方法 [J]．计算机应用，2017，37 (5)：1376 – 1381.

[16] 邓鳞波．供应商研发决策研究 [D]．重庆大学博士论文，2014.

[17] 邓衢文．基于技术创新服务平台的共性技术扩散机制 [D]．清华大学硕士论文，2010.

[18] 邓喜才，向淑文．有限理性与广义向量变分不等式问题的良定性 [J]．数学的实践与认识，2015，45 (9)：176 – 182.

[19] 顿妍妍，杨晓艳．供应链外部整合与运营绩效的关系——信息质量的中介作用 [J]．企业经济，2017，36 (4)：112 – 117.

[20] 樊霞，黄妍，朱桂龙．产学研合作对共性技术创新的影响效用研究 [J]．科研管理，2018，39 (1)：34 – 44.

[21] 范波，孟卫东，代建生．具有协同效应的合作研发利益分配模型 [J]．系统工程学报，2015，30 (1)：34 – 43.

[22] 范如国，冯晓丹．"后补贴"时代地方政府新能源汽车补贴

策略研究 [J]. 中国人口·资源与环境，2017，27（3）：30－38.

[23] 方荣贵，王敏. 半导体产业共性技术供给研究——基于日、美、欧典型共性技术研发联盟的案例比较 [J]. 技术经济，2010，29（11）：47－54.

[24] 傅家骥. 技术创新学 [M]. 北京：清华大学出版社，1998.

[25] 高广鑫，樊治平. 考虑投标者有限理性行为的网上临时一口价拍卖的卖方收益分析 [J]. 中国管理科学，2017，25（7）：102－112.

[26] 高宏伟，肖广岭，李峰，刘烨. 产业技术创新联合主体：概念、类型与特征研究 [J]. 科学学研究，2018（1）：149－157，192.

[27] 高汝熹，纪云涛，陈志洪. 技术链与产业选择的系统分析 [J]. 研究与发展管理，2006（6）：95－101.

[28] 国务院关于印发《中国制造2025》的通知 [EB/OL]. (2015－5－19). http：//www.gov.cn/zhengce/content/2015－05/19/content_9784.htm.

[29] 韩元建，陈强. 共性技术扩散的影响因素分析及对策[J]. 中国科技论坛，2017（1）：53－59.

[30] 何基好，丁倩倩，蔡江华. 有限理性与拉格朗日微分中值问题解的稳定性 [J]. 高等数学研究，2017（4）：10－12.

[31] 贺正楚，张蜜，吴艳，阳立高. 生物医药产业共性技术服务效率研究 [J]. 中国软科学，2014（2）：130－139.

[32] 贺正楚，周永生，吴艳. 双重失灵的光伏产业及其调控措施 [J]. 系统工程，2013，31（12）：116－120.

[33] 江伟，姚文韬.《物权法》的实施与供应链金融——来自应收账款质押融资的经验证据 [J]. 经济研究，2016，51（1）：141－154.

[34] 李锋，魏莹. 双寡头竞争环境下新产品扩散的仿真分析

[J/OL]. (2019 - 01 - 25). 工业工程与管理: 1 - 13. http: //kns. cnki. net/kcms/detail/31. 1738. T. 20181229. 2330. 040. html.

[35] 李纪珍, 邓衢文. 产业共性技术供给和扩散的多重失灵 [J]. 科学学与科学技术管理, 2011, 32 (7): 5 - 10.

[36] 李纪珍. 产业共性技术发展的政府作用研究 [J]. 技术经济, 2005 (9): 19 - 22.

[37] 李纪珍. 产业共性技术供给体系 [M]. 中国金融出版社, 2004.

[38] 李纪珍. 产业共性技术供给体系研究 [D]. 清华大学博士论文, 2002.

[39] 李纪珍. 共性技术供给与扩散的模式选择 [J]. 科学学与科学技术管理, 2011, 32 (10): 5 - 12.

[40] 李随成, 禹文钢. 制造商对供应商长期导向的前因作用机理研究 [J]. 管理科学, 2011, 24 (6): 79 - 92.

[41] 李训, 曹国华. 基于公平偏好理论的激励机制研究 [J]. 管理工程学报, 2008, 22 (2): 107 - 111, 116.

[42] 李忠, 陈继祥. 存在成果溢出和投资溢出下的研发组织分析 [J]. 系统工程理论方法应用, 2003 (2): 116 - 119.

[43] 刘洪民, 姜黎辉, 王中魁. 制造业共性技术研发的知识管理评价体系构建 [J]. 科研管理, 2016, 37 (专刊): 379 - 386.

[44] 刘满凤, 石光宁. 产业共性技术 "市场失灵" 的经济学分析 [J]. 科技进步与对策, 2007 (12): 69 - 71.

[45] 刘伟, 童洪志. 公共服务购买补贴政策下的企业孵化器与政府信号博弈模型 [J]. 科技进步与对策, 2015, 32 (3): 115 - 119.

[46] 刘新同, 肖立范. 共性技术研发中的市场失灵与政府作用 [J]. 河南师范大学学报 (哲学社会科学版), 2012, 39 (2): 116 - 118.

[47] 刘永胜,王荷丽,徐广姝. 食品供应链安全风险博弈分析 [J]. 经济问题, 2018 (1): 57 - 64, 90.

[48] 刘勇. 利益分配视角下产学研协同创新激励机制 [J]. 系统管理学报, 2016 (6): 984 - 992.

[49] 卢超,尤建新,戎珂,石涌江,陈衍泰. 新能源汽车产业政策的国际比较研究 [J]. 科研管理, 2014, 35 (12): 26 - 35.

[50] 鲁芳,王丹丹,罗定提. 客户企业参与下服务外包激励机制设计 [J]. 运筹与管理, 2016, 25 (3): 274 - 282.

[51] 栾春娟. 战略性新兴产业共性技术测度指标研究 [J]. 科学学与科学技术管理, 2012, 33 (2): 11 - 16.

[52] 马亮,仲伟俊,梅姝娥. 政府补贴、准入限制与新能源汽车产业发展 [J]. 上海经济研究, 2017 (4): 17 - 25.

[53] 马晓楠,耿殿贺. 战略性新兴产业共性技术研发博弈与政府补贴 [J]. 经济与管理研究, 2014 (1): 73 - 78.

[54] 孟卫东,代建生. 合作研发中的双边道德风险和利益分配 [J]. 系统工程学报, 2013, 28 (4): 464 - 471.

[55] 蒲勇健,师伟. 基于利益冲突视角的互惠激励效应研究 [J]. 系统工程学报, 2013, 28 (1): 28 - 37.

[56] 蒲勇健,杨哲. 轻微利他弱 Pareto - Nash 均衡 [J]. 系统科学与数学, 2010, 30 (9): 1259 - 1266.

[57] 蒲勇健. 建立在行为经济学理论基础上的委托—代理模型: 物质效用与动机公平的替代 [J]. 经济学 (季刊), 2007, 7 (1): 297 - 318.

[58] 蒲勇健. 植入公平博弈的委托代理模型: 来自行为经济学的一个贡献 [J]. 当代财经, 2007 (3): 5 - 11.

[59] 沈斌,梅强,刘素霞,吴操. 基于信号模型理论的企业安全生产管制研究 [J]. 系统管理学报, 2011, 20 (3): 276 - 286.

[60] 盛永祥，周潇，吴洁，施琴芬．政府和企业对产业共性技术两种研发投资类型的比例研究 [J]．科技进步与对策，2017，34（6）：62 - 68．

[61] 宋寒，代应，祝静．风险规避下研发外包中隐性知识共享的关系契约激励 [J]．系统管理学报，2016，25（3）：415 - 421，438．

[62] 宋建，梁樑，孙加森．考虑参考价格效应的企业合作创新行为博弈 [J]．系统工程，2016，34（11）：105 - 111．

[63] 田国强．现代经济学的基本分析框架与研究方法 [J]．经济研究，2005（2）：113 - 125．

[64] 王敏，方荣贵，银路．基于产业生命周期的共性技术供给模式比较研究——以半导体产业为例 [J]．中国软科学，2013（9）：124 - 132，111．

[65] 王先亮．体育用品共性技术创新与应用研究 [D]．济南：山东大学，2014．

[66] 王晓，邬冬华．主从博弈的轻微利他平衡点 [J]．应用数学与计算数学学报，2016，29（4）：479 - 485．

[67] 王彦伟，孙志强，赵青．管理也是一种共性技术——兼从国际比较视角论共性管理技术研发与推广 [J]．科技管理研究，2014（23）：172 - 178．

[68] 王宇露，黄平，单蒙蒙．共性技术创新平台的双层运作体系对分布式创新的影响机理——基于创新网络的视角 [J]．研究与发展管理，2016，28（3）：97 - 106．

[69] 魏峰，周源，薛澜．"数控一代"示范工程引领和推动共性使能技术在中小企业推广应用 [J]．中国工程科学，2017，19（3）：45 - 52．

[70] 吴进．基于文本分析的我国产业共性技术创新政策研究

[D]．华南理工大学硕士论文，2013．

[71] 吴志军，赵立昌．合作创新还是自主创新？——个扩展的 AJ 模型及其在中国互联网产业中的应用研究 [J]．经济管理，2011，33（12）：141 - 149．

[72] 西蒙．管理行为 [M]．杨砾，韩春立，徐立，译．北京：北京经济学院出版社，1988．

[73] 肖静华，谢康，吴瑶，廖雪华．从面向合作伙伴到面向消费者的供应链转型——电商企业供应链双案例研究 [J]．管理世界，2015（4）：137 - 154，188．

[74] 谢识予．经济博弈论（第三版）[M]．上海：复旦大学出版社，2010：208 - 249．

[75] 谢识予．经济博弈论 [M]．上海：复旦大学出版社，2002．

[76] 谢阳春．企业合作研发和政府资助定位关系研究——基于产业共性技术研发情景下 [J]．工业技术经济，2008（8）：125 - 128．

[77] 熊勇清，李鑫，黄健柏，贺正楚．战略性新兴产业市场需求的培育方向：国际市场抑或国内市场——基于"现实环境"与"实际贡献"双视角分析 [J]．中国软科学，2015（5）：129 - 138．

[78] 徐磊，董明，陈靖．双寡头竞争环境下的补贴对象选择问题 [J]．系统管理学报，2018，27（5）：961 - 970．

[79] 薛捷，张振刚．国外产业共性技术创新平台建设的经验分析及其对我国的启示 [J]．科学学与科学技术管理，2006（12）：87 - 92．

[80] 闫龙飞．我国准公共品多元化供给研究 [D]．西南财经大学，2012．

[81] 严子淳，黄磊，刘鑫．供应商关键能力、产业品牌价值与采购商重购意愿 [J]．管理科学，2016，29（1）：15 - 27．

[82] 杨小凯．不完全信息与有限理性的差别 [J]．开放时代，

2002 (3)：76 – 81.

[83] 杨亚莉，武明楠，索丽萍，张广. 多主从博弈的轻微利他平衡点问题 [J]. 应用数学与计算数学学报，2017，31 (4)：487 – 493.

[84] 叶萌. 欧洲、美国和日本典型产业共性技术供给模式分析 [D]. 华中科技大学硕士论文，2006.

[85] 伊西科."政府支持共性技术研发责无旁贷"——专访国家科技部政策法规司司长梅永红 [J]. 商务周刊，2009 (22)：64 – 65.

[86] 易余胤，肖条军，盛昭瀚. 合作研发中机会主义行为的演化博弈分析 [J]. 管理科学学报，2005，8 (4)：80 – 87.

[87] 易余胤. 基于演化博弈论的企业合作与背叛行为研究 [M]. 北京：经济科学出版社，2009.

[88] 尹建华，王兆华，苏敬勤. 资源外包理论的国内外研究述评 [J]. 科研管理，2003，24 (5)：133 – 137.

[89] 于斌斌，陆立军. 产业集群共性技术供给机理研究——以绍兴纺织产业集群为例 [J]. 科研管理，2012，33 (5)：132 – 138.

[90] 于维生. 博弈论与经济 [M]. 北京：高等教育出版社，2007.

[91] 俞建. n 人非合作博弈的轻微利他平衡点 [J]. 系统科学与数学，2011，31 (5)：534 – 539.

[92] Y. 内拉哈里著，曹乾译. 博弈论与机制设计 [M]. 北京：中国人民大学出版社，2017.

[93] 张广，邬冬华，唐剑雄. 不确定性下的一主多从博弈及其 ε – 平衡稳定性分析 [J]. 运筹与管理，2018，27 (1)：23 – 30.

[94] 张国兴，张绪涛，程素杰，柴国荣，王龙龙. 节能减排补贴政策下的企业与政府信号博弈模型 [J]. 中国管理科学，2013，21 (4)：129 – 136.

[95] 张海斌，盛昭瀚，孟庆峰. 新能源汽车市场开拓的政府

补贴机制研究 [J]. 管理科学, 2015, 28 (6): 122 – 132.

[96] 张健, 张威, 吴均. 战略性新兴产业共性技术协同创新的演化博弈——三重螺旋视阈下的研究 [J]. 企业经济, 2017 (1): 41 – 48.

[97] 张维迎. 博弈论与信息经济学 [M]. 上海: 上海人民出版社, 2004.

[98] 张维迎. 博弈论与信息经济学 [M]. 上海三联书店、上海人民出版社, 2012.

[99] 张学龙, 王军进. 基于 Shapley 值法的新能源汽车供应链中政府补贴分析 [J]. 软科学, 2015 (9): 54 – 58.

[100] 张政, 赵飞. 中美新能源汽车发展战略比较研究——基于目标导向差异的研究视角 [J]. 科学学研究, 2014, 32 (4): 531 – 535.

[101] 张芷芬. 微分方程定性理论 [M]. 北京: 科学出版社, 1985.

[102] 张治栋, 张淑欣. 产业共性技术政府支持性研究 [J]. 经济与管理, 2013, 27 (3): 92 – 96.

[103] 赵骅, 李江, 魏宏竹. 产业集群共性技术创新模式: 企业贡献的视角 [J]. 科研管理, 2015, 36 (6): 53 – 59.

[104] 赵骅, 姚韵. 政府 R&D 补贴对双寡头 R&D 投入产出的动态影响分析——基于有限理性的视角 [J]. 科研管理, 2017, 38 (3): 135 – 143.

[105] 赵耀华, 蒲勇健. 博弈论与经济模型 [M]. 北京: 中国人民大学出版社, 2010.

[106] 郑月龙, 周立新, 张卫国. 产业共性技术研发政府支持合同 [J]. 技术经济, 2016, 35 (11): 22 – 27.

[107] 郑月龙, 王琳. 产业共性技术政府支持性研发外包合同

影响因素研究 [J]. 科技进步与对策, 2018, 35 (23): 75 - 81.

[108] 郑月龙, 王琳. 多企业共性技术合作研发行为的演化动态 [J]. 系统工程, 2018, 36 (2): 71 - 79.

[109] 郑月龙, 周立新, 王琳. 供应商技术研发决策行为的演化博弈分析——基于技术外部性的视角 [J]. 工业技术经济, 2017 (2): 110 - 117.

[110] 郑月龙, 周立新, 周继祥. 考虑产业共性技术市场化的政府研发支持合同 [J]. 科学学研究, 2017, 35 (10): 1483 - 1490.

[111] 郑月龙. 企业共性技术合作研发形成机制研究——基于演化博弈论的视角 [M]. 经济管理出版社, 2017.

[112] 钟太勇, 杜荣. 基于博弈论的新能源汽车补贴策略研究 [J]. 中国管理科学, 2015 (S1): 817 - 821.

[113] 周国华, 谭晶菁. 复杂产品关键共性技术供给模式比较研究 [J]. 软科学, 2018, 32 (6): 97 - 102.

[114] 周国林. 产业共性技术形成的需求机理与产业共性技术政策 [J]. 云南社会科学, 2010 (2): 102 - 106.

[115] 周潇, 盛永祥, 吴洁, 施琴芬. 不同类型政府和企业对产业共性技术研发的投资策略研究 [J]. 研究与发展管理, 2017, 29 (3): 98 - 109.

[116] 周源. 制造范式升级期共性使能技术扩散的影响因素分析与实证研究 [J]. 中国软科学, 2018 (1): 19 - 32.

[117] 朱建民, 金祖晨. 国外关键共性技术供给体系发展的做法及启示 [J]. 经济纵横, 2016 (7): 113 - 117.

[118] 朱庆华, 窦一杰. 基于政府补贴分析的绿色供应链管理博弈模型 [J]. 管理科学学报, 2011, 14 (6): 86 - 95.

[119] 庄新田, 王健. 基于过度自信和监督机制的动态激励契

约研究 [J]. 系统工程学报, 2010, 25 (5): 642 - 650.

[120] 卓丽洪, 贺俊. 产业集群共性技术供给机制的比较分析 [J]. 经济纵横, 2017 (7): 60 - 68.

[121] 邹樵, 吴丁佳宝, 姜杰. 共性技术扩散的网络与外溢效应 [J]. 管理世界, 2011 (1): 182 - 183.

外文部分

[1] Agrawal D K. Demand Chain Management: Factors Enhancing Market Responsiveness Capabilities [J]. Journal of Marketing Channels, 2012, 19 (2): 101 - 119.

[2] Ahman M. Government policy and the development of electric vehicles in Japan [J]. Energy Policy, 2006, 34 (4): 433 - 443.

[3] Alchian A A. Uncertainty, evolution and economic theory [J]. The Journal of Political Economy, 1950, 58 (3): 211 - 222.

[4] Appio F P, Martini A, Fantoni G. The light and shade of knowledge recombination: Insights from a general-purpose technology [J]. Technological Forecasting & Social Change, 2017 (125): 154 - 165.

[5] Arnold Ulli. New dimensions of outsourcing: A combination of transaction cost economics and the core competencies concept [J]. European Journal of Purchasing & Supply Management, 2000 (6): 23 - 29.

[6] Auerswald P E, Branscomb L M. Valleys of death and Darwinian seas: Financing the invention to innovation transition in the United States [J]. The Journal of Technology Transfer, 2003, 28 (3): 227 - 239.

[7] Bhaskaran S R, Krishnan V. Effort, Revenue and Cost Sharing Mechanisms for Collaborative New Product Development [J]. Management Science, 2009, 55 (7): 1152 - 1169.

[8] Bhattacharya S, Gaba V, Hasija S A. Comparison of Mile-

stone – Based and Buyout Options Contracts for Coordinating R&D Partnerships [J]. Management Science, 2014, 61 (5): 963 – 978.

[9] Bhattacharyya S, Lafontaine F. Double-sided moral hazard and the nature of share contract [J]. The Rand Journal of Economics, 1995, 26 (4): 761 – 781.

[10] Blumenberg S, Wagner H T, Beimborn D. Knowledge transfer processes in IT outsourcing relationships and their impact on shared knowledge and outsourcing performance [J]. International Journal of Information Management. 2008, 29 (5): 342 – 352.

[11] Bohren A, Hauser D. Bounded Rationality And Learning: A Framework and A Robustness Result [J]. Working Paper, 2017.

[12] Bryce D, Useem M. The impact of corporate outsourcing on company value [J]. European Management Journal, 1998, 16 (6): 635 – 643.

[13] Carlaw K I, Lipsey R G. Sustained endogenous growth driven by structured and evolving general purpose technologies [J]. Journal of Evolutionary Economics, 2011, 21 (4): 563 – 593.

[14] Coumot A. Rcherches sur les pincipes mathematiques de la theorie des richesses [J]. Paris: M. Riviere & Gie. , 1838 (Translated by N. T. Bacon as Researches into the Mathematical Principles of the Theory of Wealth [J]. New York: A. M. Kelly, 1960: 83 – 92.

[15] Cressman R. Evolutionary game theory with two groups of individuals [J]. Games and Economic Behavior, 1995 (11): 237 – 253.

[16] Cressman R. The Stability Concept of Evolutionary Game Theory: A Dynamic Approach [M]. Berlin Heidelberg: Springer – Verlag, 1992: 14 – 17.

[17] Cui Y, Basnet C. An exploratory study of supply chain risk

management in the New Zealand fast food industry [J]. International Journal of Logistics Systems & Management, 2015, 20 (2): 199 – 215.

[18] Czarnitzki D, Hanel P, Rosa J M. Evaluating the impact of R&D tax credits on innovation: A microeconometric study on Canadian firms [J]. Research Policy, 2011, 40 (2): 217 – 229.

[19] D'Amore F, Bezzo F. Managing technology performance risk in the strategic design of biomass-based supply chains for energy in the transport sector [J]. Energy, 2017 (138): 563 – 574.

[20] D'Ippolito B, Miozzo M, Consoli D. Knowledge systematization, reconfiguration and the organization of firms and industry: The case of design [J]. Research Policy, 2014, 43 (8): 1334 – 1352.

[21] Diamond D. The impact of government incentives for hybrid-electric vehicles: Evidence from US states [J]. Energy Policy, 2009, 37 (3): 972 – 983.

[22] Elsadany A A. Dynamics of a delayed duopoly game with bounded rationality [J]. Mathematical and Computer Modelling, 2010, 52 (9): 1479 – 1489.

[23] Engerer H, Horn M. Natural gas vehicles: An option for Europe [J]. Energy Policy, 2010, 38 (2): 1017 – 1029.

[24] Fehr E, Kirchsteiger G, Riedl A. Does Fairness Prevent Market Clearing? An Experimental Investigation [J]. Quarterly Journal of Economics, 1993, 108 (2): 437 – 459.

[25] Fehr E, Kirchsteiger G, Riedl A. Gift exchange and reciprocity in competitive experimental markets [J]. European Economic Review, 1998, 42 (1): 1 – 34.

[26] Feldman M P, Yoon J W. An empirical test for general purpose technology: An examination of the Cohen – Boyer r – DNA technolo-

gy [J]. Industrial and Corporate Change, 2012, 21 (2): 249 - 275.

[27] Fisher R A. The genetical theory of natural selection [M]. Oxford: Oxford University Press, 1930.

[28] Friedman D. Evolutionary games in economics [J]. Econometrics, 1991, 59 (3): 637 - 666.

[29] Friedman D. On economic applications of evolutionary game theory [J]. Journal of Evolutionary Economics, 1998, 8 (1): 15 - 43.

[30] Fudenberg D, Levine D K. Theory of Learning in Games [J]. Cambridge, M A: MIT Press, 1998: 77 - 78.

[31] Gambardella A, Giarratana M S. General technological capabilities, product market fragmentation, and markets for technology [J]. Research Policy, 2013, 42 (2): 315 - 325.

[32] Griliches Z. Issues in Assessing the Contribution of Research and Development to Productivity Growth [J]. Bell Journal of Economics, 1979, 10 (1): 92 - 116.

[33] Hagedoorn J. Understanding the Rationale of Strategic Technology Partnering: Interorganizational Modes of Cooperation and Sectoral Differences [J]. Strategic Management Journal, 1993, 14 (5): 371 - 385.

[34] Han H, Ou X M, Du J Y, Wang H W, Ouyang M G. China's electric vehicle subsidy scheme: Rationale and impacts [J]. Energy Policy, 2014, 73 (C): 722 - 732.

[35] Harsanyi J C. Games with Incomplete Information Played by Bayesian Player [J]. Management Science, 1967 - 1968 (14): 159 - 182, 320 - 334, 486 - 502.

[36] Holmstrom B, Milgrom P. Aggregation and linearity in the provision of intertemporal incentives [J]. Econometrica, 1987, 55 (5): 303 - 328.

[37] Holmstrom, B. Moral Hazard and Observability [J]. The Bell Journal of Economics, 1979 (10): 74 – 91.

[38] Hong J, Koo Y, Jeong G, Lee J. Ex-ante evaluation of profitability and government's subsidy policy on vehicle-to-grid system [J]. Energy Policy, 2012, 42 (42): 95 – 104.

[39] Hooge S, Kokshagina O, Le M P, et al. Designing generic technologies in Energy Research: Learning from two CEA technologies for double unknown management [C] // The European Academy of Management, 2014.

[40] Huang J, Leng M M, Liang L P, Liu J. Promoting electric automobiles: Supply chain analysis under a government's subsidy incentive scheme [J]. IIE Transactions, 2013, 45 (8): 826 – 844.

[41] Jaffe A B, Trajtenberg M. Patents, Citations, and Innovations: A Window on the Knowledge Economy [J]. Mit Press Books, 2005, 1 (2): 96 – 99.

[42] Jen – Yi C, Stan D, Hubert P. The Impact of Government Subsidy on Supply Chains' Sustainability Innovation [J]. Omega, 2019, 86: 42 – 58.

[43] Jiang Z Z, Fang S C, Fan Z P, Wang D W. Selecting optimal selling format of a product in B2C online auctions with boundedly rational customers [J]. European Journal of Operational Research, 2013, 226 (1): 139 – 153.

[44] Kahneman D, Tversky A. Prospect theory: An analysis of decision under risk [J]. Econometrica, 1979, 47 (2): 263 – 292.

[45] Kalaignanam K, Shankar V, Varadarajan R. Asymmetric New Product Development Alliances: Win – Win or Win – Lose Partnerships? [J]. Management Science, 2007, 53 (53): 357 – 374.

［46］ Kamien M I, Muller E, Zang I. Research joint ventures and R&D cartels ［J］. American Economic Review, 1992, 85 (5): 1293 – 1306.

［47］ Kandori M. "Evolutionary game theory in economics" Advances in economics and econometrica: Theory and application ［J］. Seventh World Congress, Edited by Kreps D and Wallis K, Cambridge Univercity Press, 1997 (2): 243 – 277.

［48］ Kay L. The effect of inducement prizes on innovation: Evidence from the Ansari X – Prize and the Northrop Grumman Lunar Lander Challenge ［J］. R&D Management, 2011, 41 (4): 360 – 377.

［49］ Keenan, M. Identifying emerging generic technologies at the national level: The UK experience ［J］. Journal of Forecasting, 2003, 22 (2 – 3): 129 – 160.

［50］ Kim K K, Lim M K. R&D outsourcing in an innovation-driven supply Chain ［M］. Elsevier Science Publishers B. V. , 2015, 43 (1): 20 – 25.

［51］ Kokshagina O, Gillier T, Cogez P, et al. Using innovation contests to promote the development of generic technologies ［J］. Technological Forecasting & Social Change, 2017 (114): 152 – 164.

［52］ Kooij B J G V D. The Invisible Hand of Innovation showing in the General Purpose Technology of Electricity ［J］. Social Science Electronic Publishing, 2017: 1 – 17.

［53］ Korzinov V, Savin I. General Purpose Technologies as an emergent property ［J］. Technological Forecasting & Social Change, 2018 (129): 88 – 104.

［54］ Ławniczuk K, Augustin L M, Grote N, et al. Open access to technology platforms for InP – based photonic integrated circuits ［J］. Advanced Optical Technologies, 2015, 4 (2): 157 – 165.

[55] Lekkakos S D, Serrano A. Supply Chain Finance for Small and Medium Sized Enterprises: The Case of Reverse Factoring [J]. International Journal of Physical Distribution & Logistics Management, 2016, 46 (4): 367 – 392.

[56] Leurent F, Windisch E. Benefits and costs of electric vehicles for the public finances: An integrated valuation model based on input-output analysis, with application to France [J]. Research in Transportation Economics, 2015 (50): 51 – 62.

[57] Li L, Bai X, Jiang Z. The generic technology identification of saline-alkali land management and improvement based on social network analysis [J]. Cluster Computing, 2018 (6): 1 – 10.

[58] Luo C, Leng M, Huang J, Liang L. Supply chain analysis under a price-discount incentive scheme for electric vehicles [J]. European Journal of Operational Research, 2014, 235 (1): 329 – 333.

[59] Maheshwari P, Singla S, Shastri Y. Resiliency optimization of biomass to biofuel supply chain incorporating regional biomass pre-processing depots [J]. Biomass and Bioenergy, 2017 (96): 116 – 131.

[60] Maine E, Garnsey E. Commercializing generic technology: The case of advanced materials ventures [J]. Research Policy, 2011, 35 (3): 375 – 393.

[61] Manasakis C, Petrakis E, Zikos V. Downstream Research Joint Venture with Upstream Market Power [J]. Southern Economic Journal, 2015, 80 (3): 782 – 802.

[62] Mehrsai A, Thoben K D, Bernd S R. Bridging lean to agile production logistics using autonomous carriers in pull flow [J]. International Journal of Production Research, 2014, 52 (16): 4711 – 4730.

［63］ Melander L, Tell F. Uncertainty in collaborative NPD: Effects on the selection of technology and supplier ［J］. Journal of Engineering and Technology Management, 2014 (31): 103 – 119.

［64］ Midavaine J, Dolfsma W, Aalbers R. Board diversity and R&D investment ［J］. Management Decision, 2016, 54 (3): 558 – 569.

［65］ Milinski M, Luthi J H, Eggler R, Parker G A. Cooperation under predation risk: Experiments on costs and benefits ［J］. Proc Biol Sci, 1997, 264 (1383): 831 – 837.

［66］ Milliou C, Pavlou A. Upstream Mergers, Downstream Competition, and R&D Investments ［J］. Journal of Economics & Management Strategy, 2013, 22 (4): 787 – 809.

［67］ Mirrlees J. Notes on welfare economics, information and uncertainty ［J］. In essays on Economic Behavior under Uncertainty, Amsterdam: North – Holland, 1974.

［68］ Mirrlees J. The optimal structure of authority and incentives within an organization ［J］. Bell Journal of Economics, 1976, 7 (8): 105 – 131.

［69］ Miyagiwa K, Ohno Y. Uncertainty spillovers and cooperative R&D ［J］. International Journal of Industrial Organization, 2002, 20 (6): 855 – 876.

［70］ Nandeibam S. Sharing rules in teams ［J］. Journal of Economic Theory, 2002, 107 (2): 407 – 420.

［71］ Nash J F. Equilibrium points in n-person games ［J］. Proc Natl Acad Sci U S A, 1950, 36 (1): 48 – 49.

［72］ Pang J S, Fukushima M. Quasi-variational inequalities, generalized Nash equilibria, and multi-leader-follower games ［J］. Computational Management Science, 2005, 2 (1): 21 – 56.

[73] Parkhe A. Strategic Alliance Structuring: A Game Theoretic and Transaction Cost Examination of Interfirm Cooperation [J]. Academy of Management Journal, 1993, 36 (4): 794 – 829.

[74] Pilinkiene V. R&D investment and competitiveness in the baltic states [J]. Procedia – Social and Behavioral Sciences, 2015 (213): 154 – 160.

[75] Prahalad C K, Hamel G. The core competency of the corporation [J]. Harvard Business Review, May – June, 1990: 79 – 90.

[76] Qiu R, Cantwell J. General Purpose Technologies and local knowledge accumulation – A study on MNC subunits and local innovation centers [J]. International Business Review, 2018, 27 (4): 826 – 837.

[77] Rabin M. Incorporating Fairness into Game Theory and Economics [J]. American Economics Review, 1993, 83 (5): 1291 – 1302.

[78] Rainer A, Strohmaier R. Modeling the diffusion of general purpose technologies in an evolutionary multi-sector framework [J]. Empirica, 2014, 41 (3): 425 – 444.

[79] Riechmann T. Genetic algorithm learning and evolutionary games [J]. Journal Economic Dynamics Control, 2001 (25): 1019 – 1037.

[80] Ross S A. The Economic Theory of Agency: The Principal's Problem [J]. The American Economic Review, 1973, 63 (2): 134 – 139.

[81] Rustichelli V V. Technology development and implementation of a transmitter in generic technology using buried hetero-structure semiconductor amplifiers [J]. Foot & Ankle International. /American Orthopaedic Foot and Ankle Society [and] Swiss Foot and Ankle Society, 2015, 24 (24): 17 – 21.

［82］ Sakakibara M. Formation of R&D Consortia: Industry and Company Effects ［J］. Strategic Management Journal, 2002, 23 (11): 1033 – 1050.

［83］ Selten R. Evolutionary stable strategies in extensive teo-person games ［J］. Mathematical Social Sciences, 1983, 5 (3): 269 – 363.

［84］ Selten R. Features of experimentally observed bounded rationality ［J］. European Economic Review, 1998 (42): 413 – 436.

［85］ Selten R. Spieltheoretische Behandlung eines Oligopolmodells mit Nachfrageträgheit ［J］. Zeitschrift für die Gesamte Staatswissenschaft, 1965 (121): 301 – 324.

［86］ Semmann D, Krambeck H J, Milinski M. Volunteering leads to rock-paper-scissors dynamics in a public goods game ［J］. Nature, 2003, 425: 390 – 393.

［87］ Sierzchula W, Bakker S, Maat K, Wee B V. The influence of financial incentives and other socio-economic factors on electric vehicle adoption ［J］. Energy Policy, 2014, 68 (5): 183 – 194.

［88］ Simon H A. behavioral model of rational choice ［J］. Quarterly Journal of Economics, 1957, 69 (1): 99 – 118.

［89］ Sinanerzurumlu. Collaborative Product Development with Competitors to Stimulate Downstream Innovation ［J］. International Journal of Innovation Management, 2010, 14 (4): 100 – 278.

［90］ Smit M, Leijtens X, Ambrosius H, et al. An introduction to InP – based generic integration technology ［J］. Semiconductor Science Technology, 2014, 29 (83001): 1 – 41.

［91］ Smith J M, Price G R. The Logic of Animal Conflicts ［J］. Nature, 1974 (246): 15 – 18.

［92］ Smith J M. Evolution and the theory of games ［M］. Cambridge：Cambridge University Press，1982：10 – 27.

［93］Smith J M. The theory of games and the evolution of animal conflicts ［J］. Journal of Theoretical Biology，1973（47）：209 – 221.

［94］Spence A M. Market Signaling：Informational Transfer in Hiring and Related Screening Processes ［M］. Cambridge：Harvard University Press，1974.

［95］Spence M，R Zechhauser. Insurance，Information and Individual Action ［J］. The American Economic Review，1971，61（2）：380 – 387.

［96］Strohmaier R，Rainer A. Studying General Purpose Technologies in a Multi – Sector Framework：The Case of ICT in Denmark ［J］. Structural Change and Economic Dynamics，2016，36（3）：34 – 49.

［97］Sun L，Ma J. Study and Simulation on Dynamics of a Risk – Averse Supply Chain Pricing Model with Dual – Channel and Incomplete Information ［J］. International Journal of Bifurcation and Chaos，2016，26（9）：18.

［98］Svein U. R&D outsourcing and contractual governance：An empirical study of commercial R&D projects ［J］. Journal of Economic Behavior and Organization，1996，30（1）：63 – 82.

［99］Swinkels J. Adjustment dynamics and rational play in games ［J］. Games and Economic Behavior，1993，5（3）：455 – 484.

［100］Swinkels J. Evolution and strategic stability：From maynard smith to kohlberg and mertens ［J］. Journal of Economic Theory，1992，57（2）：333 – 342.

［101］Tassey G. Choosing Government R&D Policies：Tax Incentives vs. Direct Funding ［J］. Review of Industrial Organization，1996（11）：579 – 600.

[102] Tassey G. Modeling and measuring the economic roles of technology infrastructure [J]. Economics of Innovation and New Technology, 2008, 17 (7 -8): 615 -629.

[103] Tassey G. Technology infrastructure and competitive position [M]. Norwell: Kluwer Academic Publishers, 1992: 57 -106.

[104] Tassey G. The economics of R&D policy [M]. Washington: Quorum Books, 1997: 131 -152.

[105] Tassey G. Under investment in public good technologies [J]. Journal of Technology Transfer, 2005, 30 (1/2): 89 -113.

[106] Taylor P D, Jonker L B. Evolutionary stable strategy and game dynamics [J]. Mathematical Biosciences, 1978, 40 (1 -2): 145 - 156.

[107] Taylor P D, Jonker L B. Evolutionary stable strategies and game dynamics [J]. Mathematical Biosciences, 1978 (40): 145 -156.

[108] Terwiesch C, Xu Y. Innovation contests, open innovation, and multiagent problem solving [J]. Management Science, 2008, 54 (9): 1529 -1543.

[109] Thoma G. Striving for a large market: Evidence from a general purpose technology in action [J]. Industrial and Corporate Change, 2008, 18 (1): 107 -138.

[110] Turan F K, Tuzuner A, Goren S. Modeling Electric Mobility in Germany: A Policy Analysis Perspective [C]. Istanbul: International Conference on Industrial Engineering and Operations Management, 2012: 1654 -1663.

[111] Vladimirov V, Pazdro M, Simoner T, et al. R&D and LCA Across the Supply Chain: Choice of Unsaturated Polyester Resins for CC - GRP Pipe Systems [J]. Present Environment & Sustainable Development,

2017, 11 (2): 49 - 62.

[112] Vona F, Consoli D. Innovation and skill dynamics: A life-cycle approach [J]. Industrial & Corporate Change, 2015, 24 (6): 1393 - 1415.

[113] Wang P, Liu Q. Game Analysis on Generic Technology Diffusion Process in Industry Cluster [J]. International Business and Management, 2012, 4 (2): 169 - 172.

[114] Wang X R, Leng M M, Song J P, Luo C L, Hui S Y. Managing a supply chain under the impact of customer reviews: A two-period game analysis [J]. European Journal of Operational Research, 2019 (277): 454 - 468.

[115] Weibull J W. Evolutionary Game Theory [M]. Cambridge: The MIT Press, 1995: 35 - 67.

[116] West J, Bogers M. Leveraging external sources of innovation: A review of research on open innovation [J]. Journal of Product Innovation Management, 2013, 31 (4): 814 - 831.

[117] Wilson, R. The Structure of Incentives for Decentralization under Uncertainty [M]. In M. Gilbaud (Hrsg.), La Décision (S. 287 - 307). Paris: Centre National de la Recherche Scientifique, 1969.

[118] Woolthuis R K, Lankhuizen M, Gilsing V. A system failure framework for innovation policy design [J]. Technovation, 2005 (6): 609 - 619.

[119] Wu S B, Gu X, Wu G D. Cooperative R&D Contract of Supply Chain Considering the Quality of Product Innovation [J]. International Journal of Simulation Modelling, 2016, 15 (2): 341 - 351.

[120] Yali L U. Dynamics of a Delayed Duopoly Game with Increasing Marginal Costs and Bounded Rationality Strategy [J]. Procedia Engi-

neering, 2011 (15): 4392 - 4396.

[121] Yoo S H, Yong W S. Effect of supply chain structure and power dynamics on R&D and market performances [J]. Journal of Business Economics & Management, 2017, 18 (3): 487 - 504.

[122] Yu C, Yu J. On structural stability and robustness to bounded rationality [J]. Nonlinear Analysis: TMA, 2006 (65): 583 - 592.

[123] Yu J, Yang H, Yu C. Structural stability and robustness to bounded rationality for non-compact cases [J]. Journal of Global Optimization, 2009, 44 (1): 149 - 157.

[124] Yu X W, Zou Z H. Research on the Selection of Innovative Organization of Generic Technology for Manufacturing Industry [J]. Advanced Materials Research, 2012 (482 - 484): 2042 - 2045.

[125] Yu Z H. Diffusion Channel of Generic Technologies in Equipment Manufacturing Industry [J]. Advanced Materials Research, 2011 (328 - 330): 708 - 716.

[126] Yu Z H. Diffusion Modes of Generic Technologies of Equipment Manufacturing Industry Chain [J]. Applied Mechanics and Materials, 2012 (152 - 154): 1679 - 1684.

后　记

　　五年前，在博士论文开题的时候，我可谓"博览群书"，一个偶然机会看到了学者吴建南、李怀祖等 1999 年发表的一篇文章《迎接知识经济挑战　建设技术创新基础设施》，"技术创新基础设施"这 8 个字激发了我的兴趣，通过进一步研究，我现在还记得当时脑海中的一个想法：科学技术是第一生产力，那么基础性技术是第一生产力的源头，只有技术基础设施坚固，科学技术第一生产力的作用才能持续发挥出来，成为经济社会发展的不竭动力。于是我对此进行了深入研究，其中美国学者塔西于 1992～2008 年的系列研究成果尤其是"基于技术的经济增长模型"的相关研究及我国学者李纪珍于 2004 年出版的学术专著《产业共性技术供给体系》，使得我更加坚定以技术基础设施最核心的技术——共性技术——作为研究对象，撰写博士学位论文。

　　我对博弈论的兴趣，可追溯至 2013 年在重庆大学读博时开的一门名叫《高等经济学》的课程，其实到现在我都没有搞明白为什么叫高等经济学，明明内容就是博弈论，正是这门课激发了我对数学及博弈论的兴趣并将其作为我博士研究的方向。这门课的任课教师是蒲勇健教授，有一次上课他介绍了基于有限理性假设的演化博弈论，进而成为我博士阶段研究的主要方法论，最后促成了我博士学位论文《基于演化博弈论的企业共性技术合作研发形成机制研究》的写作。

　　自 2015 年博士毕业以来，一直从事博弈论及其运用相关的研究工作，并想将所学以最好的形式呈现给读者。但是，由于种种原因，总是找各种借口一拖再拖，现在终于完稿，内容包含了我近 5 年对共性技术研究和博弈论及运用相关问题的思考和成果，希望能够给予读者有益的启迪。本书遵循问题导向，不同共性技术研究问题运用不同博弈论方法解决，涉及演化博弈论、合作博弈论以及非合作博弈中的完全信息动态博弈、不完全信息动态博弈等在共性技术研发领域的运用，从各种视角研究了共性技术研发问题，与现有相关实证研究形成互补，共同推进共性技术领域的研究。本书撰写的过程中，我对共性技术研究有了更深、更新的认识，结合本书研究不足，未来打算在以下方面探索和突破，并与各位同仁共享：一是基于共性技术的技术创新生态系统构建及演化研究，技术创新生态系统应该具有自演化和自我完善性进而实现可持续发展，而技术创新生态系统应基于共性技术，因为作为技术创新大厦"根基"的共性技术，如果不能有所突破，很难说技术创新生态系统能顺利的运行；二是基于动态思想的共性技术可持续研发机制研究，共性技术研发大致可划分为基础研究和商业开发两个阶段，这就会出现两个阶段"衔接"的问题，将共性技术看成可持续的研发过程，基于微分博弈理论对共性技术可持续研发机制进行分析研究，将是一个有意义的研究方向；三是产业共性技术研发成果转化路径研究，这是针对共性技术后续商业开发阶段深入研究的话题，由于共性技术的共性程度可能存在差异，因此不能够一概而论地讨论共性技术商业开发问题，区分共性技术成果转化路径及其机理，也是需要深入研究的话题。接下来，我将从以上几方面展开研究，期待将最新研究成果尽早与各位同仁分享。

　　学术专著是研究者阶段性研究成果的结晶，每一个章节每一段文字都代表作者的思考和思想的沉淀。坦白地讲，由于时间有限更多是由于我水平尚需提升，书中难免有很多不完善甚至错误之处，如若读者发现还请不吝赐教。

郑月龙

重庆工商大学工商管理学院